木野 茂 編著 Shigeru Kino

Student-Initiated Faculty Development

学生、大学教育を問う

●大学を変える、学生が変える3

ナカニシヤ出版

まえがき

本書は『大学を変える、学生が変える』というキャッチフレーズを冠してきたシリーズの第三巻である。二〇一二年三月の初巻では「学生FDガイドブック」という副題で、大学教育改革の取り組みであるFD（Faculty Development）に学生が取り組み始めた動きを「学生FD」として紹介した。

日本のFDは一九九一年からであるが、欧米より二〇年遅れの開始にもかかわらず、各大学での実施が遅々として進まない中、ついに二〇〇八年にFDの実施が全大学に義務化された。「学生FD」が広がり始めたのもちょうどこの頃からで、学生の視点からの授業や教育の改善を求める取り組みの全国交流集会として開催された二〇〇九年夏の第一回学生FDサミットを契機に一気に全国に波及した。

しかし、FDの実施が義務化されたとはいえ、学生FDの実施まで義務化されたわけではないのに、なぜ学生FDが急速に広がったのであろうか。

この背景には、一九六〇年末に世界中で起こったStudent Power（ベトナム反戦や人種差別撤廃、さらに大学改革を求める学生運動）を受けて教育改革を始めた欧米に対し、日本では長い間、学生の声を封じ込めてきたという事情がある。本来教育改革には教育を受ける当事者の学生の参加も不可欠なはずだが、学生を遠ざけてきた日本ではFDを大学と教職員の取り組みとされてきた。

その結果、FD開始後も長い間学生は蚊帳の外であったが、FD義務化によりやっと学生の声も注目されるようになり、学生が授業や教育に対する不満や意見を言いやすい状況が生まれたのである。もう一つは、FD義務化でFDの取り組みに追われる教職員の意識の変化である。

教職員のFDは当初のシラバス、授業アンケート、授業公開などから、ポートフォリオ、ルーブリック、IR（Institutional Research）、アクティブラーニング、オープン・エデュケーションなど、次から次へと新しい取り組みが始まり、義務化によって個々の教職員もその対応に追われるようになった。今やFDは教職員にとってまさに義務的な業務となり、教育改善のための自発的なものというより、やらされ感の強いものとなっている。

こういう状況の中で、学生が求める良い授業や良い教育のための学生FDという活動は、教職員にとっては学生のためというインセンティブの湧く新鮮な響きを持って受け止められたのであろう。教職員が好まないトップダウンではなく、学生が求める改革を学生と一緒に取り組むというボトムアップのスタイルは、これまでにないFDのやり方であり、学生のためならという教職員の良い意味での職業意識をもかきたてたのであろう。

その結果、第一回のサミットに参加した大学のうち、学生FDを始めていたのはわずか八大学に過ぎなかったが、回を重ねるごとに増え、現在では学生FD活動の見られた大学は八〇にも上っている。

この学生FDの広がりの中で顕著になったのは学生FDの多様性である。大学の規模や立地、設置形態だけでなく、大学の理念や専門性、さらには学生FD団体の組織や大学との関係などによって、さまざまな学生FD活動が展開されるようになった。この学生FDの多様性が最も明らかになったのは、二〇一二年冬の第五回サミット（追手門学院大学で開催）であった。また、学生FDにかかわる職員の役割の重要性が注目されるようになったのもこのときであった。この追手門サミットの軌跡と記録はシリーズの第二巻として梅村修氏の編集で二〇一三年三月に「学生FDサミット奮闘記」と題して出版した。

この後も学生FDに取り組む大学は広がり続け、サミットの開催校も岡山大学、東洋大学、京都産業大学と、各大学に広がり、二〇一四年夏の第一〇回サミット（京都産業大学）では参加者も四八〇名に達した。

そこで本書では、ここまで広がった学生FDの意義と可能性および課題を明らかにし、今後の新たな展開に向けて理解を図ることを目的に第三巻として編纂した。

序章では、学生FDとは何か、海外の学生参画との違い、その意義と可能性について述べ、第一章では、学生FDの広がりと多様性を北海道の学生FDという地域からの切り口で各大学から報告をいただいた。北海道の学生ＦＤの第一回交流会は二〇一一年二月に札幌大学で開催されたが、ここに至るまでには札幌大学の故梶浦桂司氏の尽力があったことを忘れることはできない。梶浦氏への追悼特集は先に第二巻に収録した。

続いて第二章・第三章では、サミット以前の二〇〇五年から教育改善学生交流のフォーラム「i*See」を開催してきた岡山大学の学生ＦＤ（学生・教職員教育改善専門委員会）との連携を目指して実現した岡山大学での第七回サミット（二〇一三年三月）の記録である。i*See は岡山大学の独自企画であり、全国に学生ＦＤを広げることを目的としたものではないが、学生ＦＤの発展を目指す点ではサミットと一致しており、両者の連携を進めるためには岡山大学でサミットを開催することがベストと考え、天野憲樹氏（当時・岡山大学、現在・武庫川女子大学）に相談して実現に至ったもので、両章は天野氏に執筆していただいた。

第四章は「学生ＦＤの今後を考える」と題して、第八回サミット（二〇一三年八月、立命館大学）での二つの分科会の記録を収録した。一つは、多様化する学生ＦＤで何が課題となってきたのかを示す分科会「学生ＦＤ再考」の記録であり、もう一つは学生が授業をどこまで変えることが出来るのかという観点から「学生発案型授業の可能性と課題」をテーマとした分科会の記録である。

第五章は大学コンソーシアム京都の第一八回ＦＤフォーラム（二〇一三年二月）のシンポジウムで学生ＦＤの学生たちと初めて交流した教職員が何を感じたかのグループ報告の記録であるが、教職員が学生ＦＤをどう見るかを知るうえでも貴重な記録である。

終章では「学生ＦＤの新たな展開に向けて」と題して、今後の学生ＦＤの新たな展開を予感させるいくつかの動きと近況をまとめた。

本書を初めて読まれる方には、ぜひ本シリーズの初巻、第二巻も合わせてお読みいただければと思う。

二〇一五年八月

木野　茂

目次

序章　学生ＦＤの意義と可能性

一　学生ＦＤとは学生による教育改善活動

学生ＦＤという用語を最初に考えたのは二〇〇七年一〇月の立命館大学での「授業改善に取り組む学生ワーキング（仮称）」のミーティングであった。このワーキングは同年三月にまとめられた立命館大学のＦＤの定義の中の「学生の参画を得て」にもとづいて結成されたグループであるが、これからの活動を一言で表すグループ名ということで考え出したのが「学生ＦＤスタッフ」であった。

このときの立命館大学のグループは、授業や教育の改善に関心をもち大学側からの募集に応じて集まった学生たちで、授業や教育の改善のために学生の視点から学生ができる活動をすることが目的で、その活動を教職員のスタッフがサポートし、活動に必要な経費等を大学側から支援するというものであった。

ＦＤとは大学の組織的な教育改善の取り組みを指し、それを実行するのはいうまでもなく教職員であるが、教育を受ける主体である学生の視点をもＦＤに活かしたいという目的で、学生が関心のある授業や教育の諸問題について学生自身がその改善に取り組むことを促したのである。したがって学生ＦＤとはＦＤ全般を学生が行うということではなく、さまざまなＦＤの課題のうち学生が関心をもつ課題について学生自身が取り組む活動という意味である。この学生ＦＤを教職員側からみれば、「学生とともに進めるＦＤ」ということになろう[1]。

あらためて学生ＦＤとは何かと問われれば、次のようになる（木野、二〇一五ａ）。

学生FDとは、授業や教育の改善に関心をもつ学生が、その改善のために学生自身が主体的に取り組む活動であり、大学側との連携を求めるものを指す。

大学側との連携を付け足したのは、今やFDはすべての大学が取り組むべき義務であるから、学生FDに対しても大学に積極的に連携を求めることができると考えられるからである。

二　学生FDは日本独自の取り組み

学生は高等教育を受けるために大学に入ったのであるから、大学の授業や教育が思い描いていたものと違う場合は当然不満を抱くであろう。これらの学生の不満は個別に対応される場合もあろうが、多くは学生の中に鬱積し続ける。かつてはこれらの学生の不満は学生自治会によって学生要求という形で大学側にぶつけられた。

しかし、大学での教育への不満だけでなく大学の社会的役割への不満も重なって、一九六〇年代末には世界各国で大学や社会の変革を求める学生運動が同時多発的に起こった。この時代はStudent Powerの時代として有名であるが、日本では学生の不満に応えるのではなく抑え込むことだけで対応したため、その後の大学教育改革は欧米より二〇年遅れることになった。さらに学生自治会の衰退もあって、授業や教育への学生の不満を伝えるルートはほとんどなくなった。

それでも日本の大学教育改革は遅ればせながら一九九一年の大学設置基準の大綱化で始まり、初期のFDの中で授業評価アンケートが登場し、学生の声を聞くルートが開かれたかのようにみえた。しかし、アンケートによる授業や教育の改善は微々たるもので、学生の不満は解消されず、さらにアンケートを実施する大学さえも限られていた。その後、二〇〇八年になってFDが義務化され、すべての大学がFDを始めるようになったが、FD

に学生の声を生かすという発想はほとんどなかった。

表1　学生ＦＤの取り組み内容（取り組みの名称は大学によってさまざまである）

分　類	取り組み	内　容
授業や教育についての学生の声を大学や教職員に伝える	しゃべり場	テーマを決めて学生同士が自由に語り合う場。教職員と一緒に語り合うこともある。学生の声をさまざまな媒体で学内に伝える。
	フォーラム	大学や教育の今後について、学生と教職員が一緒に考える場。
	懇談会	大学の責任者との懇談の場。学生ＦＤスタッフの生の声を伝える。
学生の視点を活かして授業を良くする	学生発案型授業	学生の発案をもとに授業を創り開講。（大学に実施可能な制度が必要）
	学生による授業改善	学生の改善案をもとに授業を改善。（大学側の受け入れ態勢が必要）
	良い授業の紹介	教員に学生の視点を伝えることで授業改善を促す。学生には良い授業への関心を高める。授業コンテストや学生によるシラバスの例も。
	授業アンケート	大学の設問に学生の視点を反映したり、学生独自でアンケートを取る。
学生の学びへの意欲を高める	履修相談、ゼミ紹介	学びへの意欲、能動性、主体性を高める。
	教員インタビュー	教員（研究室の場合も）の声を伝えることで学びへの意欲を高める。
	職員との交流	学生を支援する職員を知ることで学びへの自覚を高める。
学びの環境改善	キャンパス改善	教室設備、照明、空間・場所など、学びの環境を良くする。

（1）実際、教職員主体の以下の企画ではいずれも「学生とともに進めるＦＤ」をタイトルとしてきた。大学教育研究フォーラムのラウンドテーブル（2010. 3. 2011. 3. 2012. 3. 2013. 3）、大学教育学会のラウンドテーブル（2010. 6. 2011. 6. 2012. 5. 2013. 6）、大学コンソーシアム京都のＦＤフォーラム（2009. 3 の分科会、2011. 3 のシンポジウム、2013. 2 のシンポジウム）

そんな中、学生が授業や教育の改善を求める声を上げ、学生自身が主体的に改善のための取り組みを行う学生FD活動の登場は、教職員にとっては学生のためということでFDへの意欲を高める効果をもたらし、また大学側にとっても義務化された大学のFDを学生の側から補完する意味で受け入れやすかったのか、この両方の結果としてFD義務化以後、学生FDは広がる土壌をもったといえる。

ところで、この学生FDであるが、実は日本独自の取り組みであって、他国にはみられない。その理由は、大綱化による大学教育改革や、FDの実施、そして最近の大学教育のパラダイムシフト（日本では「質的転換」と表現）にいたるまで、日本はすべて欧米より二〇年遅れであり、この調子でいけば、次節で述べるようなヨーロッパ型の「学生参画」はFD義務化を経た時点でもまだ二〇年も先の話となるからである。できるだけ早く大学教育改革への学生の関わりを日本で実現するためには、日本式の学生FDしかなかったということでもある。

三　ヨーロッパの「学生参画」との違い

前節で述べたヨーロッパ型の「学生参画」（Student Engagement）とは、ヨーロッパで始まった高等教育の質保証との関連で登場したものである。ヨーロッパではソルボンヌ宣言・ボローニャ宣言（一九九八・九九）以来、高等教育の質保証が精力的に取り組まれているが、その中で質保証への学生参画の取り組みが二〇〇五年以後強調されるようになった。具体的には、内部質保証の方針と手続きの策定・実施への学生の関与や、教育プログラムと学位の質保証活動への学生の参加だけでなく、外部質保証プロセスの設計にも学生の参加を明記し、学生を大学や高等教育機関の正式な評価委員に加えている（川口、二〇一四）。

日本で教育改革への学生の関わりを最初に取り入れたのは岡山大学で、二〇〇一年から教育開発センターの中に学生・教員FD検討会（現在は学生・教職員教育改善専門委員会）を設置した。岡山大学はこの活動を「学生参画型FD」

と名付けているが、ヨーロッパの学生参画とは全く異なり、学生の意見を「改善に活かす」ことが目的で、教育の「質保証」活動にまで学生を加えているわけではない。また、その後、学生ＦＤを始めた大学でも「学生の参画を得て」という表現を使ったり、「学生参画型ＦＤ」と名乗っているところもあるが、いずれもヨーロッパの「学生参画」とは全く異なる。ヨーロッパで学生参画を可能にしているのは、大学と学生自治会の良好な関係から学生委員が学生の代表性を有していることが大きく、大学も学生を大学運営や教育評価の対等なメンバーまたはパートナーと認識しているからである。これに対し、ＦＤも教育の質的転換も二〇年遅れで、学生自治会も弱体化した日本では、学生を大学運営や評価に関わらせることは当面非現実的と言わねばならない（木野、二〇一五ｂ）。

本書でいう学生ＦＤとは、ヨーロッパ型の大学教育の質保証のための学生参画を目指すものではなく、文字通り、学生による自由な発想により、ＦＤの中で学生が関心をもつ課題に対して主体的に取り組む活動を指しており、その学生に求められるのは高等教育の質保証やＦＤに関する高度な専門的知識や能力よりも授業や教育の改善と自らの成長を求める意思と意欲である。

こういうと、ＦＤの専門性のない学生がＦＤにどこまで関われるのかという疑問をもつ人もいるかもしれないが、日本ではＦＤを実行する責任も権限もあくまで教職員である。したがって学生ＦＤの学生は、学生の視点からみたＦＤの課題を教職員に届ける橋渡し役であり、それを大学のＦＤに活かしたいと思う教職員への応援団ともいえる。したがって、学生ＦＤからの問題提起やアイディアや取り組みをみて、何をどう活かすかは大学や教職員の裁量である。このとき、学生ＦＤの学生たちが大学教育やＦＤについてどれほどの知識や能力をもっているかによって大学側に対する説得力が左右されるのは必然である。したがって、学生側も自ら必要なＦＤの学習を行うであろうが、このとき、学生ＦＤを支援するＦＤ担当の教職員がいれば直接研修を受けることができる。これが大学側のＦＤとの連携を必要とする理由でもある。

また学内だけでなく、他大学との交流も研修の一環となるが、とりわけ学生ＦＤサミットは学生ＦＤについての共通理解を図り、全国の学生ＦＤの優れた取り組み（good practice）を学び合う場として最適の研修の場でもある。

表２　大学教育改革と学生の関わり（「学生参画」は日本にはまだない）

	大学教育改革への関わり	大学との関係	活動における学生の主体性
学生自治会	中　学生要求の実現を大学に求める。	弱　学生代表として交渉・協議する。	強　学生自治活動は本来学生の主体的な活動である。
ピア・サポーター	中　学生の学びを支援する大学の業務に従事する。	強　専門性をもつ教職員の指導のもとに活動する。	弱　教職員の指導・助言を受けながら特定の業務に従事する。主体性は弱い。
学生ＦＤスタッフ	強　学生の視点から教育改善活動に取組む。	中　連携・支援を求めるが、活動は学生中心。	強　課題や企画・活動内容等のすべてで学生の主体性を重視する。
学生参画メンバー	強　大学の質保証のためのプロセスに参加。	強　大学の質保証活動のパートナーである。	弱　高い専門性が必要で、評価のための研修が必須。主体性は弱い。

四　サミットで一気に広がった学生ＦＤ

学生ＦＤの先駆的な取り組みは前述したように二〇〇一年からの岡山大学であったが、学生を大学の公式な組織の委員とする岡山大学方式の学生ＦＤの組織化は他大学に広まらなかった。他にも国立大学でＦＤセンターが有志の学生を集めて学生ＦＤを始めたところもあったが、いずれも長続きはしなかった（木野、二〇一二、八頁）。ちなみに、この第一期学生ＦＤが一部ではあれ広がった背景には、一九九八年に大学設置基準の中にＦＤの努力義務化が盛り込まれ、国立大学でＦＤセンターの設置が進んだことがあげられる。

授業や教育の改善に関心をもつ学生を募集し、学生主体のＦＤ活動を大学側が支援する学生主体型の「学生ＦＤ」を始めたのは二〇〇六年の立命館大学であるが、この方式が一気に全国に広まったきっかけはＦＤ義務化直後の二〇〇九年夏から始めた学生ＦＤサミットの開催である。その発端は前年の山形大学との学生交流であり、「他大学を知り、自大学を知った」立命館大学の学生ＦＤスタッフが、もっと多くの大学と交流することで自分たちの活動を豊富化し、他大学にも学生ＦＤを広めたいというのが開催の目的であった。

第一回のサミットに参加した大学で学生ＦＤに近い活動をしていたのはわずか八大学にすぎなかったが、サミットを重ねる度に活動を始めた大学は一気に増え、今や、学生ＦＤの取り組みがみられた大学は八〇以上にまで広がり、日本の全大学の一割に達している。この第二期学生ＦＤ（学生主体型）の広がりの特徴は、国立大学よりも私立大学が多いこと、大規模大学よりも中小規模の大学が多いこと、当初は西高東低であったが今や全国各地に広がっていることである。また、新しく立ち上がった学生ＦＤ組織の大半は、大学のＦＤ担当組織の呼びかけで結成された学生主体型の団体で、活動の支援を大学から受けている場合が多い。

サミットの参加者の方も回を重ねるごとに増え続け、第一回（立命館大学）の九九名から直近の第一〇回（京都産業大学）では四八〇名にも達している。さらにサミットの開催校も当初の立命館大学から活動の活発な各地の大学での持ち回り開催に移行し、文字通り全国規模の学生ＦＤ交流集会となっている。

学生 FD の広がり

○は第 1 回学生 FD サミット（2009.8）に参加した学生団体で 8 大学に過ぎなかったが、その後現在までに学生 FD 活動が行われた大学は 80 大学にも達する。

五　自治会系やピアサポート団体の参加

当然ではあるが、二〇〇九年に始めたサミットの当初は、参加者のほとんどはサミットの目的である授業や教育の改善に関心があって参加し、サミット後はそれぞれの大学で学生ＦＤ団体を組織していった。しかし、サミットを重ねるにつれ、学生ＦＤだけを目的とする団体だけでなく、自治会または自治会が組織した団体やピアサポート団体も参加するようになった。

このうち自治会系では新入生の組織化を兼ねて行う履修相談や学生生活充実のための相談や学内環境の向上などの取り組みが学生ＦＤとつながっていると理解されたからであろう。さらに自治会もかつてのように学生の諸要求実現を大学に求める活動から大学と一緒に学内改善を実現する活動に変わってきたという背景もあり、大学側から自治会に学生ＦＤを呼びかける例も増えている。

一方、ピアサポート系は本来、履修相談や生活相談以外に、さらに授業サポートやＩＣＴ情報サポート、図書館利用サポート、ボランティアサポート、留学生支援、就職相談、キャリア支援など、多様な学生同士の学び合いサポートが中心である。その活動は学生ＦＤのように学生が始めたものではないが、ピアサポートと同じような活動が学生ＦＤ団体でも活発に行われているため、ピアサポート団体からもサミットに参加するところがみられるようになったのであろう。

サミットに学生ＦＤ以前からあるこれらの団体のスタッフが参加するようになったことは、教育改善という大きな目標をキーワードに学生ＦＤ活動が広がるという意味で大いに歓迎すべきことである。とはいえ、サミットに参加したことのある八〇ほどの団体の中で、自治会系は一〇程度、ピアサポート系は五程度である。しかしそれでも、純粋な学生ＦＤ団体の学生にとっては、自治会や、ピアサポートといった従前の学生組織の活動まで学生ＦＤといえるのかというとまどいもみられるようになった。

六　学生ＦＤの三つの特徴――教育改善、学生主体、大学との連携

最初に学生ＦＤとは「授業や教育の改善に関心をもつ学生が、その改善のために学生自身が主体的に取り組む活動であり、大学側との連携を求めるもの」と述べた。それでは、自治会系やピアサポート系の団体は学生ＦＤとどういう関係にあるのであろうか。

前述の学生ＦＤの定義には三つの点で学生ＦＤの特徴が込められている。

一つ目は学生ＦＤスタッフとは「授業や教育の改善に関心をもつ学生」であることである。自治会系やピアサポート系のスタッフは最初から「授業や教育の改善」に関心があってそれぞれの団体に入ったわけではないが、それぞれの団体での活動を続けるうち、後からこれらの問題にも関心をもつようになり、意識的に自分たちの活動の延長または新たな活動として取り組み始めたのである。したがって出発点は違うが、授業や教育の改善に取り組むようになった時点では、学生ＦＤ活動を始めたというべきである。

二つ目は「学生自身が主体的に取り組む」という点である。別の表現でいえば、大学側が大学のＦＤ活動に学生を動員したり、大学のＦＤ活動の一部を学生に担わせるというようなな学生参加型や学生下請け型ではないということである。すな

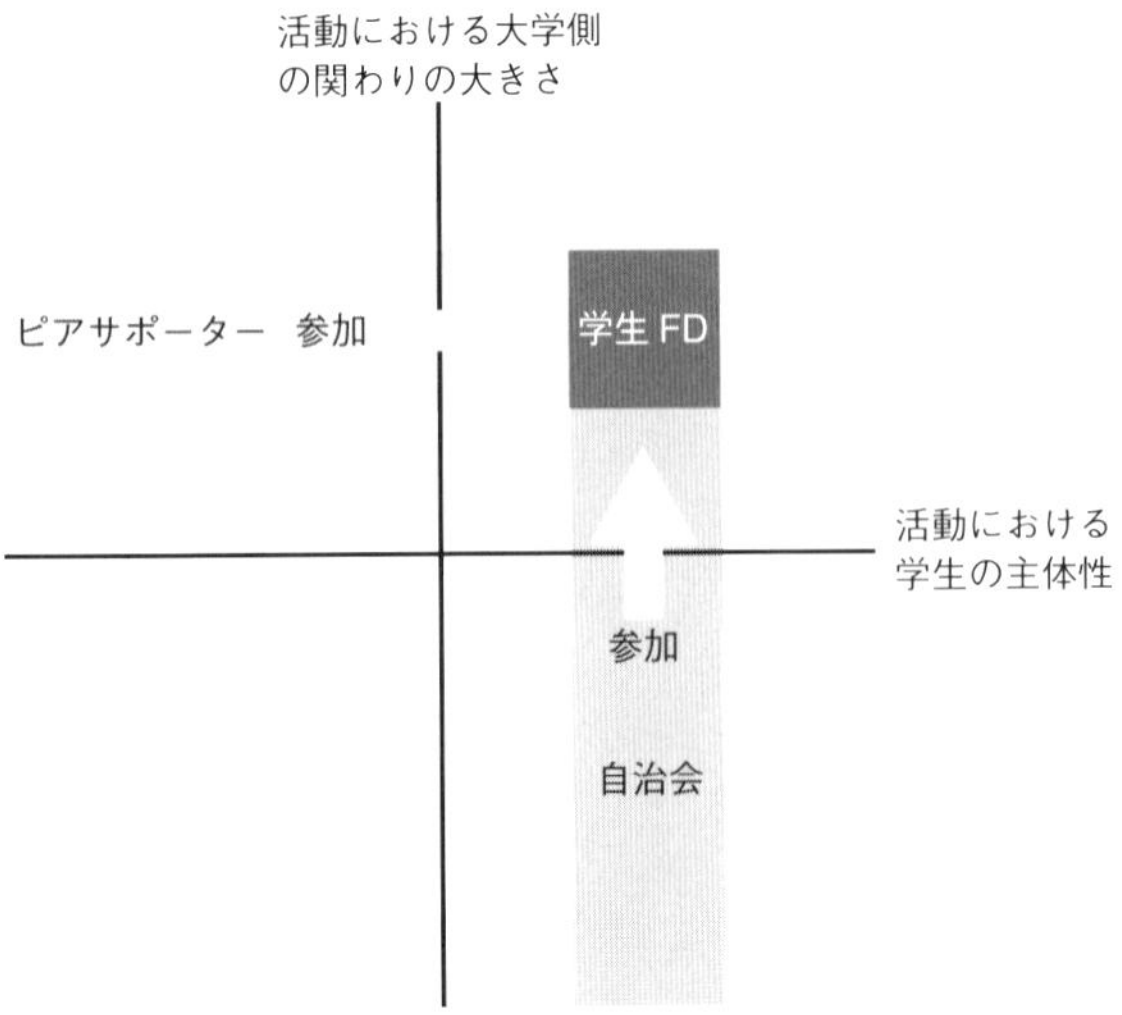

わち、学生を受益者としてしか見ないのではなく、主体的な学修者として位置づけ、学生の視点からの教育改善を学生自身が取り組むというのが学生ＦＤの最も本質的な点である。この点に関して自治会系は文字通り学生主体の団体であるから問題はないが、ピアサポート系は大学の方から担当する業務の内容が決められており、教職員による指導や研修が前提となっているので、学生自身の主体性が発揮される余地は少ない。しかし、ここでも学生が定められたピアサポートを業務的にこなすだけでなく、その振り返りから更なる改善や新たなサポート企画を自分たちで考えるようになれば、学生自身が主体的に取り組みを始めたといえるので、そうなった時点では、この場合も学生ＦＤ活動を始めたというべきである。

三つ目は「大学との連携を求める」という点で、授業や教育の改善は義務化された大学のＦＤの諸課題の中でも最も大きな課題であるから、同じ目標を掲げる学生ＦＤ活動への支援を大学側に求めることはきわめて自然な流れである。またこの連携により、学生ＦＤ団体の方も大学側からＦＤについて学ぶことで活動の質を向上させることができる。この点に関して、自治会の場合は学生の自治組織であるがゆえに通常は大学との連携が比較的少ないと思われるが、学生ＦＤに取り組む際にはこの連携が必要となる。

このように、最初から学生ＦＤ活動を目的に結成された団体だけでなく、団体の主目的は他にあっても、この三つの特徴を備えた活動であれば、その部分は学生ＦＤ活動というべきである。自治会系やピアサポート系の団体がサミットに参加するようになったことは、学生ＦＤ活動が既存の学生スタッフの間にも広がる可能性があることを示しており、学生ＦＤ活動のさらなる広がりを期待させる。

七　学生ＦＤの広がりに伴って浮上した課題

学生ＦＤサミットも回を重ねるごとに参加団体も増え、それに伴い各団体の多様な取り組みが紹介されるようになった。サミットの第一の意義は相互の刺激と学び合いであるから、それ自体は歓迎すべきことであったが、団体の数が増えると参加団体すべての活動紹介を全体で行うことは不可能となった。このため、全体会場では新しい団体の紹介にとどめ、参加大学にはフォーマットを決めた活動紹介（Ａ４・一頁）を提出してもらい、冊子として参加者に読んでもらえるようにした。さらに最近は、ポスターセッションの時間を設け、参加者が自由に関心のある団体の取り組みを直接聞けるように工夫している。

ところで、参加団体が増え、さまざまな取り組みの数も増える一方、その内容が近いものも増え、またそれぞれの取り組みの中で出てきた課題も増えてきた。そこで、似通ったテーマごとに話題提供と意見交換を中心とする分科会が行なわれるようになった。例えば、学生ＦＤを始めるためのイロハ・ノウハウや、学生ＦＤ活動によるスタッフの気づき・思い・成長、学生ＦＤの認知度を上げ興味をもってもらうための工夫、学生ＦＤにおける教員・職員との共働などは、学生ＦＤを始めた団体なら必ず通る道である。また、学生発案型授業や、学生ＦＤの大学間連携など、新しいアプローチについての分科会も行われている。さらに、活動を続ける上での問題や悩みはどこの団体でもあるが、学生ＦＤの場合は古くからある活動ではないがゆえに、学生ＦＤ組織の持続的発展に関わるさまざまな特有の課題も浮上してくる。それらは常に「学生ＦＤとは何か」の原点を見直す契機ともなった。

本書では、まず学生ＦＤを始めた大学が各地で増えてきたが、その代表例として北海道の学生ＦＤを第一章で紹介する。札幌大学、北海道情報大学、小樽商科大学、北翔大学、北海道医療大学、札幌学院大学と六大学に広がった北海道の学生ＦＤが目指す目標の共通性とともにその活動の多様性が確認できるであろう。北海道では二〇一一年から六大学の交流も活発に行われるようになり、学生ＦＤの地域交流と連携のモデルともなっている。

学生ＦＤの広がりの中で「学生ＦＤとは何か？」が常に問い直されてきたことは前述したとおりであるが、この本質的な問いかけを正面から議論し、学生ＦＤはどうあるべきかを考え、行動しようというコンセプトのもとに、「考動せよ、学生ＦＤ」というテーマで二〇一三年春の岡山大学で開催されたサミットの概要を第二章、その実録を第三章に天野憲樹氏の執筆で収録した。サミットに参加したことのない人たちにとってはいわば誌上参加でサミットを体験できる貴重な記録である。

学生ＦＤの広がりと多様化する学生ＦＤの中で問われた「学生ＦＤとは何か」については二〇一三年夏サミットの分科会でも取り上げられた。「学生ＦＤ再考」と題して四大学の報告をもとに参加者で議論した記録を第四章で紹介する。

一方、最近の学生ＦＤの取り組みの中で注目されるようになったのは学生発案型授業である。最初にこれを実現したのは二〇〇三年度の岡山大学であるが、サミット当初は他大学には見られなかった。実現が容易でないためと思われたが、二〇一二年頃から札幌大学、広島経済大学、関西大学、日本大学で次々に開講が実現した。そこで「学生発案型授業の可能性と課題」をテーマにした二〇一三年夏サミットの分科会を第四章で紹介する。

ところで、学生ＦＤが広がったとはいえ、学内に活動団体がある大学は全国の一割に過ぎず、まだまだ一般の教職員には知られていない。そこで、実際に活動している学生スタッフからの報告と交流を通じて学生ＦＤを考えてもらおうと企画した大学コンソーシアム京都でのシンポジウムから、初めて学生ＦＤを知った教職員の声を第五章で紹介する。

学生ＦＤはその後も広がり、進化を遂げつつある。学生ＦＤの近況と今後の展望については終章にまとめた。

【引用・参考文献】

川口昭彦　二〇一四　大学教育フォーラム「学生からのまなざし―高等教育と学生の役割」報告書　独立行政法人大学評価・学位授与機構
木野　茂　二〇一二　大学を変える、学生が変える―学生FDガイドブック　ナカニシヤ出版
木野　茂・梅村　修　二〇一三　学生FDサミット奮闘記　ナカニシヤ出版
木野　茂　二〇一五a「学生FD」の意義と可能性―第二一回大学教育研究フォーラム発表論文集　京都大学高等教育研究開発推進センター　六八―六九頁
木野　茂　二〇一五b　学生FDの過去・現在・未来―学生FDか、学生参画か　大学教育学会第三七回大会発表要旨集録　一二二―一二三頁

第一章　北海道の学生ＦＤ

一　はじめに

本章は二〇一二年夏の学生ＦＤサミットの際に本シリーズの第一巻の編集について私が梶浦桂司氏（当時、札幌大学）と梅村修氏（追手門学院大学）に相談したことがきっかけである。その時の私の構想では、第一章を北海道の学生ＦＤ特集にし、第二章を追手門学院大学での二〇一二年冬のサミット特集とし、第三章を立命館大学での二〇一二年夏のサミット特集とする予定であった。各章の編集は第一章を梶浦氏に、第二章を梅村氏に、そして第三章を私ということでまとまり、夏休み明けから原稿執筆の依頼を始める予定であったところ、寸前に梶浦氏の急逝という悲報が入ったしだいである。

しかし、梶浦氏が期待していた北海道の学生ＦＤ特集は何としても実現したく、私から関係者に執筆依頼を行ったが、二〇一三年春の岡山大学でのサミットまでに仕上げることは至難であった。これを見て、梅村氏から追手門サミット特集に梶浦氏の追悼文集を付けて第二巻を出してはとの提案があり、第二巻を出すことができたが、結果として北海道の学生ＦＤ特集が第三巻に積み残しとなった。早々に頂いた原稿もあり、執筆していただいた方々には出版が遅れたことをお詫びするとともに、読者におかれては執筆時期に多少の違いがあることをご寛恕いただきたい（執筆者の肩書はすべて執筆時のものである）。

ところで、北海道の学生ＦＤは梶浦氏が札幌大学で二〇〇八年一一月に立ち上げたのが最初だそうであるが、私が梶浦氏と出会ったのは二〇〇九年九月の岡山大学の i*See（大学の教育改善に関心をもつ大学生・教職員その他のための交流会）のときである。元気な学生たちとご一緒に参加されていた梶浦氏を見て、私たちがサミットを始めた直後でもあり、学生ＦＤが北海道にまで広がればいいなあと期待したものであるが、その後、本当に北海道の学生ＦＤが広がり、活発な活動を始めていることには正直驚いている。

札幌大学に次いで学生ＦＤを立ち上げたのは北海道情報大学で二〇〇九年一二月であるが、同大学ではその前にサミットのことを耳にしてお二人の教員が学生ＦＤのことを私に聞きに来られたことが契機であった。さらに、北海道医療大学には二〇〇八年から学生副学長という制度があることを知ったし、二〇一一年からは北翔大学と札幌学院大学でも学生ＦＤが立ち上がり、小樽商科大学ではサークルが学生ＦＤをやり始めるなど、とてもユニークな学生ＦＤが揃っているのも北海道の特徴である。

木野　茂

二　札大おこし隊（札幌大学）による学生ＦＤ

一　発足とその後の経緯

まず、はじめに、本来であれば、この文章は、札幌大学の学生ＦＤを発足し、北海道の学生ＦＤの道を切り開いたともいえる梶浦桂司先生が執筆される予定であった。しかし、二〇一一年九月一四日、梶浦先生は、くも膜下出血で倒れ、一六日、四五歳の若さにも関わらず急逝された。そのため、ここでは、梶浦先生の後を引き継ぐこととなった、私、堀江が、二〇一二年五月二六日（土）、北海道大学で行われた第二四回大学教育学会のラウンドテーブルにて「札幌大学における学生ＦＤの取り組みについて」と題し、報告を行った梶浦先生の資料および当日のテープ起こしの原稿をもとに、その後のことも敷衍しつつ、私の印象も交えながら、まとめさせていただく。梶浦先生の思いや構想については、今となっては推測する他ないこともあり、すべてを書き記すことができきないことをお許しいただきたい。また、札幌大学の学生ＦＤ組織を、通称「おこし隊」と呼んでいるが、本文では学生ＦＤとして記す。

①二〇〇八年一一月：ＦＤネットワーク〝つばさ〟「学生ＦＤ会議」への参加

札幌大学の学生ＦＤの発足は、二〇〇八年一一月までさかのぼる。当時、山形大学が組織する、ＦＤネットワーク〝つばさ〟に札幌大学は加盟しており、二〇〇八年一一月に行われたＦＤ会議に、男子学生二名が参加したのが始まりであった。

しかし、梶浦先生は、この時、たまたま、二名の男子学生を連れて参加したというわけではなく、用意周到に学生ＦＤの発足を計画されていたものと思われる。なぜなら、おそらく梶浦先生が札幌大学における学生ＦＤの導入をお考えになられた契機は、岡山大学が二〇〇五年から開催している学生参画型ＦＤ活動の〝i*See〟と呼ばれる全国フォーラムへの参加だったからである。毎年開催されるi*Seeへ参加し、導入の準備を着々と進め、先に述べたように二〇〇八年一一月、山形大学のＦＤ会議には、満を持して二人の学生と臨まれたのだろう。

そして、梶浦先生の思惑通り（？）、その会議に参加した学生二名は、岡山大学の学生ＦＤの取り組みを初めて知り、自分たちも大学に戻って同じような活動をしたいという熱い思いを共有することとなった。

②二〇〇八年一二月：学生ＦＤ委員会組織化を学長へ上申

翌月一二月、すぐに学長に学生ＦＤの組織化を上申したところ、「ぜひ、おやりなさい」となり、同月すぐに学生ＦＤ委員会が誕生した。当時、学生ＦＤの活動を知る者は、ＦＤ委員会の教員だけでなく、他の教員や、もちろん一般の学生もほとんどいなかった。

そこで、学生ＦＤを立ち上げた二人は、さらに二名をヘッドハンティングし、四名での本格的なスタートとなった。立ち上げたばかりだというのに、翌二〇〇九年には、メンバーは一〇人に増えた。立ち上げたメンバーの力だけでなく、梶浦先生が長い時間をかけ、他大学とのネットワークを築き、札幌大学でどのように学生ＦＤを発足させるかについて模索し、学内へと働きかけられた影響も大きかったのではないかと思う。

③二〇〇九年四月：ＦＤ推進委員会にオブザーバー参加

新年度に代わるとともに、梶浦先生は、教員サイドのＦＤ委員会の委員長に就任し、学生ＦＤ委員会にとっても追い風が吹くこととなった。私も、ＦＤ委員会の一構成メンバーとして参加しており、これから何か新しいことが始まりそうだという予感がした。

そして、その予感は、正しかった。従来、各学部から選出された委員の先生と職員で行われてきたＦＤ委員会に、学生ＦＤ委員会の学生をオブザーバーという形で参加させたのである。その委員会には、私も出席しており、気難しい顔をした多くのＦＤ委員の教員が座る中、目を輝かせた学生ＦＤ委員が同席し会議を行ったことは、いまでも忘れられない。ＦＤ委員会に限ったことではないが、各学部から選出された教員で構成される会議は、各学部の利害関係が絡む議論になるため、時折、白熱する。しかし、ＦＤ委員会に学生ＦＤ委員が入ることによって、感情的な意見がぐっと減り、冷静に会議が行われるようになったのではないだろうか。その後、学生ＦＤ委員会の活動は、活発度を増し、毎月のようにさまざまな取り組みが行われ、教職員の関心、理解も少しずつ得られるようになっていった。

④二〇一一年 四月：ＦＤ推進委員会の正式メンバーとして参加　二〇一一年四月には、学生ＦＤ委員会の委員長がＦＤ推進委員会の正式メンバーとして参加することが認められた。委員会の正式メンバーとなるにあたり、従来、ＦＤ推進委員会の構成メンバーである教員は、各学部選出であったが、学長指名へと委員会の規定が改定され、学生ＦＤ委員長も、ＦＤ推進委員長が推薦し、学長が指名することで、委員会へ参加できるようにしたのである。したがって、札幌大学の学生ＦＤ委員長は、学長の名前の入った委嘱《いしょく》状が、学生ＦＤ委員長に渡されている。その時の様子を示したのが次ページの写真である。桑原学長から、横山いよりさんに、学生ＦＤ委員長の委嘱状が手渡された。

⑤二〇一二年 四月：ＩＣＴエキスパートチームおこし隊に合流、そして――　二〇一二年四月には、新たな学生ＦＤ委員会の活動が始まった。それは、ＩＣＴ（情報通信技術）を授業でどのように活用できるかを、学生、職員、教員で考えるプロジェクトである。その時、私もプロジェクトメンバーに指名され、学生ＦＤ委員会の新

たな活動として、今後の展開を楽しみに活動を始めた。二〇一二年の夏休みまでに、数回の打ち合わせを行い、オープンキャンパスの模擬講義で、実際にＩＣＴの活用を試み、夏休み明けの新たな展開が楽しみであった――。

しかし、冒頭でも述べたように二〇一二年九月一六日、札幌大学学生ＦＤの生みの親であり、育ての親でもある、梶浦先生は、何の前触れもなく他界された。学生ＦＤのメンバーは、大きな支えを失い、大きな悲しみを抱きつつ、これからどのように活動を行っていけばよいのか途方に暮れたことだろう。

学生ＦＤの活動は、梶浦先生と二人三脚のように歩んできており、後を引き継ぐ人はたいへんであると、多くの教職員は思っていたはずだ。ましてや、後継者が私になるとは夢にも思っていなかった。仮に後継者の話があったとしても、重責を担えるだけの力はなく、断わるべきであった。しかし、その私の心を動かしたのは、学生ＦＤのメンバーが私を名指しで指名しているという学長からの説得だった。当時の私は、役職は講師であり、経験も浅く、そのような者を、ＦＤ推進委員長に指名することは、本来はあり得ないと思うが、学生たちの声を尊重し私の指名に至ったようである。このことは、札幌大学の教学のトップである学長が、学生ＦＤを認知し、理解されている証であるといっても過言ではないと思う。

⑥二〇一二年一〇月：後継者となって

学生たちの期待を裏切ることはできず、せっかくここまで築き上げた学生FDの足を止めるわけにもいかず、私も覚悟を決め、梶浦先生の後を引き継ぎ、私と学生FDの二人三脚が二〇一二年一〇月から始まった。私を名指しで指名したとはいえ、お互いの信頼関係を築くことから始めなければならず、学生FDの活動が、私のせいでかなりのスローダウンとなったのはいうまでもない。梶浦先生のまねをしようと思っても、無理な話である。まずは、学生FDのメンバーを信頼し、リードしてもらうと決め、口出しをせず見守ることにした。私の心配をよそに、学生たちは先輩が行ってきた、数々のイベントを企画し実施していった。なかには、人がほとんど集まらず、残念な結果に終わった企画もあったが、二〇一三年二月二三日（土）、二四日（日）の二日間に渡って行った「054time!!」は、道内六大学、道外からは熊本学園大学から教職員合わせて約五〇人となる、札幌大学の学生FDにとって大きなイベントの一つとなった。

その後、私も、ようやく学生FDの足並みに合わせて、一歩を踏み出せるようになってきた。ただ、そろそろ二人三脚ではなく、三人四脚、四人五脚と、学生FD以外の学生や、授業改善への効果的な取り組みなどへの、より高い期待、効果、結果が周りから徐々に求められるようになり、新たな問題、課題もみつかってきた。また、札幌大学は二〇一三年度より従来の学部制から学群制に変わり、FD推進委員会も新しい体制へと変わることになる。経験豊富な学生FDメンバーの多くが、うれしいことではあるが卒業し、残された、経験の少ない私も含め学生FDのメンバーと、これから新体制における活動を考えていかねばならない。先行きは、問題が山積みであるが、学生FDのメンバーの大学を良くしたいという熱い気持ちを信じ、ときには私がリードし、ときにはリードされながら、ともに何をすべきか考え抜いていこうと思う。

二　取り組み概要

札幌大学の学生FDで行ってきた主な活動を紹介する。

①サツトーク　「サットーークって、なに?」と思われたと思う。これは、しゃべり場のようなもので、サツは、札幌大学のサツ、トークは、なぜトークではないのか。お気づきの方もいるかと思うが、テレビ朝日のトーク番組「アメトーーク」をもじったものである（用意周到な梶浦先生がテレビ朝日に使用確認をされたという）。この〝サットーーク〟は、学生ＦＤの主要な活動の一つで、二〇〇九年度、二〇一〇年度は三回、二〇一一年度は二回、二〇一二年度は一回、実施している。

②学生発案型授業　札幌大学での学生発案型授業のはじまりは、二〇〇八年一一月のネットワークつばさの学生ＦＤ会議だった。橋本勝先生（当時：岡山大学教育開発センター教授）の「学生参画型の教育改善　挑戦から定着へ」と題した、シンポジウムに参加した学生たちが、そんなことができるのだということを知ったのが、札幌大学で学生発案型授業をはじめるきっかけとなったようである。当時、参加した学生たちにとって、すべてが新鮮で、刺激的だったようで、学生ＦＤがまだ組織化されていないにも関わらず、すぐに始めたいと梶浦先生に迫ったという。しかし、さすがに、乗り越えなければならない問題が多く、梶浦先生は待ったをかけたようだ。実際に学生発案型授業を実施するには、いろいろ苦労があったため、まず、梶浦先生本人が専門的な分野でもある「賢い消費者になろう」というプレ講義を二〇〇九年、二〇一〇年の二年間にわたって実施した。

　問題点などを洗い出し、具体例を自ら示し、学内の共通科目の中にアクティブラーニングという形で、学生発案型授業を単位化することが承認された。実際に実施するにあたり、まず、はじめに、学生から学んでみたい授業案を募集する。おもしろい案がいくつも提出されたが、すべてを実施するのは不可能であり、また、よい案があったとしても、担当してくれる教員がみつからなければ、実施できない。そ

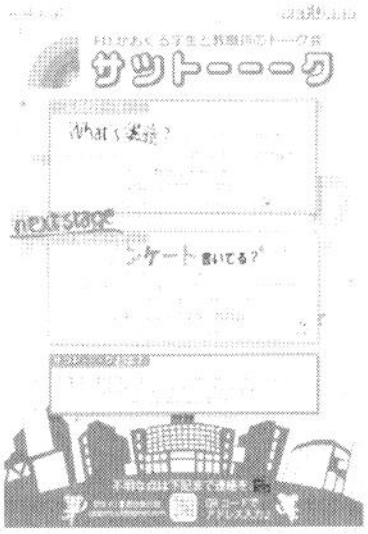

こで、出された案から、実現できそうなものを二案に絞り、校舎や学食の入り口などで、どちらの授業を受けてみたいか決選投票の上、決定した。札幌大学では出欠を学生証に埋め込まれたICチップで管理しており、投票は、そのシステムを利用し集計を行った。札幌大学には当時五千人弱の学生が在籍しており、そのうち五四〇人から投票を得られ、初めての学生発案型授業のテーマは「北海道の政治学」に決まった。開講までに発案した学生と担当教員がシラバスを作り上げ、年度初めの履修登録が始まると、三〇〇人を超す登録があった。二〇一三年度は、新たな授業を行うことになるため授業案の募集をかけたところ、五〇件の応募があり、その中から、最終的に決まったのが「映画で学ぶ現代社会」であった。

③授業問題NG集

二〇〇九年度に行った取り組みで、授業中の学生のマナーに関する啓発ビデオの作成を行った。当時の新聞に、今、大学で授業を受けている学生の態度が良くないという記事が掲載され、学生FDのメンバーが何かできないかと考え企画された。内容は、私語や飲み物、居眠り、ケータイなど（私の若いころも、同じような感じだったと思うが……）、学生FDのメンバーが演じ、改善を促すものである。ただ、どのように活用するかFD委員会でも議論になり、積極的な活用には至らなかった。

④Caféプロジェクト

Caféプロジェクトを行うきっかけとなったのは、札幌大学で初めて行った〝サットーーク〟である。話し合いのなかで、よく話題に上るのが学生と教職員間のコミュニケーション不足である。そこで、学生FD活動で、交流しやすい場所を提供しようということとなり、Caféプロジェクトを立ち上げることになった。Caféといっても、注文すればコーヒーが出てくるわけではなく、カートリッジ式のコーヒーメーカーを使い、自分でお好みのカートリッジをセットし淹れてもらう、セルフサービス方式である。カフェを開く場合、法律的にもいろいろクリアーしなければならない問題もあるため、募金箱は用意したが、利用料は徴収していない。学生同士の利用もあるが、本来の目的であった、教員と学生がコーヒーを飲みながらコミュニケーションをとる姿もみられた。このプロジェクトは、なかなか、おもしろい試みであり、学生と教職員間の交流の場として、今後も続けたいと思うが、予算の問題、そして、ただ、場を提供するだけでなく、より交流を促すイベントなど工夫が必要であるとも感じている。

⑤サツナビ　他大学では、活動の紹介を紙媒体やインターネットを使って積極的に行っているが、札幌大学の学生ＦＤもサツナビというブログを開設している。しかし、更新は滞っているようであるが……。最近は、Facebookなども活用し始めており、今後は学内外に向けた広報活動も考える必要があると思う。やはり、FacebookなどのＳＮＳを活用し、活動の紹介だけでなく、他大学と情報共有を行い、活動を刺激し合っていくことも大切であると考えている。

⑥授業改善アンケートの見直し　授業改善アンケートは、従来からＦＤ推進委員会主導で行われてきた。アンケートは学期末に一度実施することになっていたが、アンケートに答える学生たちには、直接改善が反映されることは基本的になかった。そこで、学生ＦＤに「アンケートについてみんなはどう思っているの？」と聞いたところ、「先生たちが学期末にやっているけども、本当にそれがそのあと改善されたかどうか、僕らにはわからない。はっきり言ってアンケートを書くインセンティブがありません」という返答を得た。「じゃあ君たちどうしたい？」と聞くと、「（各学期の）真ん中へんでもアンケートをとってもらえないでしょうか」という意見が彼らから寄せられた。すでに、一部の講義では、任意に中間でアンケートをとっていた教員もいたが、ＦＤ推進委員会が全学的な実施にむけアンケートの見直しを図ることになった。アンケートの内容も、学生ＦＤのメンバーが考え、ＦＤ推進委員会の審議に何度もかけた。しかし、了承はなかなか得られない。最終的に

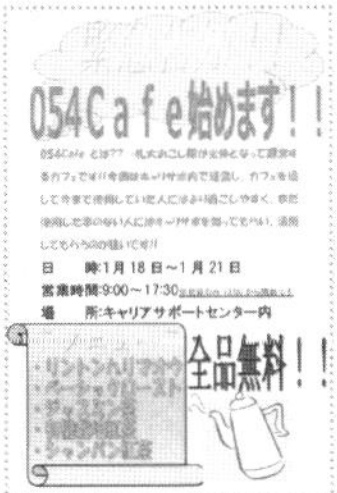

アンケートの内容は、学生ＦＤのメンバーが提案したものから大きく修正されたものになったが、中間アンケートを全学的に実施することとなり、学生ＦＤの活動の中でも、大学に与えるインパクトの大きなものとなった。

⑦ 054time　毎年、札幌大学の学生ＦＤを連れて、学生ＦＤサミットへ参加しているが、二〇一一年二月一一日、札幌大学でも、学生交流会ということでサミットを開催し、立命館大学の木野茂先生、追手門学院大学の梅村修先生にご参加いただいた。初めての開催にもかかわらず四〇名の参加をいただいた。「大学の授業を良くするためには」という、映像作品を最終的に作り上げる企画で、準備不足、経験不足など、集まっていただいた学生、教職員の方々に、ご迷惑、ご心配等をおかけしたと思うが、無事に終えることができた。この経験は以後の活動の糧となったことと思う。

二〇一二年二月二三日（土）、二四日（日）には、第二回の054timeを開催し、他大学のイベントと重なっているにも関わらず、近隣の六大学、道外からは熊本学園大学から参加をいただき、学生、教職員合わせて五〇名、そのうち学生は四三人（札幌大学学生ＦＤ九人を含む）で行われた。二回目の企画、運営は、経験の少ない後輩学生ＦＤのメンバーによるもので、私は、口出しはせず、見守ることに徹し（心配しながら見守っていたが）、今回も無事におえることができた。私も含め、学生ＦＤともども、学ぶべきことが多い054timeだった。また、札幌大学における学生ＦＤの今後の活動を見直す機会にもなった。

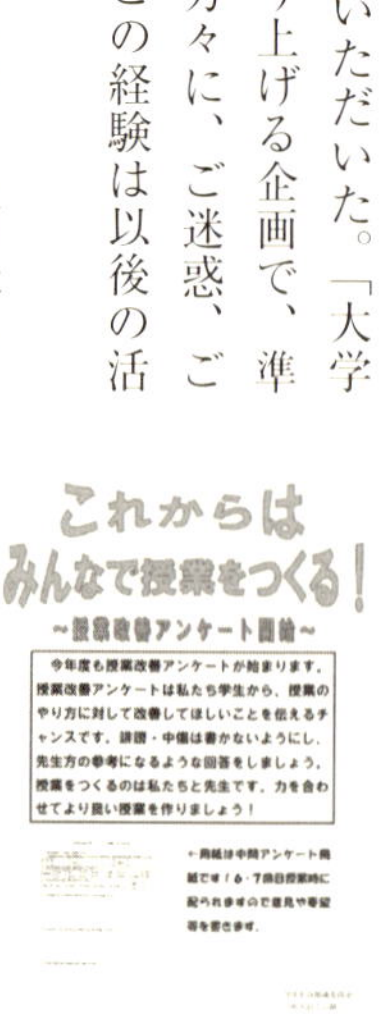

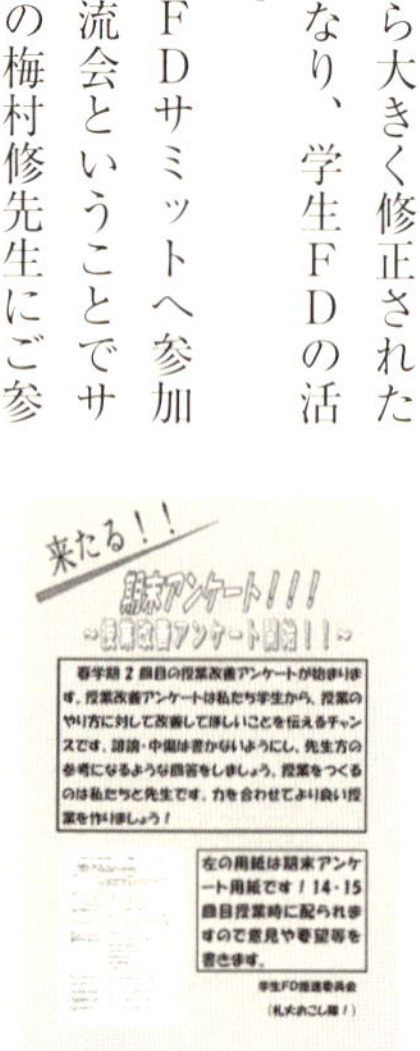

⑧ ＩＣＴ活用プロジェクト　新しい試みとしてＩＣＴの授業への活用プロジェクトを始めた。すでに、ＩＣＴを授業に取り入れ活用している教員はいるので、教職員だけでなく学生も入ったプロジェクトを立ち上げた。プロジェクトのメンバーに加わった学生は、ＩＣＴに特化した知識を身につけようとする学生で、従来から行っ

てきた学生ＦＤの活動の企画、運営には基本的にかかわっていないが、いずれ学生ＦＤの活動の一つに入れる予定であった。しかし、プロジェクトを立ち上げた梶浦先生の急逝により、一時休止状態である。今後、再始動する予定である。

三　新たな取り組みと組織・運営・支援体制

大学の組織も新体制となり、今まで行ってきた学生ＦＤの活動も、見直す時期かもしれない。まだ、具体的な新しい取り組みは決まっていないが、改めて、札幌大学における学生ＦＤで何をすべきか考えなければならない。学生ＦＤの活動を広めることや今まで行ってきた企画を継続することに力が注がれ、目的を考えずに行うことが多くなってきたと思う。今後は、まず、学生ＦＤで、今、何をすべきかじっくりと学生ＦＤ同士で話し合い、活動の柱をしっかり立てたいと思う。そのあと、今まで行ったことのない、新たな取り組みを一つでも多く、増やしていきたい。

札幌大学の学生ＦＤは、任意団体として活動しており、ＦＤ推進委員会が支援を行ってきた。学生ＦＤ委員長は、学生ＦＤが推薦し、学長が正式に委嘱を行っている。また、ＦＤ推進委員会にも、オブザーバーではなく、正式メンバーとして参加してきた。しかし、札幌大学の改組により従来のＦＤ推進委員会も、新しい体制となることから、今後、学生ＦＤの活動をどのように支援するかについて検討中である。

四　今後の課題と展望

今後の課題は、山積みである。先輩学生ＦＤから後輩学生ＦＤへの引き継ぎは、十分に行われているとはいえない。ただの過去の取り組みの繰り返しになってはならないと私は考えている。過去の経験を活かし、新たな取り組みに改善していかなければならない。そのためには、学生ＦＤのメンバー確保は重要な課題の一つである。

どの大学でも同じだが、学内には楽しそうで魅力的な、さまざまなクラブ、サークル、ボランティアがある。その中で、学生ＦＤの活動はわかりにくく、特に、大学生活に期待で胸いっぱいで入学してくる新入生にとっては、逆に、違和感を覚えるかもしれない。学生ＦＤの活動は、ＦＤとつく以上、直接的でなくても間接的にでも授業改善につながる取り組みでなければならない。ただ、教員のためではなく、自分たちのためになる活動であってほしい。今までの取り組みを振り返り、ただの過去の延長ではなく、あるべき姿を考え、学生ＦＤの取り組みをより良く改善していくことが、二つ目の課題である。そして、三つ目の課題は、学生ＦＤの活動が、札幌大学で学んでよかったと思ってもらえる学生を一人でも多く増やすことである。

今後の展望であるが、まだ明るい未来がみえている状態ではない。いいすぎかもしれないが、今は、上も下もわからない泥水の中を、どうやって抜け出せばよいか、マドルスルー（もがきながらすすんでいくこと）が必要な時である。あきらめずにもがき続ければ、きっと新たな希望の光がみえるはずである。しばらくは、もがき続けなければならない。学生たちは怯まず、前進し始めている。それは、おそらく自分たちだけでなく、他大学でも、マドルスルーをしているたくさんの学生ＦＤに関わる学生たちに刺激を受け、励まされているからだと思う。時には私が、導き、学生ＦＤたちともがいていこうと思う。

札幌大学・堀江育也

三　北海道情報大学の学生ＦＤ

一　学生ＦＤの発足

北海道情報大学の学生ＦＤ活動は二〇〇九年一二月から始まり、二〇一二年の冬で三年目になる。本節では、この時期まで三年間の学生ＦＤ活動についてまとめる。北海道情報大学では、二〇〇六年度から学部の教務委員会が主催するＦＤ研修会が教員の任意参加という形式で行われていた。その後二〇〇八年度に全学的に組織化されたＦＤ活動が開始された。学生ＦＤ活動の発端は、全学ＦＤ活動の組織である「全学教務・ＦＤ委員会」に設置された複数のワーキンググループの一つＷＧ１の検討事項として取り上げられたことである。北海道情報大学のＦＤ活動の特徴は、ＩＣＴにより教員が授業改善に活用できるＦＤ支援システム（ＣＡＮＶＡＳ）と、教育改善を検討する九つのワーキンググループ（ＷＧ１、ＷＧ２、……、ＷＧ９）が有機的に教育改善活動を進めることにある。いわば「バーチャル」と「リアル」を融合させたＦＤ活動である。このうち「リアル」の部分である九つのワーキンググループは、教育改善の進行にあわせて、多少の増減を経ながら継続している。ワーキンググループは、学生の声を吸い上げるＷＧ１の他、教員相互の授業改善活動、成績評価方法、教員活動支援、カリキュラムの検討などを行っているが、学生ＦＤ活動は学生の声を吸い上げるＷＧ１の教育改善活動の一つとして始まった。北海道情報大学は、経営情報学部と情報メディア学部の二学部、合計四学科からなり[1]、学生数は全学部全学年合わせて約一六〇〇人の小規模大学であり、このような全学的組織が比較的機能しやすい。

ＷＧ１のメンバーは、二〇〇九年一二月当時、教員四名、事務職員三名の合計七人であった。事務職員三名には、事務局長と教務課長も含まれていた。当初は、学生ＦＤなるものがどんな活動なのか、どのメンバーもよく理解していなかった。そこで、メンバー教員二名が立命館大学の木野茂教授を訪問し、学生ＦＤについて教えを乞うことになった。その結果を受けて、ＷＧ１の会議で学生ＦＤ導入について議論し、導入することとなった。

学生ＦＤは、まず活動する学生がいなければ始まらないので、ＷＧ１のメンバー教員が個人的に学生に声をかけ、学生ＦＤメンバー一期生九名（大久保翼、氏家圭一、坂田一平、井内雄大、土井翔太、岡山綾那、東海林晃人、谷口雄亮、福屋冴恵）を集めた。こうして、ＷＧ１メンバーの教職員の支援のもとで、北海道情報大学の学生ＦＤ活動がスタートした。なお、その後二〇一一年一二月に、教員、職員各二名に学生ＦＤメンバーを加えた「学生ＦＤとの連絡

(1)　二〇一三年四月からは、三学部、合計四学科に改組された。

会議」が組織され、学生FDはWG1から離れることになる。「学生FDとの連絡会議」には、筆者の一人、上杉が入っている。(2)「学生FDとの連絡会議」は、WG1と同様に「全学教務・FD委員会」のもとに置かれている。

二　活動の始まり

学生FDの導入当初は、集められた学生も教職員も、学生FDについてはにわか勉強程度の知識しかなかった。そこで、まずは話し合おうということで、二〇〇九年一二月一六日の昼休みに、学生とWG1教職員による第一回目の学生FD活動検討会議が開催され、活動内容について話し合った。第1回会議は、筆者の一人、穴田の提案でランチョンミーティングとした。食を共にすることで、少しでも親密になるところから始めようという意図である。その後、何度か会議をもち、九人の学生が三つのグループに分かれてそれぞれ活動内容を考えることになった。各グループが考えた活動は、「教員へのインタビュー」、「ゼミ訪問、ゼミ紹介」である。二つのグループが奇しくも同じテーマ「教員へのインタビュー」を考えてきたが、このうち一つは結局実施されなかった。この時期は学期末で定期試験も迫っており、やむを得ないことであった。

①教員へのインタビュー　実施された「教員へのインタビュー」の趣旨は、各学期末に行われている授業評価アンケートの結果に対する教員の声を聴きたいということである。授業評価アンケートの結果は、各教員のコメントと合わせて学生向けの学内ウェブサイトで公表されている。しかし、ウェブサイトで公表された簡単なコメントだけでは、教員がどのように考えているか学生には十分に伝わっていないというのが動機である。また、学生向けの学内ウェブサイトを閲覧する学生があまり多くないという実情もあり、他の方法での公表も検討したいという動機もあった。この活動は学生二名（大久保、氏家）のグループにより行われた。彼らは、公表されている授業評価アンケートへの教員の回答を丹念に調べ、二名の教員を選んだ。北海道情報大学の教員数が八〇名程度であるから約二％ということになるが、二名の学生が授業などの合間に行える無理のない活動としては妥当な

ものである。

選ばれた教員の内一名は、授業評価アンケートに対するコメントとして「授業改善の必要なし」と回答していた。もう一名は、赴任して一年未満の新任教員である。

この「授業改善の必要なし」とはどういうことなのか、これは自然な疑問である。インタビューではどのような授業の工夫をしているかについて質問し、「一、二年生に対しては、解らないことがあれば丁寧に教えるように努め、三、四年生には自分で考えるような授業展開をしている」という回答を得た。この教員が、学生が自分で考えることを重視した授業の工夫をしていることに学生たちは納得したようである。また、新任教員からは学生が真面目であるとの評価を聞くとともに、ノートテイクなどの指導をしているとの説明もあった。実際にインタビューすることで、学内ウェブサイトに簡単に書かれた教員のコメントからはわからない教員の熱意と努力を感じることができたようだ。この活動を通して、学生たちは、意欲的に授業に取り組んでいる教員がいることを知り、授業評価アンケートは、さらによく考えて回答しなければならないと感じたようだ。

②ゼミ訪問、ゼミ紹介

「ゼミ訪問、ゼミ紹介」は、医療情報学科に限定して行われた。北海道情報大学では、三年生になると専門ゼミに所属する。その際、どのゼミに所属するかは、学生にとっては非常に大きな選択になる。しかし、三年生以上の講義しか担当していない教員もいて、学生はゼミを選択するときにとても不安になる。「ゼミ訪問、ゼミ紹介」の目的は、このような不安を少しでも取り除くことである。この活動は、「教員へのインタビュー」とは異なる別の二人の学生ＦＤメンバー（井内、土井）が行い、医療情報学科のほとんどの教員にインタビューすることができた。しかし、活動時間の制約から資料にまとめることができたのは、数人の教員にとどまった。しかし、普段あまり接することがなかった教員とも話し合うことができ、教員について詳しく知る有意

（２）二〇一三年度からは、もう一人の筆者、穴田も「学生ＦＤとの連絡会議」に入っている。

義な機会になったようである。また、教員の立場からは、学生目線で教員の雰囲気も含めたゼミをアピールするよい機会になった。このようなこともあり、資料に掲載されなかった教員インタビューの結果は、後に引き継ぐことになったが、さらに、この活動は後の「学生による学生のためのゼミ説明会」に発展することになる。

北海道情報大学初の学生FD活動「教員へのインタビュー」と「ゼミ訪問、ゼミ紹介」の実施結果は、北海道情報大学全体のFD活動を定期的に報告する広報誌『教育GPニューズレター』（現在は『FDニューズレター』）にも掲載され、学内外に報告された。

③学生FD説明会　これらの活動によって、学生FDのメンバーたちは、ようやく学生FD活動の輪郭がおぼろげながらみえてきたようである。その後、学生FD活動の学内への広報と、活動の継続性を考慮したメンバー募集を兼ねて、第一回学生FD説明会が行われた。あまり多くの学生が集まらなかったが、学生FDメンバーにとっては初めて自分たちの活動をアピールする機会になった。学生FD説明会は、その後も毎年一回開催され、一般学生へのPRとメンバー募集を行う機会になっている。

三　他大学に学びながら進めた活動

こうして頼りないながらも第一歩を踏み出した学生FD活動だが、その後、学外で学生FD活動を学びながら歩みを重ねてきた。二〇一〇年八月には、札幌大学で行われた学生FDネットワーク〝つばさ〟二〇一〇学生FD会議「ツバトーーーク」に、学生FDメンバーの大久保と二〇一〇年春から加わった知久貴大の二名、および筆者のうち穴田が参加した。同じ年の八月下旬には、立命館大学（衣笠キャンパス）で行われた学生FDサミットに大久保と土井が参加した。また、教員からは筆者の一人、上杉が参加した。この二回の学外での活動に参加した学生たちは、他大学の学生と大学教育の問題点を話し合ったり、グループワークを行うのは初めての経験であった。他大学の学生との話し合いの中で、大学の規模や土地柄で学生と教員の関係が異なること、また、それぞれの大学で教育上の特有の問題があることに気づき、今まではわからなかった自分たちの大学の長所や短所を理解するきっかけになった。また、教育の問題をさまざまな視点から考えることで、政治や国際情勢への関心も強くなったようである。この経験は、彼らにとっては非常に新鮮なものだったようで、北海道情報大学でも「しゃべり場」を行う動機の一つになった。

①しゃべり報大　学生ＦＤメンバーとＷＧ１の教職員で行った会議の中で、北海道情報大学の「しゃべり場」の名称は「しゃべり報大」とすることが決まり、第一回「しゃべり報大」が実施された。残念ながら一般学生の参加は数名であったが、学生ＦＤメンバーはポスター制作など準備段階から力を注いで実現した。「しゃべり報大」は、その後も年一、二回の頻度で行われている。一般学生の参加は、残念ながら数名のままであるが、このような活動は継続することも大事であろう。継続する中で、さまざまな改善や彼ら自身の気づきが生まれる。二〇一二年度の「しゃべり報大」では、事前にテーマを議論して行われた。そのテーマは、「私語」である。この時は、新しく学生ＦＤメンバーに加わった西川晃央がコーディネーターを務め、教職員も三名参加し活発な意見交換が行われた。しかし、この時も一般学生の参加は数名であり、一般学生の参加拡大が常に大きな課題となっている。

②他大学の学生との交流　学生ＦＤサミットなど学外の活動への参加は、学生ＦＤメンバーにとっては学習と情報収集の場であるとともに大きな刺激になる。他大学の学生と交流すること、普段慣れ親しんだキャンパスを離れて活動することが、その後の活動の動機を大いに高めている。二〇一一年三月に法政大学で予定されていた学生ＦＤサミットは、東日本大震災の直撃を受けるという予想外の事態により中止になった。北海道情報大学からは、大久保、知久、木村が参加する予定であったが、上京して間もなくＪＲ秋葉原駅のホームで大震災に遭遇した。待ち望んでいた学生ＦＤサミットが予想外

第１回　学生 FD 説明会

の中止となり、彼らの落胆は察するに余りあるが、震災で混乱していたホテルにたまたま同宿していた下関市立大学の学生ＦＤメンバーと「ミニサミット」を行い、交流を深めた。この年の八月には、立命館大学（衣笠キャンパス）の学生ＦＤサミットに参加し、二〇一二年二月には、札幌大学で行われた「054Time!：学生交流会ｉｎ札大」に参加した。また、二〇一二年五月には、北海道大学で行われた大学教育学会での学生ＦＤラウンドテーブルに北海道情報大学の学生ＦＤメンバーも五名出席した。

③他大学の教員に学ぶ

この間、ＷＧ１の教員も学生ＦＤについて学んできた。二〇一〇年三月には、筆者の一人、穴田が、京都大学で行われた大学教育研究フォーラムで、ラウンドテーブルの報告者の一人として参加した。木野教授のお誘いであった。この時期は、まだ北海道情報大学の学生ＦＤが見よう見まねで活動し始めた時期であり、上に述べた「教員へのインタビュー」、「ゼミ訪問、ゼミ紹介」が終わったばかりで、それしか活動がなかった。それでも、このラウンドテーブルに参加させていただき、他大学の活動を学ばせていただいたのは大きな収穫であった。また、学生ＦＤサミットなどに参加した北海道情報大学の学生が他大学の学生から刺激を受けたのと同様に、教員もまた、非常に熱心に学生の活動を支援されている他大学の先生方を目の当たりにして、大きな刺激を受けた。二〇一二年五月には、北海道大学で行われた大学教育学会のラウンドテーブルに、穴田が報告者の一人として参加した。これも木野先生のお誘いであった。この時には、以下に述べる独自の活動も始まっていたので、先輩諸大学には及ばないながらも、多少なりとも他大学の参考になる報告ができたのではないかと思っている。

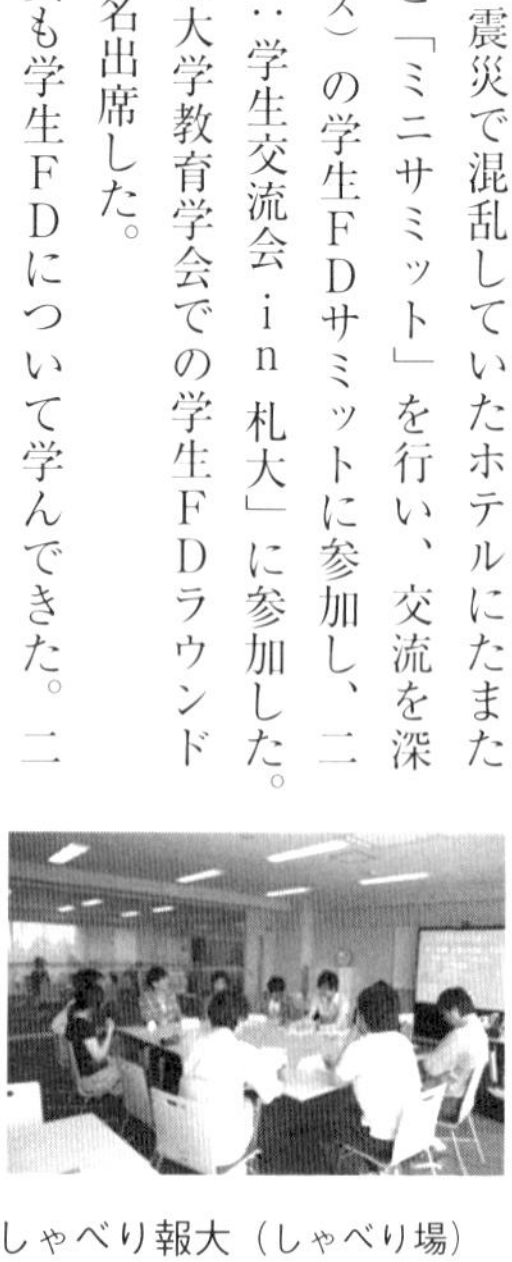
しゃべり報大（しゃべり場）

四　独自の活動を模索し始める：「ゼミ説明会」

「教員へのインタビュー」、「ゼミ訪問、ゼミ紹介」、「しゃべり報大」、そして説明会と、頼りないながらも、他大学に学びながら歩き始めた北海道情報大学の学生ＦＤだが、二〇一一年になって少しずつ自立し始めた。この年の一月に、活動の当初行った「ゼミ訪問、ゼミ紹介」を「ゼミ説明会」という方式に発展させ試行した。医療情報学科だけを対象としたものであったが、各ゼミ所属の三、四年生が、ゼミ配属予定の二年生にゼミの説明をするというものである。ゼミごとに一つの教室を使い、二年生が訪問して説明を聞くという形式で行われた。先に述べたように、北海道情報大学は学生数が全学で一、六〇〇人程度の小規模大学であるが、学生たちにしてみると学生間の交流はあまり多くはなく、後輩が先輩から授業やゼミについて具体的に説明を聞く機会はあまりないのが実情である。この企画の背景には、このような事情もあった。一回の説明は一五分に限定し、最大四つのゼミ説明を聞くようにした。説明会で回収したアンケートには、先輩の話を直接聞くことができた、すべてのゼミの説明を聞きたかったなどの肯定的な回答が多く、大変好評であった。この結果を受けて、医療情報学科だけで行われたこの試行を「学生による学生のためのゼミ説明会」として、全学に広めることになった。

北海道情報大学は規模が小さいせいか、学生のゼミ配属の学年や学期の開始時期・終了時期など、さまざまな教育システムは全学科で共通する点が多い。ゼミ配属についても、学部に依らずどの学科も三年進級時に行われる。所属ゼミは学生が選ぶが、そのためのゼミ説明は、これまでは教員主体の説明をもとに行われていた。しかし、教員の説明と学生の理解の間に隔たりがあり、学生はゼミの内容を十分に理解しないまま、二年次の講義担当教員のゼミに集中する傾向があった。医療情報学科で行った「ゼミ説明会」が好評で、学生の反応も良かったため、これを全学科に広げたのである。

学生ＦＤメンバーの役割は、一般学生への広報、会場準備、アンケート配布回収、各学科の担当学生との連絡・調整など、いわゆる裏方の仕事である。ゼミ紹介は各学科のゼミ所属の学生（三、四年生）が行った。二〇一一年一二月二二日～二〇一二年一月二六日にかけて四回行われた。北海道情報大学では、週に一コマ全学共通で授業が入らない時間がある。この数年は、木曜日の一二時五五分～一四時二五分であるが、ゼミ紹介はこの時間帯を

「学生による学生のためのゼミ説明会」アンケート結果

学科	参加者数	アンケート回収率	ゼミ選択に役立った
先端経営	23（32%）	16（70%）	100%
システム情報	34（24%）	31（91%）	100%
医療情報	47（65%）	31（66%）	94%
情報メディア	101（49%）	76（75%）	100%

使って行われた。授業が入っていない時間帯なので、大教室、ゼミ室など、それぞれの学科やゼミの事情に合わせて都合のよい教室を選ぶことができた。

上の表に示したように、四九二名の対象学生のうち二〇五名（四一・七％）が説明会に参加し、説明会後のアンケート調査（回収率約七五％）では、九割以上の学生が「欲しい情報が得られた」と答え、三学科の一〇〇％、一学科の九四％の学生が「ゼミの選択に役立った」と答えた。表を見ると先端経営学科とシステム情報学科の参加学生が少ないが、先端経営学科はこの当日この時間帯に、休講に伴う振替授業が入っていたためであると考えられる。また、システム情報学科については、一部の科目が早めに試験を開始していたので、その影響ではないかと思われる。このアンケート結果から考えると、アンケートに回答しなかった学生が否定的な感想をもっていたとしても、参加した学生の7割以上が肯定的に評価したと思われる。このように、ゼミ説明会に参加した学生の満足度は高く、ゼミへの学生の期待も高まったようだ。一方、説明する側の学生にとっては、自分が所属するゼミの特徴などを見直す機会になった。この活動は、ゼミの活性化やゼミ運営の改善につながると考えている。

学生FD活動を始めてから細々と行ってきた「しゃべり報大」

「学生による学生のためのゼミ説明会」

や学生ＦＤ説明会に加えて、学生ＦＤメンバーの学生たちが、北海道情報大学の実情に合った自分たちで考えた「学生による学生のためのゼミ説明会」を行うようになり、北海道情報大学の学生ＦＤ活動もようやく少しばかり情報発信できるところまでこぎつけた。しかし、何かを企画し実行する過程には、さまざまな苦労がつきものである。北海道情報大学の学生ＦＤメンバーにも、これらの活動を進める中で多くの苦労があったようである。このような苦労の中には、支援する教職員からはみえにくいこともある。そこで、ここでメンバーからの声を聞いてみたい。

◉北海道情報大学の学生ＦＤを振り返って

北海道情報大学の学生ＦＤが発足して、早くも三年が過ぎました。私は最初のメンバーとして参加し続けていますが、初期メンバーは全員、教員のＦＤ活動関係者からの推薦等で集められたメンバーでした。それ以降は、同様に教員の推薦で入ったメンバーもいますが、自ら学生ＦＤの門を叩いたメンバーも参加しています。そして、一部のメンバーは卒業して去って行きました。

二〇一二年一一月現在、卒業したメンバーも含めて合計二七名が学生ＦＤメンバーに参加したことになります。その中で私が気づいたこと、大事だと感じたことをご紹介させていただきます。

【多様な人びと】

人には得手不得手があります。そして適材適所があります。当然のことですが、こういった組織やグループに参加するとその意味を痛感します。北海道情報大学の学生は、私が思うに、やや内気、おとなしい人が多いと感じています。

しかし、その中で、学生ＦＤの二代目代表Ｃ君は、社交的でぐいぐい輪を広げてくれる北海道情報大には珍しい人柄です。「北海道情報大学＝元気」という印象を学生ＦＤサミットで広めたのは間違いなくＣ君でしょう。おそらく初期メンバーで初代代表の私よりも知名度は上だと思います。しかし、そんな社交的なＣ君にも苦手な分野があります。例えば、こういった文章を書くことや日々の報告、連絡、相談等により情報を共有するといったことはあまり得意ではなく、会議等が滞り活動が停滞した時期もありました。メンバーには不満を漏らすものもいましたが、そのようなメンバーたちのさまざまな声を聴く中で、むしろ個性を生かすことが大事だと気づきました。メンバーそれぞれの個性を適材適所と割り切り、外交や広報担当としてのC君、そして日々の活動や計画などは他のメンバーが担当するというように役割分担をしていくことが大事だと思います。学生FDに参加する学生は個性が豊かで、それ以外のメンバーと意見が対立することもありますが、うまく役割分担することで、むしろ活動がうまくいくと感じました。メンバーを増やす際に友だちを誘うというのは常套手段の一つで、それを否定するわけではありません。しかし、より幅広い人びとを集めることが、意見の幅を広げ、組織の懐をふかくするのに必要なことだと思います。

【遊びの重要性】

メンバーがお互いをより深く知り、信頼し信頼される関係を目指す。これも言葉では非常に簡単に言えることですが、実践はたいへん難しいものです。初期メンバーが活動を始めたころ、メンバーのつながりは会議などの活動だけでした。それ以上のつながりや業務以外の連絡はほぼないという活動期間が三ヶ月ほど続きました。しかしあるとき、教員からの勧めで懇親会を開催することになりました。懇親会で語り合いながら、ようやく各メンバーの思いや目標といったものを感じることができました。このとき、「ようやく北海道情報大学の学生FDは立ち上がったんだなあ」と感じたのを覚えています。私たち内気な情報大生の学生FDは、懇親会まで三ヶ月もかかってしまいました。その後、C君がメンバーに加わってからは、お昼休みにときどきランチョンミーティングを行うようになり雑談の機会が増え、メンバー同士でのカラオケやボーリング、バーベキューなどを行うようになり、メンバーの親密度が増しました。活動とのバランスに気をつけなければなりませんが、こういった遊びを通してお互いをより深く知り合うことができます。

【組織の確立】

「組織の確立」と書くと少し堅苦しいですが、一言でいえばいろいろな仕事の「責任」を誰がもつかを決めることが大事だと思います。例えば、会議の記録とか、メーリングリストの連絡メールを誰が書くかとか、さらには誰が懇親会の幹事をするかなどです。学生FDは学生の立場から参加する大学の教育改革だと思っています。改革は一日二日で終わるものではありません。ただひたすらに活動を積み重ねることだと思います。こんな大学にしたい、ここを変えたいという要望は学生の数だけあると思います。それをがんばってまとめてだいたいの理想の大学像を創り共有する。ひとまず理想像があって、今は何をすればいいかわからないこともありますが、少しずつそれに向けて活動を続ける。そして、それを記録に残す。次の代のメンバーがその理想像と記録を見てその間を埋める何かをやってくれるかもしれません。組織を確立するということは、責任をもって何かをするということ以外に他の誰かに望みを託すということでもあるのかなと思います。私たち学生は三年計画、五年計画で企画を実施することは難しく、世代交代を意識して計画を立て活動する機会はあまりありません。だからこそできるだけ記録を残し、次の代と情報を共有する必要があるのだと思います。

【教職員組織とのつながり】

学生ＦＤ活動を活発にする際に必要になるのが予算や設備でしょう。学生ＦＤの部屋やパソコンなどの備品、消耗品、その他の活動費などを用意してくださるのは教職員組織です。また、大学は私たち学生と教職員がともに学び研究する場でもあります。では、大学教育を改善するために教職員は学生ＦＤに何を望んでいるのでしょうか。学生と教職員のコラボレーションとして、学生ＦＤ担当の教職員とは定期的に話し合いをしていますが、学長や副学長とは話しあう機会がありませんでした。そこで、メンバーと話し合う機会を作っていただき、貴重な時間をもつことができました。私たちの考えと学長や副学長の考えを確認することができたのは大きな成果でした。また、ＦＤ委員会を経由した報告ではなく直接、学生ＦＤメンバーと話し合うことで、学長や副学長も私たちがどんな思いで活動しているかを知ることができたのではないかと思っています。このような話し合いの中から、予想以上に早く実現した活動があります。まだ始まったばかりですが、ウェブを利用した「ご意見箱」です。大学に必要とされる学生ＦＤになるためにも学長や副学長との交流をもつことも重要だと思います。現在、学長とのミーティングは年一回ほど、副学長とは月一回行われる「学生ＦＤとの連絡会議」で意見交換しています。

【最後に】

さまざまな人に助けられてきた学生ＦＤ活動でしたが、より多くのことを学ばせていただきました。もし学生ＦＤがなければ私の大学生活はこうも鮮やかではなかったと思います。この場を借りて御礼申し上げます。

大学院経営情報学専攻修士課程二年　大久保翼
（学部三年生から参加している初代代表）

五　教職員の支援

学生ＦＤメンバーは、協同作業につきもののさまざまな人間関係の難しさを経験しながらも活動を進めてきたが、この間、教職員は、活動環境についてできるだけ支援を行ってきた。例えば、学外派遣のための費用の捻出、活動拠点としての部屋の提供、パソコン・文具などの提供などである。これらの支援の中では、学外派遣費用や活動拠点の部屋の提供は、教職員にとっても難しい課題であったが、何とか対応してきた。学生FDサミットなど他大学との交流は、学生には大きな刺激であり次の活動への糧になっているので、学外派遣費用の支援は是非とも継続したい。

学生 FD の部屋

また、大学のFD活動と学生FDとの連携のあり方も重要な支援の課題である。初めに述べたように、二〇一一年一一月から、学生FDと教職員の連携はそれまでのWG1から、新しく立ち上げた「学生FDとの連絡会議」に移行した。ここには、副学長も所属して月一回学生FDとの会議を行っている。初めに述べたように北海道情報大学は小規模大学であるから、このような組織上の改善も進めやすいのではないだろうか。学生の主体的な活動を尊重しながらも、費用や備品消耗品などの物的支援と組織上の支援に配慮することは、学生FD活動を進める上で重要ではないだろうか。

六　今後の課題

こうして、何とか軌道に乗ってきた北海道情報大学の学生FDであるが、難しい課題も残されている。毎年卒業する学生FDメンバーの補充は大きな課題である。発足当初九名のメンバーは、増減を繰り返し、本節執筆の二〇十三年時点では七名である。また、学生FD説明会や「しゃべり報大」などで学内の一般学生へと少しずつ浸透してきているが、まだ十分であるとはいえない。後者については、地道に活動する中で解決する可能性があるが、メンバーの安定的確保は簡単には解決しない課題である。

一方、少しずつでも学生FDが一般学生に知られるようになると、活動の部屋や学外派遣などの支援に対して、他の課外活動を行う学生から不公平感を訴える声も聞こえるようになる。学生ＦＤ活動と一般の課外活動の違いを一般学生に理解してもらうことも大事である。いずれにしても、何か新しいことを企画実行するからには、さまざまな障害や課題はつきものであり、これらを解決していく過程で、学生も支援する側の教職員も成長する。今後も、北海道情報大学の実情に合った学生ＦＤ活動を模索していってもらいたい。すでに、北海道情報大学の特徴を生かした次の活動の芽も芽生えている。

北海道情報大学：穴田有一・上杉正人

四　商大充サークル（小樽商科大学）による学生ＦＤ

一　発足とその後の経緯

小樽商科大学（以下商大と略す）には、大学公式の学生ＦＤ組織は存在しない。しかし、二〇一二年一月に発足したサークル「商大充」がその役割を担っている。そのきっかけとなったのは、二〇一一年一一月に大学が主催した一泊二日のキャリア教育研修（名称は「秋のルーキーズキャンプ：The☆商大充」）である。夏休みで弛んだ気持ちを持ち上げようという趣旨の下、希望する一年生を対象に行う初めての試みであった。これを企画したのは筆者（山本）であるが、企画段階から一年生四名に参加してもらった。四名の中には、商大充の代表となる吉田君が含まれている。

商大では、一年生に対するキャリア教育プログラムは豊富にあり、春に行う希望者対象の宿泊研修は、非常に人気のプログラムとなっている。秋のルーキーズキャンプを一緒に企画した吉田君は、二年生になっても自分たち学生でこういう企画をやっていきたい、そして商大生を活発にし、大学を盛り上げていきたいと意気込んでいた。そこで彼は、秋のルーキーズキャンプに参加した意欲的な学生に対し、当日夜の懇親会で呼びかけ、商大充というサークルを作ると宣言したのがすべての始まりであった。

宿泊研修での勢いもあり、順調に商大充への参加者は増えていったにもかかわらず、何をするサークルか定まらぬまま一か月が経過していた。そんなおり、私は学生FDサミットなるものが開催されるという情報を見つけた。教育改善への情熱とは裏腹に、FDの閉塞感に打ちひしがれていた私は、学生FDという考え方に惹かれ、商大充のメンバーに対して、学生FDサミットに参加してみないかと打診したのである。

学生FDサミットに参加するという決意をきっかけに、商大充は学生FDの性格を帯びていった。二〇一二年四月になって新入生が入ったこともあり、二〇一三年二月現在では、常時二〇名程度のアクティブメンバーが在籍するサークルとなった。

なお、商大充の活動理念は、「商大生が充実した大学生活を送るためのきっかけを提供する」である。

二　取組み概要

これまでの商大充の取組みには、①ニューズレター発行、②刺激懇談会、③ゼミ報告&交流会、④意見箱の運用がある。

①ニューズレター発行　商大充では、毎月一回活動報告を載せたニューズレターを発行している。ニューズレターは、登校してくる商大生にメンバーが手渡しで配布している。

②刺激懇談会（通称シゲコン）　シゲコンとは、異学年交流を通じて互いに刺激を与え合おうという趣旨の座談会で、これまで四月と一二月の二回行っている。四月のシゲコンは、新入生と上級生が「一年生を有意義に過ごすために」をテーマに小グループに分けて話し合う形式を取り、二日間で一〇〇名ほどの参加者があった。一二月の第二回シゲコンについては、次の特徴的な取組みで紹介する。

③ゼミ報告&交流会　これは、一、二年生にとってはゼミナールというものを知る機会に、三、四年生、教職員にとっては他のゼミの活動内容を知る機会になればという趣旨のもと、七〇のゼミナールに協力を呼びかけ

一四のゼミが参加協力した。会はポスターセッション形式で行い、途中放送サークルによる質問タイムを交えるなどして二コマ分の時間を使い、約二〇〇名の参加者を得た。

④意見箱　商大生や教職員、あるいは市民の声を広く集めるため、学内に意見箱を設置した。名前は意見箱を使って公募し、「商大声」に決定した。また、商大声をより身近に感じてもらうために、「商大にあったらいいな」というテーマで川柳を募集し、審査には教職員に協力してもらうという企画も行った。

⑤その他　八月にはメンバーの仲を深め組織の在り方を見つめなおすために一泊二日の合宿を行い、一〇月にはメンバーだけで運動会を開催したりと、サークル独特の活動も行っている。

三　特徴的な取組み

特徴的か否かはさておき、どの取組みも学生と教職員を巻き込むように工夫している。そして、なるべく他のサークルとコラボすることも心がけている。

一二月に行ったシゲコンウィークは、特徴的な取組みといえるだろう。国際交流をテーマに、一週間毎日昼休みの三〇分間を利用してシゲコンを開催した。商大は英語教育に力を入れており、留学生も多く受け入れている。しかしながら、留学生と日本人学生との交流が活発

ニューズレター

ゼミ報告＆交流会

とはいえないため、留学生と日本人学生をつなぐという趣旨で行ったのがシゲコンウィークである。日本語で司会する日と英語で司会する日に分け、テーマに沿った座談会や留学生によるお菓子作り教室、それからカルタ大会など、五日間異なる企画で参加者を集めた。なお、このシゲコンウィークではスタンプカードを導入し、来た日にシールを張って三日以上参加した人にはささやかなプレゼントを渡すという工夫もなかなか好評だった。

四　組織・運営・支援体制

商大充は、広報、総務、管理の三つの部署を設置し、メンバーは好きな部署で活動している。活動は、基本的に毎週一回昼休みに三〇分間のランチミーティングと、月一～二回九〇分間のミーティングで、部署ごとの活動報告や企画会議などを行っている。指導役の私も、毎回ミーティングに参加するようにしている。

大学公式のFD組織ではないが、FD活動と認められるものに対しては、私の所属する教育開発センターが印刷やミーティングスペース提供などの支援を行っている。また、私は日頃から商大充のメンバーとの交流を大切にし、一緒に昼食を取ったり、各種コンパに参加したり、合宿に行ったりと、お金と時間を惜しみなく使い、その代わりとして口もかなり挟んでいる。

以下では、私が日頃商大充に対しどのようなことを言っているのか説明したい。

①大学を変えようとするのではなく、学生を変えるような企画を考えよう

商大充がサークルであることも

シゲコンウィーク

あるし、私の考えでもあるのだが、学生ができるのはせいぜい学生を変えることであって、直接大学を変えることはできないだろう。しかし、学生が変われば、大学は必ず変わる。したがって、私は大学を直接変えようとする企画を考えるのではなく、学生を変えることで大学が変わるような企画を考えようと言っている。主体的に学ぼうとする学生が増えれば、教員にもよい影響を与え大学教育は良くなっていくだろう。それは紛れもなくＦＤであり、学生ＦＤが目指すべきところではないだろうか。

②活動はすべてオープンにしよう　商大は比較的小規模な大学であるにもかかわらず、クラス制度等がないこともあって、サークルや友だち同士でかたまりやすい傾向にある。それを否定するわけではないが、このような状況でイベントを行い人を集めるには、閉鎖的な組織よりもオープンな組織の方がよい。閉鎖的な組織だと、たとえすばらしいイベントを企画しても、「あぁ、またあいつら何かやってるな」程度にしかみられず、たとえ興味のあるイベントでも「あいつらのイベントだから」で終わり――参加しようという気持ちにさせられない。したがって、活動は常にオープンにし、あらゆる情報を発信していこうと伝えている。

商大充では毎月一回ニューズレターを発行しているが、それをどこかの場所において「ご自由にお取りください」というスタイルを取るのではなく、一〇人以上のメンバーで学生一人ひとりに手渡しで配布しているのも、こういった背景がある。また、活動をオープンにするという点でFacebookも活用し、学内のみならず学外への広報に役立てている（「小樽商科大学　商大充」ホームページを参照のこと）。

③他のサークル等を巻き込んでいこう　ＦＤ活動になかなか教員を巻き込めないように、それが学生によるＦＤ活動になったからといって、毎回たくさんの学生を巻き込めるようにはならないだろう。私は、商大充に対し常々、「どんなにすばらしい企画をやっても、人を集められなければただの自己満足だ」と言い、たくさんの学生を集めることを重要視させている。では、どうすれば多くの学生を集めることができるのか。そのための一つの方法が、他のサークル等を巻き込んでいくことにつながる。

さらに、他団体を巻き込むというのは、参加者を増やすためだけではない。各団体はそれぞれ縄張り意識のようなものをもっていることが多い。例えば、商大で国際交流をテーマにした企画をやる場合、国際交流サークルがあるにもかかわらず、商大充がすべて企画して国際交流サークルを招待したとしても、「なぜあいつらが？」「誰が参加するものか」ということになりかねない。したがって、他サークル等を巻き込んで活動することが重要なのである。

④メンバーは常に募集しよう

商大充が目指す組織形態は、自律分散型組織であり、誰かが抜けても成り立つ組織運営を心がけている。学生はいろいろなことに興味をもつので、商大充へのモチベーションにも波がある。別のサークル活動等が忙しくなり、商大充のミーティング参加頻度が落ちるメンバーもいる。そのようなことは学生であれば当然なので、そのメンバーを責めたりモチベーションを上げようとするのではなく、いつでも戻って来やすい組織にしようと言っている。そのためにも、メンバーの募集は常時行い、「動けるメンバー」を多数確保しておくようにするのが望ましいと考えている。

五　サークルであることのメリット・デメリット

商大充はサークルという組織形態をとっていることもあり、他の学生FD組織とは異なるメリット・デメリットをもっている。メリットの一つ目であり最も大きいと思われるものは、他大学の公式学生FD組織と比べて、メンバー確保が難しくないという点ではないかと考えられる。学生数二〇〇〇名程度の大学で、二〇名程度のメンバーが常時学生FD活動をしているのは、サークルだからこその強みなのではないだろうか。二つ目のメリットとして、活動に制約がないという点が挙げられる。商大充のメンバーは、FDにつながるような活動をしようとは全く考えていないし、そもそもFDとは何かを知らないメンバーも存在する。当然サークル活動であるため、企画を大学から却下されることもない。商大充の理念に沿った活動であって、企画会議に通りさえすれば、大学の許可は必要なく実行に移される。また、サークルであるがゆえに、食事会など日頃から交流イベントも多く、メンバー同士の仲が深まり、チームワークを発揮しやすいという点もメリットであろう。最後に、ＦＤという言葉を使用していないため、教職員からの受けがいい点もメリットであろう。ＦＤという言葉に抵抗のある教員でも、「学生がこんなイベントやるなんてすばらしいね」という評価を耳にしたことがある。

デメリットとしては、他のサークルと同様の規制があるという点がまず挙げられる。すなわち、イベント広報は大学に頼ることはできず、ポスターはＡ４サイズで他のサークルと同じ決められた場所にしか貼ることはできない。イベントを開催する場所も優先的に確保できるわけではない。イベント時に出すちょっとした飲食物もメンバーの年会費から捻出している。

六　今後の課題と展望

商大充の今後については、実のところあまり心配していない。立ち上げから指導してきた私は他大学へ異動することになったが、ＦＤの専任教員が後任を喜んで引き受けてくれたこともあり、資金面での心配もなくなった。ただ、課題がないわけではない。商大充の活動理念は、最初に述べたとおり他の学生に「きっかけ」を与えることであり、明確で具体的な目標はない。すなわち、全国大会に出場して優勝するなどの目標がないので、自分たちの活動にどのような意味があるのだろうか、という疑問が定期的に生じやすいようだ。この点は、教員のサポートが必要な部分だと思われるので、しっかりとケアしていく必要があるだろう。また、組織の運営方法にはまだまだ改善の余地がある。自律分散型組織を目指して今後もますます発展していって欲しいと願っている。

七　メンバーの声

最後に、二人のメンバーから貰った声を掲載する。

小樽商科大学（現在、北海道大学）：山本堅一

吉田匡克くん（代表兼広報担当）

商大充というサークルは、商大での大学生活を充実させるということを理念に活動しています。

設立して一年目の去年は難題に直面し、その解決をする難しさをひしひしと感じました。商大充は大学公認のFD組織ではなく、あくまでも、学生が自分たちでサークルとして運営している組織であるため、メンバーのやる気しだいで自然消滅してしまう可能性があるということ、また、学生FD活動に取り組んでいても、その成果はなかなか目にみえにくいということです。

ですが、もう今年は創立二年目に入り〝できたてホヤホヤのサークル〟だから仕方ないなどと、自分たちのイベントや企画の失敗をノウハウが少ないということを理由にはできなくなってきます。

去年は商大充というサークルを運営する難しさを感じた一年でしたが、大きな収穫もありました。メンバーが仲よくなったことや、イベントや企画などのノウハウが蓄えられたことは大きな収穫でした。

いろいろ気づいたことはありましたが、中でも学生FD活動においては一番大切なことは、地道に精力的な活動を続けていくこと。このことを念頭に今後も活動していきたいです。

鎌田由実さん（管理担当）

商大充は、ほとんどのメンバーがサークルや部活をかけもちしています。そのため、お互いの予定がバラバラですが、お昼休みや空き講などの短い時間でミーティングを開き、イベントを企画しています。ミーティング以外の時間に大学で会える時間は限られているので、連絡はサイボウズやLINEなどのSNSでしています。そんな普段なかなか集まれない私たちですが、商大充メンバー向けの企画もしていることもあり、とても仲がよいです。例えば夏の合宿をきっかけに、運動会や料理対決をしました。こうした集まりの中で、メンバーの本音や、これからの商大充について話すことができるので、とても大切な時間です。

企画の直前の準備に、メンバーが他の活動でなかなか集まれない時は正直大変に感じます。しかし、商大充の活動以外にも頑張っているメンバーを見て、自分も負けずに頑張ろうと刺激をもらっています。サークルなので、いつでも、誰でもメンバーになれるところが、商大充のおもしろいところでもあると思います。

五　北翔大学・北翔大学短期大学部の学生ＦＤ

一　大学の概要と学生ＦＤスタッフの発足

北翔大学・北翔大学短期大学部は北海道江別市文京台にキャンパスがある、自立できる社会人育成を目指す教育機関である。北翔大学は三学部六学科で構成されている。(3) 学部生は一六六三名（二〇一三年五月一日現在）、北翔大学短期大学部は、二学科（ライフデザイン学科・こども学科）で短大生は三六三名（二〇一三年五月一日現在）が在籍している。

学生ＦＤスタッフの名称は「北翔アンビエント」──二〇一二年四月から活動を開始し、二〇一三年五月一日現在、新入生の募集中であるが、九名（大学と短大）で活動している。ＦＤ支援委員会と教育支援総合センターのＦＤ支援オフィスが活動を支援している。

二　北翔大学における学生ＦＤ組織発足の経緯

①卒業生懇談会から学生ＦＤ会議

北翔大学では、二〇〇四年度よりＦＤ活動を行っている。その頃から、学生の満足度を知るため、各学科から推薦された卒業する学生と教員との懇談を始めた。毎回、参加する学生は、各学科から推薦された優秀な学生が集まり、また卒業間近とあって、なかなか、学生の本音が出てこないなど懇談会の意味が問われ、開催の継続を疑問視されていた。今後について模索していたところ、二〇〇九年に山形大学から学生ＦＤ会議の案内が届き、学生を参加させてみた。学生がＦＤに本格的に関わり始めたのがきっかけである。参加した学生は、大学や授業に対しての意識の変化がみえ、意欲的になり、ＦＤ活動として活性化する傾

（3）人間福祉学部・生涯学習システム学部・生涯スポーツ学部。二〇一四年度より、生涯スポーツ学部・教育文化学部（五学科：スポーツ教育学科・健康福祉学科・教育学科・芸術学科・心理カウンセリング学科）となった。

向が感じられた。学生から次につなげたいという要望があったことにも驚いた。翌年の二月に北翔大学で、学生FD会議を開催してみた。学生がファシリテータとなり「大学生らしい授業のあり方」をテーマに話し合った。初めて行なったにもかかわらず、学生からは、「学生の正直な意見がでて教員と一緒に改善に向けて話し合えた」、「もっと交流を深めて、よい大学作りにつなげたい」など、とても反応がよく新鮮な会議となり予想以上の評価を受けた。

二〇一〇年度は、前期と後期の二回行い、このときも学生、教職員からの評価は高く今後も継続して行う必要があると思えたが、前回議論された問題が対応されないままとなってしまっていることやマンネリ化などの課題点もみえた。翌二〇一一年度は、学生が中心となる学生FD会議を行いたいと思い、それまで行なっていた学生FD会議を一時中止して、授業アンケートから浮かび上がってきた教室環境に対する意見、教室などの施設的な問題点を詳細に撮影し、改善できる部分がないかを学生と共に考える交流会を開催したが、一度行っただけで継続して開催できず、現実の厳しさに直面した。

②札幌大学　梶浦先生との出会い　しばらく、学生活動について模索している中で、FDネットワーク〝つばさ〟の協議会やその他北海道のFDの会議など、色々なところで札幌大学の梶浦先生と出会い、毎回のように札幌大学の学生FD委員会について活動内容などを伺っていた。その後、学生交流の第一歩として札幌大学の学生FD委員会の方と北翔大学自治会数名との交流会を北翔大学で行なった。さらに北翔大学の教員に、広く学生FDとは何かを知ってもらうため、FD研修会の一つとして、梶浦先生に札幌大学の学生FD活動について講演していただき、また第二部として午後から学生FD会議として北翔大学学生、札幌大学、札幌学院大学の学生を招き実施した。

初めて他大学から招いての会議で不安もあったが、各学生にとって、有意義であったようである。

③他大学交流による経験　山形大学で東日本大震災後の「学生FD会議」に参加して他大学の学生の考え方、

意見を聞いて視野の広さを実感したようである。その後、札幌大学、札幌学院大学との学生ＦＤ交流会を行い、また、札幌大学開催の「054Time!：学生交流会.ｉｎ 札大」及び追手門学院大学開催の「学生ＦＤサミット二〇一二冬」など、北翔大学の学生に学生ＦＤについて考える機会を増やし、全国の学生ＦＤ活動を体験してきた。

この体験と経験を生かすために、二〇一一年度には学生ＦＤの組織立ち上げを検討し始めた。学生ＦＤ活動を行う上で大学の組織としてどう位置づけるか、頭を悩ませたが、教員と職員（ＦＤ支援委員会）が協力して、学生が動きやすい組織を考え、学生ＦＤスタッフという形で二〇一二年度より学生を募集し、スタートした。

④北翔アンビエント名前の由来　北翔学生ＦＤスタッフの名称は、環境音楽や環境光といった用語にも使用されるアンビエントを使い、学生ＦＤが、大学の空気のような存在として浸透し、大学が、より良くなることを期待して「北翔アンビエント」に決定した。

三　北翔大学的なしゃべり場「翔タイム！」開催

「北翔アンビエント」の最初の活動として、北翔大学的しゃべり場「翔タイム！」を六月一五日、六月二二日に開催した。

①第一回翔タイム！　学生二〇名、教員一二名で「授業中の私語をなくすにはどうすればいいのか」をテーマに参加者を四つのグループに分け、それぞれのグループで四五分間のディスカッションを行なってもらい、終了後、発表してもらった。

全体的には、九割の参加者が役にたった、八割が次も参加したというアンケート結果が出た。

②第二回翔タイム！　二回目が学生二二名、教職員一〇名で「おもしろい授業とはどんな授業？」というテーマで話した。特に二回目のとき教員から学生に意見を求

めるなど活発な議論ができたため、今後の教育改善の一つのツールと認知され、学生FDを知ってもらえるイベントとなった。その後、参加してもらった教職員、学生の意見をまとめ、大学の運営連絡会議で報告を行った。

毎回「翔タイム！」終了後、学生FD活動に興味や理解を示した学生が、北翔アンビエントへの参加を決め活動を始めている。中でも短期大学部から一名加入してくれたことは、活動していく上でたいへんに心強く、初めて大学と短大の学生FD活動が始まる一歩となった。

③第三回翔タイム！　第二回から期間が空いたが、他大学との交流を行い、経験を積んで一二月に行った。テーマは、「何を求めて大学に来るのか」――学生が考え、受付、司会進行などを行い、今まで失敗したことを反省した上で運営を行った。今までよりもスムーズで、なおかつ活発な意見、そして経営にも影響しそうな意見がでて、学内の経営陣にも参考となる感じであった。結果、今までの活動よりも成長した「翔タイム！」となった。

さっそく終了後反省会を行い〝よかった点〟や〝悪かった点〟などをまとめ、その中で、アイスブレークでのコミュニケーション不足が、全員の反省点として挙がり、学内の教員に研修会の実施を検討した。

④今後の「翔タイム！」への期待　二〇一三年度第一回目は、新入生に対しての「翔タイム！」である。日々打ち合わせをしているスタッフをみていると自主性が出て、活発化してきていると感じる。

これからも「翔タイム！」を軸に、学生とともにさまざまな学生FD活動を仕掛けていきたいと考えている。こういった活動から「学べる環境の改善」、「授業の改善」、「授業に取り込む姿勢」などに何らかの影響が出てくることに期待をしていたら、さっそく二〇一三年度の履修登録において他学部他学科の授業を履修する学生がでてきた。今まで学んだことに対し、より高度に専門的なことを学ぶために授業を受けるようである。

学生は、大学での学び教育が中心であり、学生ＦＤ活動が中心となって勉学がおろそかにならないよう見守っていかなければならないと思っている。

四　他大学との交流

今年度は、学生間の交流とワークショップの経験を積んでいくため他大学開催のイベント参加と他大学との交流を行った。

学生ＦＤの予算は、昨年度より多くなったが、大学間連携事業の採択で背中を押してくれた感じで予定より多く他大学開催のイベントに参加させることができて、多くの経験と体験を学生に積ませることができた。

①活動報告会

二〇一二年度に発足し、「翔タイム！」を三回、学生ＦＤサミット、学生ＦＤ会議、054Time!、学生ＦＤのＷＡ！など、他大学のイベントへの参加や実施など多くの活動を行なった。そして、学生が自主的に考え運営し、成長してきていることを知ってもらうため、今までの活動を学内の教職員にアピールする場として、活動報告会を考えた。

ただ、学生の活動報告会として行うと学生サークルが行う一つのイベントとして位置づけられてしまう。ＦＤ支援委員会が主催の第四回ＦＤ／ＳＤ研修会として学生ＦＤ活動報告会として行なった。この報告会は、日程調整及び運営を学生が行ったが、ちょうどその日が、体育会の外部講師による講演会と重なり、学内教員の参加が、思っていたより参加が少なく、学生ＦＤ活動を知ってもらえなかったことは、残念だった。しかしそれをカバーしてくれたのが、他大学の教職員と学生が参加していただいたその場所で、学生たちが、張り切って報告してくれたことだった。学

生ＦＤのネットワークが、広がっていると嬉しく感じた瞬間だった。

活動報告会は、発足から「翔タイム！」、学生ＦＤサミット、学生ＦＤ会議での内容と感想、反省点などの発表があり、それらについての質問や意見がでて盛会だった。後でわかったことだが、参加していた教員は、当日都合がつかず、参加できなかった学長に「とてもよい活動報告会だった」ことをすぐに報告されていたとのことである。発足して短い期間だが、少しずつ北翔アンビエントの存在と実績が認められてきたと思う。

②活動報告書　さらに、活動報告会には、一部の方しか参加していないため、報告書として冊子を作成し教員に配布した。活動報告会よりさらにまとめ、親しみやすく、これからの活動についても理解してもらうため、日々打ち合わせと、グループウェアを使い作成した。これは、ＦＤ支援委員会が毎年作成している報告集と一緒に、道内の大学、短大、ネットワーク〝つばさ〟に加盟している大学、また、学生ＦＤ関係の大学などに送った。そこでさらに、北翔アンビエントを知っていただき、指導していただけることを期待している。

五　活動に必要な必須アイテム

活動については、毎週一回昼休みに会議を行うことになっている。ただ、イベント開催や報告書作成など行うときは、随時会議を行っており、最近では、空き時間に集まり集まった人で話しているようだ。その中で情報の共有には、グループウェア（サイボウズlive）を活用している。常に、会議内容や、日ごろから気になったことや学外での作業などを投稿している。特に長い休みで学校に来ていないときなどには有効である。岡山でのサミットに参加した学生は、行く前に参加する学生全員での目標と個人目標を各自グループウェアに投稿して目的をもって参加することをグループウェアを使いＦＤスタッフ全員に伝えていた。

また、トピックをいくつかのカテゴリーに分けて日々話し合い、情報を共有している。はじめは、なじめなかった学生も多かったが、徐々に話し合うようになっていった。最近では、毎日投稿があり活発な意見もでている。

六　今後の課題と活動

北翔アンビエントが発足して、「翔タイム！」を中心に活動を行い学内で学生ＦＤをアピールしてきた。参加した教職員、学生それぞれがたくさんの意見をもち、テーマにそって活発に話し合っている。会を重ねるごとに、複数回参加している学生も増え、進行の仕方や発表の仕方に変化が出てきている。

また、北翔アンビエントのスタッフには、学生交流と経験をさせるため、たくさんの学生ＦＤイベントに参加してもらっている。二〇一二年度は、行事をこなしていたという感じで、全国に飛びまわっていたが、全国の大学に北海道の北翔大学は「学生ＦＤ活動が活発だ」と知ってもらえたのではないだろうか。このような参加活動を通し、他大学の活動内容と運営方法などを学び今後の活動に対して活かしていくことだろう。また、学生間の交流を行い、全国の学生ＦＤ活動をしている学生に触れ、視野の広さ、学生の意欲に触発され、何事にも意欲が出てきている。

学内では、「翔タイム！」を中心に活動を行っていく予定だが、どこのしゃべり場でも問題となっている「やりっぱなし」をいかにフィードバックして役立てる仕掛けを考える時期にさしかかっている。また、全国で行っている学生ＦＤ行事に学生各自が目標をもち、今後も数多くの学生が参加し次につながるようにしていきたい。また二〇一三年八月に北翔大学の学生ＦＤ会議も行った。

学生ＦＤ活動及び組織は、全国の大学に広がってきた。北海道は、「活発化してきている」とよく言われるが、活動組織の大学をみると札幌圏の大学だけで、北海道全体としてはまだまだである。今後、道内の大学間でつながりをもって広げていくことが学生ＦＤを活発化させる手段でないかと思う。

また、この学生ＦＤは、四年生大学が中心である。北翔大学では、短期大学もあり北翔アンビエントにも短大生がいる。短期大学での学生FDを広げていかなければ、北翔大学全体として、大学を変えることはできない。今後は、北翔大学より短期大学の学生FDのネットワークを作り短期大学にも広げていきたいと考えている。大学よりも在籍期間が短い分、四年生大学にない問題が多いと思うが、短期大学間で問題を共有しあい解決していきたい。

北翔大学の組織は二年目となるが、発足当時からみると学生の意欲や自主性がはっきりと成長していることがわかる。これまで以上に、考え、自主的に行い、アンビエントの名の通りどこでも必要な学生に育っていくことを望んでいる。

北翔大学：千葉道博・松澤　衛

六　北海道医療大学のＳＣＰ

一　ＳＣＰの発足と経緯

Student Campus President（学生キャンパス副学長・以下ＳＣＰ）は、二〇〇八年度より導入された制度であり、大学構成の大多数である学生の大学運営への参画を促し、学生と教職員の協力のもと、よりよい大学づくりを目指す取り組みである（北海道医療大学ＳＣＰホームページより）。各学部から一名がウェブ選挙の投票に基づいて選ばれる。

このＳＣＰ制度は、大学改革に学生の協力を必要とし、学生力を生かした大学運営の改善や教育力の向上を目的として発足された。この制度はヨーロッパの大学が採用する副学長制度を参考に発案され、多数の学生による委員会よりも、少数の学生に権限をもたせることで柔軟な活動が展開されることが期待され設置された。

提案当初は、学生が大学改善に参画することに関して教員からの反発が生じていたが、学生のニーズを取り込む必要性やヨーロッパの現状を説明した上で理事長・学長の承認を得られていたことや、学部長および学生部長のサポートもあり、ＳＣＰ制度導入による効果を見るという結論に落ち着いた。

二〇一二年度では、第五期ＳＣＰが大学改善に向けプロジェクトの企画・運営に臨んでいる。

二　活動内容

ＳＣＰの活動は、ＳＣＰ自身が大学改善のためのアイディアを提案し、それらを具現化するためのプロジェクトを立ち上げることから始まる。そのため、大学が設置した機関であるが「〇〇しなければならない」といった規定は一切なく、学生の目線から自由な発想で現在の北海道医療大学をより良くするために必要なことを活動に取り入れることができる。今まで取り組んできたプロジェクトは、学内外を問わず多岐に渡る。

学内の取り組みとしては、当別キャンパスおよびあいの里にある計四か所の食堂の新メニューの開発、季節に応じたフェアの開催、朝食の提供などの食堂改善事業、当別キャンパスのＳＣＰ室前に設置してある掲示板による学生との意見交換などが挙げられる。

学外の活動としては、サッポロファクトリーで開催される薬物乱用防止キャンペーンへの参加や高校への講演といった禁止薬物乱用対策、地産地消の推進と当別町の活性化を目指した当別町のプロジェクトである「当別 Brandeli 認証委員会」への参加などによる地域交流活動、東北地方太平洋沖地震被災者のための支援活動などを行っている。二〇一一年度からは東日本大震災支援チャリティーバザーを行っている。これは、在学生・卒業生や当別町の方々の協力を得て無償で集めた本を販売し、その収益を震災支援に使うことを目的としたイベントである。会場として石狩当別駅近くにある当別ふれあい倉庫を借り、教科書・専門書、一般図書の販売を行ったため、北海道医療大学学生のみならず地域の方々にも参加してもらうことができた。二〇一二年四月に行われた本イベントでは、計三二万一

四九八円を売り上げ、ここから諸経費を除いた収益を復興支援チーム・リオグランデに寄付した。

また、入学式や卒業式、オープンキャンパスといった学内行事へも参加し、北海道医療大学の顔としての役割を担っている。

そして、毎年六月の九十九祭（学園祭）にて一年間のSCP活動についてパネル展示を実施している。任期終了後には、活動報告冊子を作成し、理事長や学長、各学部長等が同席する活動報告会が実施される。また、この活動報告冊子はSCPホームページからダウンロードできるほか、当別キャンパス内にも設置され誰でも入手することが可能となっている。

三　特徴的な取り組み

これらのSCP活動の中から、特徴的な取り組みをピックアップして解説する。

①キャンパスカンファレンス

よりよい学生生活の実現のため、学生が自らの意見を発信する場として企画された学生交流イベントである。これは、他大学の学生FD活動として多く取り組まれている「しゃべり場」を参考に考案された。このイベントを企画するきっかけは、学生間交流の場がない、学内行事を増やしてほしいなどの意見が多数寄せられたことと共に、学生にとってSCPをさらに身近な存在としてとらえてもらいたいという学生とSCPの要望が一致したことである。二〇一一年度より発足したプロジェクトであり、現在（二〇一三年三月）までに計二回実施している。

第一回は対象を学内に絞り、「医療大の今とこれからを語ろう」というテーマのもと、自大学について改めて考え意見を交換してもらった。交わされた意見は〝大学カルテ〟としてまとめられ、ここで提案された学生新聞の発行を実現させるため、新聞部の設立を予定している。

また、第二回では他大学の学生・教職員の方にも参加を呼び掛け、他大学間交流に焦点を当てた。七大学から計二〇人が参加し、「大学生活のすすめ」というテーマについてグループワークを行ってもらった。①抱いていた大学のイメージと入学後のギャップ、②大学生活を充実させるためのアイディアという二つのグループワークを経て、各グループ毎に理想の大学チェックリストを考案してもらった。そしてグループ内でそのチェックリストを用いて自大学をそれぞれ採点してもらい、最も点数が低かった項目を改善するプロジェクトを企画することを求めた。そして完成した企画書の発表および質疑応答時間を設け、参加者全員でアイディアを共有した。

このイベントの最大の利点は、学生の「生の声」を知ることができ、またその声をＳＣＰ活動に直に反映させることで学生のニーズに応じた活動を行うことができることである。また、チーム医療といった他職種との連携が重要視される昨今、他学部の学生と交流することで互いの学部・学科への理解を深めることができることは参加学生にとって大きなメリットであると考えられる。

しかし、このイベントの問題点として、参加学生数が少ないことが挙げられる。背景としてイベント自体の周知が十分でなかったことやテーマ設定や広報の方法について改善策を模索している。また、このイベントで生み出されたアイディアをより早く、より忠実に再現することを心がけ、学生にとってこのイベントの魅力を高める必要がある。さらなる問題点としてキャンパスが分かれていることが参加学生のかたよりを招き、全学規模での開催が困難となっている。これに対しては、各キャンパスでの開催を重ね、前述した周知の問題の解決を図り、全学での開催に対する関心を高める。また、キャンパス別に開催することにより学部・学科の特色に合わせたテーマを設定するなど、同じ志をもつ仲間との絆をより深めることができるのではないかと考えられる。

北海道医療大学は医療系総合大学であるが、今まで学部間の関わりが少なかった。これから、キャンパスカンファレンスを北海道医療大学の学生・教職員をつなぐ掛

け橋としていきたい。

②新入生歓迎会　このイベントは、大学生活への不安や困っていることなどを聞き大学生活をスタートさせてもらうことを目的としている。また、前新入生が当別キャンパスに集う新入生オリエンテーション終了後に実施することで、普段の学生生活では関わりをもつことが少ない当別キャンパスの学生とあいの里キャンパスの学生との交流の場となることを目指している。このプロジェクトも二〇一三年度より取り組んでいる。

当別キャンパス・中央食堂に菓子・飲み物を用意し、ＳＣＰやボランティアスタッフが新入生と歓談した。新入生が同級生・先輩とつながることで、大学生としてスタートを切ったことを自覚し、今後の大学生活への動機づけとしてもらいたい。また、新入生にＳＣＰを知ってもらうことはその後のＳＣＰ活動へ興味をもってもらうきっかけとなると考えられる。

しかし問題点として、参加学生の数に対して運営スタッフが少ないことが挙げられた。カリキュラムの関係から参加可能な上級生が限られ、新入生の数との釣り合いが取れなかったためである。このため、カリキュラムを事前に把握しスタッフ集めを行うと共に、新入生だけでなく運営側が無理なく実施できる時間帯を選択することが求められる。また、より交流を深めるためのミニコーナーを盛り込むなど企画自体を見直すなどの工夫によりスタッフ数の少なさをカバーしていく必要がある。

四　組織・運営・支援体制

先述のようにＳＣＰとなる学生は、毎年、立候補者のなかからウェブ選挙を経て各学部各一名が決定される。選ばれた学生は、任命式で学長よりブレザーを授与され、これをもって正式にＳＣＰとして認められる。任期は一年間であるが、二〇一二年度より再任制度が認められた。

当別キャンパス一階に設けられたＳＣＰ室にて、プロジェクトの企画・運営のため会議を行っている。また、活動費用として一人三〇万円が支給される。プロジェクトの実行に際しては、学生生活全般に関する業務を担っている学生支援課職員のバックアップがあり、人的資源についても支援体制が整っている。

カリキュラムやキャンパスの立地などから四人全員が集うことは難しいため、会議日時は不定期である。そのため、各自の活動の情報共有が課題となっている。そのため、議事録や連絡事項などを記入し、自分の都合の良い時間にＳＣＰ室に赴くことで情報共有を図っている。また、今後はSkypeなどネット資源を利用した情報共有の方法を模索している。会議は原則としてＳＣＰのみで行われ、適宜教職員のアドバイスを受ける。

また、プロジェクトによっては個人での活動が中心となる。特に、あいの里キャンパスの心理科学部は、当別キャンパスの三学部とはカリキュラムや環境（キャンパスの大きさ、地域性など）が大幅に異なるため、独自の活動を展開する傾向がある。個々のキャンパスおよび学部に合わせた活動が個人単位で終わってしまうのではなく、ＳＣＰ全体の活動として全学に反映させるため、前述した情報共有の問題解決に積極的に取り組むことが必要である。

五　今後の展望

現在、ＳＣＰは北海道医療大学の顔として多岐にわたる活動を行っている。そして、二〇一三年度からリハビリテーション科学部が創設されることにより、第六期ＳＣＰは五人体制となり、新たな視点が加わることによりさらなる活動の広がりが期待される。

しかし、学内におけるＳＣＰの認知度は決して高くはなく、学生の声を反映させた活動を十分に行えているとは言い難い。そのため、ＳＣＰの活動を認知してもらうと共に、より学生のニーズに寄り添った活動を行っていく必要があると考えられる。

今後、これまでの活動をまとめたＳＣＰ紹介冊子を作成し新入生を中心に配布する予定である。これによりＳ

ＣＰへの関心を高め、イベントへの参加や活動のサポートを担ってくれる学生の増加へ力を入れていきたい。また、学生ＦＤ活動に取り組む他大学の学生スタッフとの結び付きをさらに強固なものにすることにより、北海道医療大学にとってふさわしい学生ＦＤならびにＳＣＰ活動を見出していきたい。

北海道医療大学心理科学部四年：上山智美

第五期薬学部ＳＣＰ：小野寺太助（一年）

私がＳＣＰになった理由は、学生が学部の垣根を越えて協力し合い、一つのことを成し遂げるような活動はもちろん、学内に止まらず地域の方とボランティア活動を一緒になって行う事や、地域の振興について住民の皆さんと共に考えるといった活動にとても興味があったためです。

現在、他大学の方や第二の地元・当別町の方々との交流などを通して、社会に出てからのマナーなどを数多く学ばせていただいております。特に、当別町商工会、青年会議所のみなさまには大変お世話になっております。

私は、このような大学と町の繋がりに活動の重点を置いていきたいと考えています。

今後も、ＳＣＰとして、大学の代表として、さまざまな活動に参加させていただきたいと考えています。まだまだ至らない点もありますが、できる限り全力を尽くしたいと思っています。

第五期看護福祉学部ＳＣＰ：下房地宏（二年）

私の在学する北海道医療大学においては、ＳＣＰと呼ばれる「学生キャンパス副学長制度」を採用しています。

学生ＦＤとは立ち位置の異なるＳＣＰですが、ＦＤの主たる目的である「学生、教職員が協働しての教育改善を行うこと」は、より良い大学生活を考える上で欠かせない要素であると思います。

北海道医療大学においては殆どの学部が最終的に国家資格の取得を目指す為にカリキュラムが過密となる事から「学生立案型授業」の実施などは難しい状況にありますが、「学生の学ぶ意欲を向上」させる為の授業改善、意見交流会等の何らかの試みはぜひとも取り組んでみたいと考えております

現状においては特にＳＣＰは、メンバーが五人と少ないこともあり、学生・教員から意見を集約するという点において課題を抱えています。ですから、他の大学ＦＤが盛んに実施している「しゃべり場」の定期的な実施等を行うことで課題の解決を目指していきたいです。

七　札幌学院大学の学生ＦＤ

一　大学の概要と学生ＦＤ組織

札幌学院大学の学生数は約三六〇〇名で、五学部（経営学、経済学、人文学、法学、社会情報学）、大学院三研究科（法学研究科、臨床心理学研究科、地域社会マネジメント研究科）を擁する文系総合大学である。戦後間もない一九四六年、戦地から帰還した若者、日本の再建を模索する若者の「北海道初の文科系の私学を創ろう！」という意欲に共感した人々によって大学の基礎（札幌文科専門学院）が築かれた。建学の精神は「学の自由」、「独創的研鑽」、「個性の尊重」。教育目標は、「自律した人間の育成」、「豊かな人間性の育成」、「社会を担いうる人間の育成」。大学院にあっては「専門職業人の育成」である。

札幌学院大学の学生ＦＤは二〇一一年五月、学部学年を超えた一三名の学生有志が「学生ＦＤ組織準備会」を結成し母体となった。同年七月、大学に学生ＦＤ組織の設置趣意書を提出し、ＦＤ委員会において公式に認められた。趣意書の冒頭には、「学生・各組織との連携・意見交換などを通して、ＦＤセンターと共に札幌学院大学における学習・生活環境の向上に取り組みたい」という宣言が記されている。組織の名称は「SGUsers」。活動はまだ緒に就いたばかりで、二〇一二年三月現在、複数のプロジェクトチームが手探りで試行的な取組を展開している。

二　学生ＦＤへの期待：始動に向けた準備活動

①「協働」（学生とともにつくる大学）

学生が学生の視点から自分たちの学びを問い直す。それを基盤に学生と教職員が互いに手を携え、よりよい大学づくりに取り組んでいく。この考え方は、札幌学院大学の理念のひとつ「協働」（学生とともにつくる大学）にもとづく人材育成（学びと成長）のアプローチといえる。

筆者は、札幌学院大学の人文学部に在学する四年生であり、札幌学院大学における学生ＦＤの立ち上げに関与した。そして、その実践を卒業論文『日本の大学における学生ＦＤ：学生と教職員による大学改革』にまとめた。本節では、ひとりの学生の視点からこの「協働」の取組を振り返り、今後の展望を示す。

②大学のＦＤ委員会が「学生参画型ＦＤ」に期待したもの

札幌学院大学のＦＤ委員会は、副学長をトップに教務部長、各学科長、研究科長を割り当て、札幌学院大学の教育全体の質向上を目指している。ＦＤ委員会は、二〇一一年度から三か年計画で「学生参画型ＦＤ」の構築に取り組むことを決議した。そこに期待したもの。それは、次の二点であった。

・学生を学びの主体者という立場でＦＤ活動に参画させ、学生と教職員が協働でよりよい「学びの場」を創る。
・学生が大学運営に主体的に参画するプロジェクトは、その活動を通じて学生の自己効力感を高め、社会貢献への意欲と態度、ならびに実践的な能力（「社会人基礎力」など）を育む。

③他大学の取組に学ぶ

三か年計画の初年度（二〇一一年度）、ＦＤ委員会は、筆者を含む二名の学生を北翔大学で開催された学生ＦＤイベントに派遣した（二〇一一年十月）。筆者にとって、このイベントでの学び、他大学の学生ＦＤスタッフとの交流、そして札幌大学の故・梶浦先生との出会いは衝撃的であった。

「札幌学院大学でも学生ＦＤを発足させたい！」

この熱い想いは、学生ＦＤの始動へ向けてまず何に取り組むべきか、その検討に没入させた。イベント終了後、ただちにＦＤ委員会を所管する教務部の職員（教務事務部長の斉藤和郎氏）と協議を重ね、次の結論を得た。それは、ＦＤに限らず、「学生が教職員と協働して大学運営に参画する」ことの意義について教職員と学生が認識を深めることが重要である、というものであった。

④教職員とともに学生ＦＤについて考えてみる

そこで、学生が大学運営に参画することについて学生と教職員が自由に語り合う場として、教務部の斉藤氏とともに次のＦＤ研究会を企画した（ＦＤ委員会主催、二〇一二年三月開催）。

・札幌学院大学で実績を上げている四つの学生参画型プロジェクト（「バリアフリー委員会」、「パソコンサポートデスク」、「学生広報チーム」、「オープンキャンパススタッフ」）の活動報告を受け、「学生と教職員の協働」に期待される成果と運営面での課題を認識する。

・札幌大学の「札大おこし隊」の理念と実践に学び、札幌学院大学における学生ＦＤのあり方を考える。

以下に、研究会終了後のアンケートから参加者の意見・感想を抜粋する。

・「学生参加型ＦＤ」を効果的に行う条件の一つに、「教員が学生の声に耳を傾ける姿勢を明確にアピールする」ことが挙げられよう（教員）。

・学生ＦＤ活動は教育改善のルネサンス運動のような印象をもった。教えたい人と学びたい人が身分にかかわらず創ったコミュニティーが大学とすれば、本来の姿に戻そうとする復興運動がこの学生ＦＤではないかと思う（職員）。

・現在、各団体が個々に活動している状態なので、協働できるところ、協力しあえるところは、手を取り合って活動していけたらいいと思った。各団体の力が集まるだけでなく、ノウハウの共有や社会性の構築が可能になると思う（学生）。

このように、本研究会は大きな成果をあげることができた。まず、学生ＦＤに対する学生・教職員の認識を高めることができたこと。そして、既存の学生参画型プロジェクトを相互連携するという、新たな展開への期待が浮かび上がったことである。また、学生と職員が協働でこの研究会を企画・運営したという点では、札幌学院大学における最初の学生ＦＤ活動と位置づけることもできよう。

三　学生ＦＤの始動

①学生ＦＤ組織の設置に向けた準備会ができる

ＦＤ研究会に参加した学生二名（人文学部）が筆者の想いに共感し、ここに「大学を善くする活動」に関心を寄せていた学生二名（法学部）が加わり、組織設立に向けた対話がスタートした。ちょうどこの頃、「大学教育学会第三四回大会」（二〇一二年五月、北海道大学）で「学生とともに進めるＦＤ」というテーマのラウンドテーブルが企画されていることを知った。そこで、筆者がＳＡ（スチューデント・アシスタント）として関与していた人文学部の初年次ゼミナールの学生八名を誘い、学部学年を超えた総勢一三名の学生がラウンドテーブルに参加することになった（大学のＦＤ委員会が公式に学生を派遣するという形態を取った）。

このラウンドテーブルにおいて他大学の先駆的な取組を知り、全国の学生・教職員との交流を通じて、彼ら彼女らの中に「自分たちも学生ＦＤにチャレンジしたい」という意欲が高まった。

②学生ＦＤ組織の使命とは？

ラウンドテーブルの二週間後、一三名の学生たちはＣ館三階の演習室に集い、札幌学院大学における学生ＦＤ立ち上げに向けて議論を開始した。「学生ＦＤ組織準備会」の発足である。

準備会が取り組んだこと。それは、学生ＦＤの目的や役割を明確にすることであった。準備会のメンバー全員が「学生ＦＤの使命は？」、「活動の方向性は？」といった本質的な議論に挑んだのである。ここから導き出されたもの。それが、設置趣意書『学生ＦＤ組織について』である（六六頁図参照）。ここには、札幌学院大学の学生ＦＤ組織が果たすべき二つの使命が定義されている。

・学生の視点を取り入れ、既存のＦＤ活動の転換を図ること。
・学生参画型プロジェクト間の相互連携を促すコーディネーターとしての役割を担うこと。
【小さな活動でも大きな力に】

学会に参加し、学生のアイディアが大学や学生のための大きな力になると感じた。

これまでの学生生活は、授業を受け、サークルに参加するだけの受け身の行動だったが、学生のアイディアで大学を少しでも変えることができるのなら、小さなことでも自分たちのためになる活動を行っていきたい。

法学部二年：梅坪智也

【学生ＦＤを始めたきっかけ】

学生ＦＤを知ったのは入学してすぐの五月でした。学生ＦＤの全国集会に参加してみないかと先輩に誘われたのがきっかけです。

他大学の発表を聴いて、新しい講義を作ったことや学生の討論の場を作ったことを知り、興味をもちました。その時は自分が学生ＦＤに参加するとは思っていなかったのですが、今は他大学にはない、札幌学院大学だけの活動をしたいと思っています。

人文学部一年：慶松孝泰
【目指すべき活動の足がかりを得た】

学会では他大学で行われているＦＤ活動のさまざまな内容、様式、活動方式について知ることができ、私たちが今後目指すべき活動の足がかりを得ることができました。今後もこのような会議に積極的に参加し、他大学を参考にしつつ、私たちの活動をより豊かなものにしたいと考えます。

人文学部三年：米田貴大

【根幹：歩み寄るために】
「ＦＤって何？」。大学あるいは学生に何かを一方的に求めるのか。イメージできなかった。そんな時、他大学の報告を聞き、どちらかを糾弾して変革させるのではなく、双方が歩み寄り、結果的に大学全体がよい方向に向かう。そう自分のなかで整理がつき、同時に難しさも感じた。
私は学生なので、大学に何かを求める考えが出てくる。だから今は、いろんな角度から何に困っているのか、どんな改善ができるのか、情報という素材を集め、それをどう調理するかを検討することが必要と感じている。
人文学部三年：遠藤清明

札幌学院大学 FD センター長　小杉伸次様

学生 FD 組織準備会

学生 FD 組織について

私たちは学生 FD 組織として、学生・各組織との連携・意見交換などを通して、FD センターと共に札幌学院大学における学習・生活環境の向上に取り組みたいと考えております。

私たちは大学の FD 活動に学生が参画する意義を「新たな観点による改善点の発見」と「学生・各組織間の連携の柔軟化及び円滑化」の二点と捉えています。

一点目は、より直接的に学生の視点を取り入れて頂くことで、これまで見過ごされてきた改善点の発見に繋がるという考えによるもので、二点目は、各組織間（バリアフリー委員会、PC サポートデスク、学生広報チーム、オープンキャンパススタッフ等の学生組織）のより良い協力体制の構築を模索し働きかけ、さらに学生と各組織との繋がりを深め、それによる学生側からの意見の発信を促進するという考えによるものです。

以上二点の意義を通して、さらなる学習・生活環境の向上を図ることができると考えております。

私たちは以下の観点から様々な活動を行っていきたいと考えております。

Ⅰ．学習環境を変えるという観点
学生が意欲的に学習する場の設置・拡大・改善を図る。
Ⅱ．学生を変えるという観点
学生一人一人が大学生活に新たな目的・目標を持てるように働きかける。
Ⅲ．教職員を変えるという観点
教職員に学生の意見を積極的に取り入れて頂き、意欲的に学修支援が行われるよう働きかける。

これらの観点から、札幌学院大学における学習・生活環境の改善を通して、札幌学院大学に属する全ての学生の意識・意欲および教職員の学修支援に対する関心を高め、促すことに繋げていきたいと考えております。そのため、教職員の皆様と共に FD 活動に取り組むことを望みます。

どうぞ、よろしくお願い致します。

このうち、特に後者は、札幌学院大学で長きにわたり取り組まれてきた学生主体プロジェクトの歴史と実績に根差した新たな大学改善の取組として、他大学にない独自性を有していると考える。既存の学生参画型プロジェクトを相互につなげること。それは、これに関わるすべての学生・教職員の視野を拡大し、大学を愛する想いを呼び起こす活動に発展するであろう。その意味で、学生ＦＤ組織の始動は新たな大学改善の道を拓く重要な転機になると確信している。

一方、今後の活動の方向性として三つの観点を示しているが、このうち特に二点目の「学生を変えるという観点」は、「学生一人一人が大学生活に新たな目的・目標をもてるように働きかける」ような活動を想定している。学生自身が変わらなければ何も始まらないことを考えると、これは特に重要な観点と考える。

以上、長時間の議論を経て完成した趣意書は、これからの活動で道に迷った時に「羅針盤」の役割を担うであろう。一方、活動の方向性に疑問や問題が生じた場合には趣旨書を再吟味し、必要に応じて軌道修正する。こういった柔軟で誠実な姿勢も求められるであろう。

③学生ＦＤ組織の発足

七月一二日、「学生ＦＤ組織準備会」はこの趣意書を副学長に提出し、ＦＤ委員会と連携した学生組織の設置について検討を要請した。副学長からは感謝と慰労の言葉が掛けられ、あわせて「学生参画型ＦＤ」への期待が述べられた。そして、一週間後の七月一九日、ＦＤ委員会の審議を経て、学生ＦＤ組織の設置が正式に認可された。この日、「学生ＦＤ組織準備会」は北翔大学の学生ＦＤ組織「北翔アンビエント」との交流のため、同大学に向かっていた。その途上で飛び込んできたうれしいニュースに、準備会のメンバーから大きな歓声が沸き上がった。

以上のように、学生ＦＤ組織の発足は、他大学の取組に刺激を受けた一人の学生が準備組織を立ち上げ、これに共感した仲間たちが真剣な議論を重ね、大学の正式認可を得る、という長い道のりを辿った。そして、その活動の中心は学生ＦＤの本質を探求する「産みの苦しみの時間」であった。一年生を含む一三名のメンバーは、この長く苦しい活動に主体的かつ積極的に関与した。この背景には、もちろん「自分たちの大学を善くしたい」という愛校心がある。しかし、それだけではない。探求的な議論や創造的な活動を通じて自分が成長する楽しさを感じ、自分も何かの役に立ちそうだという期待や自信を感じる。このことが強い原動力になっているものと考える。

④他大学の学生ＦＤ組織との交流

組織発足後、メンバーは他大学の学生ＦＤイベント等に参加し、視野の拡大と人的ネットワークの構築に取り組んでいる。この交流は、新たな視点や価値観、発想、そして主張に出会う機会となり、メンバーたちは、自身の人間的成長につながっていることを実感しているようである。

【発足に向けて。そしてこれから】

札幌学院大学の学生ＦＤ組織は発足に向け、設置趣意書の作成に時間を費やしました。どのような観点から活動を行なっていくのか。毎週、二か月間に及ぶ長時間の議論を経て趣意書が完成し、ようやく認可されることになりました。私たちの組織の名称「SGUsers」には、学生と教職員が協同して力を尽くすという意味が込められています。学内の改善に向け、教職員と共に力を尽くしたいと思います。

法学部二年生：出村拓也

【気づきと変化】

私は他大学の人と意見を交わしながら、自分が積極的に発言する姿勢が欠けていることで他の人に意見を十分に伝えられていないことに気づかされた。それでも、初めてイベントに参加したときに比べ、少しずつ自分の考えを口に出すことができているのではないかと思う。大学や授業の改善につながる活動を通じ、私自身も自分の考えを他の人にわかりやすく話せるように変わっていきたいと思う。

人文学部一年：秋生智博

【新たな発見】

他大学の学生と交流し、活動を見聞きすることで、自分の大学でも「こうしたらよいのでは」と新たに気づかされるきっかけとなった。また、大学をより良くしていこうという思いがいっそう強くなった。学生FD活動を通して「考える、発言する、行動する」ことがどれほど大切かを実感した。私は発言するのが苦手だが自分の気持ちを素直に相手に伝えられるよう努力していきたい。

人文学部一年：藤本早紀

【まずは自分自身から】

大学に関して学生の視点、教職員の視点からさまざまなことを聴き、話し合うことができ、（何が問題だとか、そういうことではなく）とても楽しく思いました。初めはとまどいが大きく、熱意のある方と言葉を交わすことにためらいがありました。なぜなら私自身が、大学や大学生活に関心を抱いていなかったからです。ですが、このような私が学生FDに加わり、まず私自身が大学そのものについて考え、話をすることが楽しいと思えたこと――これが一つの前進だと思いました。

人文学部一年：長井真穂

四　試行的なプロジェクトへ挑戦

学生FDの最初の活動として、二つの試行的プロジェクトに取り組むこととした。

①教職員と学生をつなげるプロジェクト　教育研究や諸活動に意欲的に取り組む学生・教職員を取り上げ、これを学内に紹介する。これを通じて、その人物への理解や親近感をもってもらう。その目的は、教職員と学生がお互いの距離を縮め、教育改善について考えるにあたっての「つながり」をつくることにある。

②現状分析プロジェクト　学生FDが今後取り組むべき課題を明らかにするため、その検討に必要な基礎情

報を収集する。その手法として、教職員・学生アンケートなどを想定する。二〇一三年度の初めには具体的な手法を確定し、活動をスタートしたい。

これらの試行を評価し、札幌学院大学の学生ＦＤの進むべき道を明らかにしていきたい。なお、何かのプロジェクトを企画するにあたっては、次の基本方針で臨むことを確認した。

・学生ＦＤの企画は、これに取り組むすべての学生と教職員が「やりがい」、「手応え」、「達成感」を感じるものであること。
・学生ＦＤの企画は断片的なものではなく、次の活動に繋がる展望をもったものであること。

五　私たちは何を目指そうとしているのか：教職学を越えた新たな枠組みへ

筆者らは、学生ＦＤを立ち上げる過程において教務部の斉藤氏と議論を重ね、ＦＤの意義や今後の学生ＦＤの展望について次の認識を共有することができた。

まず、ＦＤの概念を「教育改善」という制約から解放し、教員・職員・学生がともに学び成長するきっかけとして捉えなければならない。それは大学の本来の姿、つまり教えたい者と学びたい者が集う共同体に戻る営みといえる。教員が教え、学生が学び、職員が管理する。このような現状の役割分担を変え、お互いに学びあい、教えあい、支えあう場を創出すること。これこそが、ＦＤの真の意義と考える。そして、学生ＦＤはこのような場を創りだす大きな可能性を秘めた活動であり、二つの試行的なプロジェクト「教職員と学生をつなげる」と「現状分析」は、いずれも札幌学院大学におけるＦＤの新たな地平を拓く上で重要な取組と考える。この活動を通じて学生ＦＤの基盤を固め、進むべき道を明らかにしていきたい。

その一方で、いつの日か学生ＦＤといったしかけを介さずとも、学生と教員、職員がお互いの人格を尊重し、それぞれの考えや願いを語り合える時代が訪れることを願っている。それは学生FDスタッフとしてではなく、ひとりの学生として、そしてこれから社会に旅立つ者として。

札幌学院大学人文学部四年生：菊地徳晃

【少しずつの活動でも】

初めは固い組織かと思いましたが、そんなことはなく、先輩たちは一年生でも気軽に発言できる空気を作ってくれます。今、教授や学生のことを知ってもらう映像制作などをしています。少しずつでも行動を起こすことが大切です。活動しなければ何も始まりません。成功したときはそれを伸ばし、失敗したときは原因を探り、別の方法を実践する。学生FDに参加して私はその大切さを感じました。

人文学部人間科学科一年：井上啓昂

【忙しいけど頑張れる！　楽しく協力、FD活動】

学生FD組織として高校に訪問して大学の説明をしたり、教職員の紹介映像を先輩の指導のもとで編集したりした。この活動を通じて感じたのは、誰かと協力して目標を達成する喜びだ。この一年、さまざまな活動に携わってきた。今まで経験したことがないものがほとんどで、大変で忙しい時期もあったが、充実した一年を過ごすことができた。今後もみんなと協力しながら頑張っていきたい。

人文学部人間科学科一年：田中　翔

【学生FDの仲間たち】

先輩に誘われたのがキッカケで何もわからないまま参加したが、一年間活動を行っている内に真剣に取り組もうと思うようになった。部活やアルバイトとの両立は大変だ。しかし、信頼できるメンバーに助けられ、毎週の企画会議では、いつもは意見を言えない私も発言することができ、自分が楽しみながら一緒に活動ができている。これからも楽しみながら活動を続けていきたい。

人文学部人間科学科一年：片岡佑人

【大学を楽しくする会】

学生FDは、結果よりも過程が大事だと思う。この組織は、まだ大きな成果は残していない。しかし、私はこの一年間、学生FDを通して多くの人と出会い、大きな刺激となった。「大学は自分から動かなければ何も始まらない」。大学を卒業した先輩からの言葉は、私の心に深く残っている。私の学生生活を動かしてくれるきっかけを与えてくれたのは、学生FD組織、友人、先輩だと思う。一人でも多くの人が何かを始めることができるように全力で取り組んでいきたい。

人文学部人間科学科一年：北條祐樹

第Ⅰ部　学生ＦＤサミット二〇一三春「岡山サミット」

天野憲樹

第二章　「岡山サミット」の概要

一　「学生ＦＤとは何か？」という問い

二〇一三年三月五、六日に学生ＦＤサミット二〇一三春「岡山サミット」が岡山大学創立五〇周年記念館にて開催された。主催は岡山大学の学生ＦＤ組織「学生・教職員教育改善専門委員会」である。本章では、我々が「岡山サミット」で何を目指し、どのようにそれを実現したのか明らかにする。

しかし、これは単なる「記録」ではない。我々は日々の学生ＦＤ活動を行うにあたり、「学生ＦＤとは何か？」「学生ＦＤとはどうあるべきか？」といった問いかけと常に向き合ってきた。これは我々だけに限ったことではなく、多くの学生ＦＤ関係者に共通することであろう。この本質的な問いかけを議論し、あるべき学生ＦＤ活動の実践を促すことが「岡山サミット」の基本コンセプトであった。それゆえ、「岡山サミット」について語ることは、学生ＦＤの本質を見つめ直す契機となるだけでなく、今後の学生ＦＤ活動へのヒントを見出すことにつながると考えられる。

以上から、本章では、「岡山サミット」の背景と基本コンセプト、さらにメインの企画である「岡山白熱教室」について詳細に述べる。「岡山白熱教室」で行われた「ＦＤ力診断テスト」や「白熱タイム」のト

岡山サミットのポスター

ピックもすべて収録した。ＦＤの基礎知識を問う「ＦＤ力診断テスト」への解答はもちろん、学生ＦＤの本質を議論する「白熱タイム」のトピックについても読者自身で考えて頂きたい。

また、「岡山サミット」を通して、岡山大学における学生ＦＤの実像を伝えるとともに、我々すなわち学生・教職員教育改善専門委員会（以下、改善委員会）のスタッフが学生ＦＤの実践において注意しているポイントを実践的なティップスとしてまとめている。参考になれば幸いである。

二　「岡山サミット」開催の経緯

一　なぜ岡山大学で？

①木野教授からの打診

「岡山サミット」の開催は、学生ＦＤ活動に携わったことのある関係者には少なからず驚きをもって受け止められたことであろう。岡山大学には、「学生ＦＤサミット」のモデルにもなった同種のフォーラムが存在するからである。実際、「岡山サミット」は我々改善委員会のスタッフにとっても青天の霹靂であったといってよい。きっかけは、学生ＦＤサミットの創設者であり、「学生ＦＤの父」をもって自他ともに認める木野茂立命館大学教授（当時）からの一通のメールであった。

二〇一二年二月一七日付の木野教授のメールを筆者は今も保管している。「折り入ってのご相談です」というメールのタイトルから、木野教授の苦悩を垣間見ることができる。メールの文面には、いくつかの大学に学生ＦＤサミットの開催を打診したこと、それらの大学には固有の問題があり、現時点で学生ＦＤサミットの開催は困難であることが切々と語られていた。また、学生ＦＤサミットには、過去に不幸な出来事があったことも特筆しておきたい。二〇一一年三月一二、一三日に法政大学で開催が予定されていた学生ＦＤサミット二〇一一冬が東日本大震災の発生により中止になったのである。関東圏で初めて開催される予定のサミットはこうして幻となってしまった。その点からいって、関東圏での開催は慎重にならざるを得なかった。それ以外にも、スタッフの錬度という問題があった。学生FD活動を始めて間もない大学では、学生FDサミット級のフォーラムを開催するスタッフの数と力量が十分とはいえないからである。そうした諸々のことを勘案した結果として、木野教授はあえて岡山大学の我々に学生FDサミットの開催を打診されたのである。

②i*Seeがあるのに……　ここで学生FDサミットのモデルにもなった我々の学生FDフォーラムについて簡単に触れておきたい。「教育改善学生交流i*See」を正式な名称とする我々の学生FDフォーラムは、学生FD活動の普及・促進を目的に、二〇〇六年から毎年九月に開催されている。このi*Seeは学生FDサミットに先立つこと三年の歴史があり、国内で最初に開催された学生FDのフォーラムとして、現在も開催し続けている息の長いフォーラムである。

i*Seeについての詳細は学生FDガイドブック「大学を変える、学生が変える」に譲ることとするが、i*Seeが学生FDサミットに与えた影響は少なくない。しかし、両者の関係は時間の経過とともに、変化していった。京都という地の利もあってか、学生FDサミットはi*Seeをはるかに上回る参加者を得て、急速に成長していったのである。学生FDサミットの急成長を我々は複雑な心境で受け止めざるを得なかった。学生FDの普及・促進という点ではとてもうれしいことではあったが、i*Seeと参加者を取り合う格好になってしまったのも事実であった。学生FDサミットは例年i*Seeの二週間程度前に開催されるため、i*Seeの参加者に与える影響は小さなものではなかった。

学生FDサミット開催の打診にあたり、木野教授も我々の学生FDフォーラムについて、かなり気を使われていたことが先のメールの文面にも表れていた。しかし、「学生FDの発展」を第一に考えた末、岡山大学での開催が良いと結論付けられたのである。学生FD活動に携わってきた者なら、この大義を言葉だけで終わらせてはならないと強く思うことであろう。実際のところ学生FD活動は根付くまで非常に時間がかかるものだからである。筆者もこれまで学生FD活動が盛り上がったかと思うと、数年後には跡形もなく消え去ったケースをいくつも見てきた。

「学生FDの発展」という共通の目的の前には、i*Seeも学生FDサミットもない。しかし、そのような「学生FDへの思い」だけで、学生FDサミット級のフォーラムを開催できるわけではない。まずもって、学生スタッフの人数とモチベーションが問題になる。とりわけ、中核となるメンバーのモチベーションが大きく影響してくることはいうまでもない。間違っても「やらされ感」を感じるようでは、とてもではないが学生FDサミットを開催することはできないし、すべきではないだろう。果たして、改善委員会の学生スタッフはこの件をどう受け止めるであろうか？　想像がつくようでもあり、またそうでもないような気がした。

③学生のやる気

学生スタッフの反応は概してよかった。しかし、それはほんの一部の者であった。まず、中核になってくれそうなスタッフにだけ、この件を話したのである。当時、改善委員会の委員長であった秋吉秀彦（当時理学部二年）やi*See2010で実行委員長を務めた高橋和《のどか》（当時文学部三年）らは、「岡山サミット」の開催に強い意欲を示した。ただ、その反応を見た筆者はむしろ不安を覚えた。なぜなら、「大きなイベントを開催する」という点に目が奪われ、地に足のついていない印象を受けたからであった。学生FDサミットにかかる負荷をどの程度と見積もっているのか、日程的にも、新入生を対象とする履修相談会の準備期間と重なってくることは認識しているのか、何より、i*Seeとの差別化、折り合いをどう付けるつもりなのか？

とりあえず、一部の学生の非常に前向きな姿勢を木野教授にメールで報告した。木野教授の反応も筆者のそれに近いものであったようだ。いうならば、嬉しい反面、本当に大丈夫だろうか、お祭り気分で舞い上がっていないだろうか、という一抹の不安が頭をよぎったというところであろうか。そこで、木野教授ご自身に一度来学頂き、学生スタッフと話をすることになった。これは木野教授ご自身が望まれたことであったが、筆者も木野教授を交えた場で、学生のやる気をきちんと確かめたかったため、またとない機会となった。

二〇一二年三月九日、木野教授が岡山大学に来学され、我々改善委員会のスタッフと学生FDサミットについて意見交換を行った。立命館大学からは、木野教授に加え、当時学生FD関係の仕事を担当されていた事務職員の豊桑氏、岡山大学からは教育開発センターのFD部門長であった佐々木健二教授、筆者、そして筆者の同僚である和賀崇准教授（教育開発センター）、学生スタッフとして前出の秋吉と高橋に加え、授業改善ワーキンググループの尾木篤志（当時経済学部二年）が参加した。この度の件において、木野教授は学生FDサミットとi*Seeの位置づけを我々がどう考えているのか、という点が気になったようである。それは、i*Seeを擁する我々への配慮でもあり、また学生FDサミットに対する我々のスタンスを確認する意味もあったと思われる。実は、筆者自身も後者の点については学生スタッフにきちんと確認しておく必要があると感じていた。

「どうして岡大で学生FDサミットをやりたいの？　我々には、i*Seeがあるでしょう？　どうしてi*Seeではダメなの？」

筆者は三人の学生スタッフに向けて、率直に切り込んでみた。「身内」の筆者からこうした問いかけがあるとは予想していなかったのか、三人はしばし無言であった。やがて、高橋が口を開いた。「i*Seeは、学生FD自体を取り扱うのではなく、学生自身が大学教育について考えるイベントであり、「学生FDスタッフ」のような活動をしていない学生にも広く門戸が開かれるべきもの。学生FDサミットは学生FDの発展のために、学生FD自体について取り扱うもの。少し目的が違うのではないでしょうか？」

この高橋の発言に得心がいかれたのか、木野教授はこれ以降、こうした場を設けることもなく、すべてを我々の手に委ねられた。しかし、これで岡山サミットの開催が決定したわけではなかった。

④委員会での審議　改善委員会は岡山大学の教育開発センターに設置されている委員会であり、筆者の研究室でもなければゼミでもない。筆者は改善委員会の教員代表という立場ではあるものの、改善委員会は筆者の意のままに動くような組織ではない。それゆえ、岡山サミットの開催についても、委員会の会議において審議しな

ければならない。もし、委員会の会議において、岡山サミットの開催が否決されれば、いくら筆者が教員代表であろうとも、いくら学生スタッフがやる気になっていようとも、岡山サミットを開催することはできなくなる。この点については、木野教授にも事前にご了解頂いた。

結論からいえば、改善委員会の会議において、岡山サミットの開催は賛成多数をもって承認された。しかし、その結果は素直に喜べないものであった。というのも、前年に開催されたi*See2011の中核メンバーが軒並み反対票を投じたからである。彼らは身を以てフォーラムの開催がどれだけ大変かを知っていたのである。それに対し、まだ執行部として i*See を経験していない下級生の多くが賛成票を投じたことは嬉しくもあった。ただ、下級生を即戦力と期待することはできない。

ところで、我々が組織として岡山サミットの開催を決めるまで、木野教授の打診があってから二ヵ月以上の時間を要した。改善委員会における審議の場は通常、月に一度の頻度で開催されるが、三月のような長期休暇中は学生スタッフの多くが帰省してしまい、委員会の審議に必要な定足数を満たすことができないからである。この時も四月下旬の委員会において、ようやく審議することができたというありさまであった。

改善委員会は大学の正式な委員会という点から、盤石かつ理想の組織のように学生FD関係者からみられるが、大学の正式な委員会であるがゆえの問題もある。よくいわれるような学生スタッフのモチベーションはあまり問題にならないが、何事においても、委員会の場で審議する必要があり、万事において時間がかかり過ぎる。それゆえ、思ったことを即実行に移すことはまずできない。これが学生スタッフのモチベーションを下げる要因にもなっている。実際、学生発案型授業などは、実際の開講までに数年を要することも珍しくなく、その間に、授業を発案した学生スタッフの任期（二年）が切れてしまうこともある。

⑤実行委員長：高橋 和

改善委員会として岡山サミットの開催を正式に決めるまで、かなりの時間がかかることは想定範囲内のことであった。それを見越して、我々は有志による臨時のワーキンググループを立ち上げ、少しずつ準備を始めていた。「岡山サミット」の中核メンバーもかなり早い段階で決めている。岡山サミットの審議においても、中核メンバーが資料を作り、詳細を説明した。中核メンバーの中心は、いうまでもなく岡山サミットの実行委員長である。実行委員長の選定で、我々がもめることはまったくないばかりか、文句を付ける者もいなかった。「高橋和」が立候補したからである。

高橋和（当時文学部四年）は当時既に学生ＦＤ関係者では知らぬ者がないほど有名な女子学生であり、i*See2010の実行委員長を務めた経験をもっていた。筆者が木野教授から、岡山サミットの打診を受けた時、まっさきに思い浮かべたのが、高橋和であった。四年生といえば、就職活動もあり、卒業論文も書かなければならない。岡山サミットの開催は時期的に、二月下旬から三月上旬になる。そんな時期に卒業予定者を戦力として期待してよいものか、期待できるのか、そう思うのが普通であろう。しかし、筆者は確信していた。彼女ならやるだろうし、やりたがるだろうと――。

そのような筆者の勝手な思い込みは正しかったことがすぐに証明された。前述した木野教授との意見交換会において、「岡山サミットの実行委員長は誰が？」という話題になった時、高橋和は即座に「私しかいないでしょう」と言い切った。

その時の情景を今でも鮮明に筆者は記憶している。冗談めかした口調に照れ隠しの表情を作ってはいたが、誰にも付け入る隙を与えない強い覚悟を感じさせた。それで決まりだった。

しかし、筆者からすれば、高橋和はなるべくして岡山サミットの実行委員長になったといえる。彼女は自身が実行委員長を務めたi*See2010での苦い経験を心の片隅に持ち続け、「リベンジ」する機会を狙っていたように思えたからである。高橋和にとって、i*See2010は明らかにターニングポイントであった。あの日を境に、彼女は学生ＦＤ界での存在感を一際増していった。

i*See2010での苦い経験。それはまさに「失敗」の名に相応しいものであった。i*See2010における「フリーディスカッション」と名付けたメインの企画において、会場が静まりかえったのである。ステージには、司会を務める高橋の他に学生五名、教員五名がおり、フロアにも一〇〇名近い学生と教職員がいた。しかし、普段は熱く語るような学生も教員もほとんど発言することがなく、会場には重苦しい空気が漂った。予想した通りの最悪の事態になってしまった。筆者はその光景を目の当たりにして、そう思った。この種のフォーラムにおいて、筆者がこのような「惨状」を目撃したのは、これが最初であり、おそらく最後であろう。

i*See2010での「失敗」は、筆者だけではなく高橋をはじめとするi*See2010の中核メンバーにとっても「想定範囲内」のことであった。というのも、i*See2010の企画内容を詰めるミーティングにおいて、筆者自身がそれを指摘していたからである。人というものは、マイクを向けられたら、あるいは、何か問いかけられたら、こちらの期待した通りに饒舌に話してくれるものではない。当時の高橋にはそれがわかっていなかったように思う。筆者は問いかけをシンプルにしてYESかNOかの二項対立にすることで、議論しやすい形式にすべきではないか、という提案をしたが、高橋はその提案を受け入れず、自分のやり方に拘った。「その通りかもしれないが、私はこのやり方でなければ、やれる自信がない」という高橋の発言を受けて、筆者は口を閉じた。

高橋の名誉にかけて補足すると、i*See2010の「フリーディスカッション」で会場が凍り付いた時、彼女は機転を利かせ、予定よりも早く休憩時間をもってきた。休憩後はステージ上のメンバーを総入れ替えし、会場全体の気分転換を図った。これが奏功し、「フリーディスカッション」の後半はなんとか体裁を繕うことができた。しかし、前半の「失敗」は明らかだった。

i*Seeの実行委員長を務めた者は、i*See終了後、フェードアウト気味になる者が多い。しかし、高橋は逆だった。i*See2010の前よりも、その後の方がより積極的に改善委員会の活動に関与するようになった。そして、密かにi*See2010での一件を心に抱き続け、「リベンジ」の機会を狙っていたのではないだろうか？　筆者にはそう思えてならない。そこへきて、岡山サミットの開催が現実味を帯びてきた。今こそi*See2010の雪辱を晴らす最高の舞台が千載一遇のチャンスで巡ってきた。こうして、高橋はなるべくして岡山サミットの実行委員長になった。

二　中国地方の国立大で平日開催

①会場は大丈夫か？　木野教授からの打診を受けて、我々が最初にしたことは会場を押さえることであった。これには、これればかりは、改善委員会の正式な承認を待っているわけにも行かず、迅速に対応する必要があった。これには、国立大学という点も影響している。私立大学と違い、国立大学は教員と学生の比率が小さく、大人数の講義がかなり少ない。岡山大学では、受講生が一〇〇名を超える講義を「大人数」の講義と規定しているが、これは私立大学なら「少人数」の講義と規定されるだろう。こうした事情から、岡山大学には大きな講義室が極めて少ない。それゆえ、学生FDサミット級の会場には、創立五〇周年記念館以外に選択肢がなく、その収容人員も最大で四〇〇名である。

岡山サミットの開催にあたり、筆者が一番懸念したことは「参加者数」であった。筆者の見るところ、学生FDサミットの「成功」には、「京都」という「地の利」もあるように思える。二〇一二年の二月に追手門学院大学で開催された「追手門サミット」も「大阪」という「地の利」があった。関東出身の筆者の感覚でいえば、「京都」までは修学旅行で小学生でも訪れる場所であるが、その先はかなり遠いという印象をもつ。行っても大阪まで、神戸がギリギリの限界という感覚なのである。はたして、たくさんの人が岡山まで来てくれるだろうか？「岡山サミット」を開催したはいいが、参加者が大幅に減少したなどということになりはしないだろうか？

しかし、そのような参加者数への懸念があるものの、一方ではたくさんの参加者が押しかけた場合、会場の都合で受け入れられないというジレンマがあった。「一〇〇〇人教室」がたくさんあるような立命館大学とは事情が違うのである。このような会場の問題は非常に深刻であった。分科会を開催するにも、それなりの規模の会場が必要になる。懇親会もまた会場の点で頭の痛いものだった。

②難航した日程調整

「岡山サミット」の会場にはほとんど選択肢がなかったが、五〇周年記念館には収容人員以外にも問題があった。予約状況である。我々がi*See の準備に一年かけるのは、五〇周年記念館という会場を押さえるのに一年前からの予約が必要だからという理由が大きい。五〇周年記念館は学内外の用途で多用されるため、常に予約が一杯で、日によっては三年先の予約まで入っている場合がある。さらに悪いことには、二月から三月にかけては入試関係や入学関係の用途で押さえられることが多い。それらの優先順位は非常に高く、我々に勝ち目はない。

ところが、会場以前の問題として、開催日時の調整に難航することになってしまった。毎年三月に行われる大学コンソーシアム京都の「FDフォーラム」が、二〇一三年は立命館大学で開催されることになり、あろうことか木野教授がその実行委員長になっていたのである。例年三月はFD関係者にとって繁忙期となっている。大学コンソーシアム京都の「FDフォーラム」をはじめ、FD関係のフォーラムが目白押しだからである。その合間を縫うように岡山サミットを開催することは、かなりのリスクを覚悟しなければならない。

以上の結果から、岡山サミットは二〇一三年三月五日(火)、六日(水)の開催となった。この日程は、大学コンソーシアム京都の「FDフォーラム」を考慮してのものであった。平日開催は過去にも例がなく、業務がある事務職員の参加者が減少することは必至であったが、我々にはどうすることもできなかった。ところが、「FDフォーラム」は最終的には二月に開催された。そうなることがわかっていたなら……。非常に残念に思うところである。

京阪以外の遠隔地、国立大学の狭い会場、平日開催という三重苦が岡山サミットに背負わされた宿命であった。

ティップス①

【イベントの目的を明確にする（させる）】

※学生の意見にあえて異を唱える

今日では、学生FD関係のフォーラムやイベントが多数開催されるようになった。しかし、そのようなイベントやフォーラムの開催自体が自己目的化している場合が散見される。一体、何のためにそのイベントを開催するのか？目的を明確にさせる必要がある。えてして、イベントやフォーラムを開催しただけで満足してしまうケースがあるからである。岡山サミットの開催に先立ち、筆者が学生スタッフに「どうして学生FDサミットなのか？ i*See ではダメなのか？」と問うたのも「学生FDサミット」という大きな舞台に学生が酔い、本質を見失いがちになることを避けるためであり、本来の目的を見据えてほしかったからである。

【学生の意見を尊重し、受け入れる】

※失敗も勉強のうちと考える

学生FD活動を展開するにあたり、学生と教員の意見が対立することもよくある。立場が違えば、意見にも違いが出て当然であろう。こうした対立をおそれるあまり、学生と教員が互いに遠慮していては、決してよい活動にはならない。多くの場合、対立する意見にも「落とし所」があるものである。しかし、「落とし所」が見出しにくい場合もある。その際は、学生の意見を受け入れる方がよい。その結果、失敗することもあり得るが、失敗から学ぶことも多いものである。学生の意見を退けて、学生のモチベーションを下げるより、あえて失敗させ、そこから学ばせる方がよい。

筆者はこの方針が学生の成長に非常によい効果をもたらすことを確認している。高橋和はその典型例である。

三 「岡山サミット」の基本コンセプト

一 学生FDサミットはどうあるべきか？

①問題意識 木野教授の打診を受けて、我々は比較的早い段階で有志のワーキンググループを立ち上げ、岡山サミットの企画内容について議論し始めた。岡山サミットはこうありたいという漠然とした議論をきっかけに、

はからずも過去の学生ＦＤサミットに対して、我々が抱いた不満や要望が口をついて出た。不満の一つは「分科会」であった。過去の学生ＦＤサミットでは、複数の分科会がパラレルで開催されるケースがあった。その最たる例は「追手門サミット」である。追手門サミットでは、三トラックのパラレルセッションで二〇以上もの分科会が行われた。

誤解のないようにいうと、分科会そのものが不満だったわけではない。分科会の多さとパラレルセッションである点を不満に感じていたのである。もちろん、分科会の意義は理解できる。同じ問題を抱える人が集まって問題を共有し、解決方法を探る。これにも不満はない。しかし、パラレルな分科会にすることで、かえって、同じ問題を抱える人が集まれない可能性もあるのではないだろうか？ 筆者も追手門サミットに参加したが、参加したい分科会がたくさんあった。それだけ魅力的な分科会が多数あったにも関わらず、パラレルセッションであったため、泣くなく参加を諦めた分科会が多数あった。筆者自身が教員トラックの分科会で発表したのだが、その際にも、もっと多くの人と問題を共有し、議論したいと思ったものである。

そもそも「学生ＦＤ」という非常に限定された問題領域において、分かれて議論しなければならないほど、多数のテーマがあるのだろうか？ むしろ、教職学で問題を共有する方が重要ではないだろうか？ 同じテーマであっても教職学による視点から、問題の認識にどのような差異が生まれるのか、といったことを議論し、教職学の間に横たわる溝を埋める方が重要ではないだろうか？

以上から、岡山サミットではあえて分科会を行わないことにした。実は、追手門サミットのように、多数の分科会をパラレルに行うことは、やりたくてもできない事情があった。物理的な会場の問題である。前述したように、国立大学である岡山大学は、そもそも私立大学のような大人数の講義がないため、大きな教室がない。また、教室間の移動も立命館大学や追手門学院大学のようには行かないのである。それゆえ、多数の分科会を開催しないことは、岡山サミットでは必然の結果であったともいえる。

さらに、過去の学生FDサミットの雰囲気にも我々は少し違和感を覚えていた。「緊張感に欠ける」と感じられることがあるように思えたのである。実際、過去の学生FDサミットにおいて、一部の参加学生が「楽しい」という言葉を連発している状況を目にすることがあった。もちろん、楽しいのは悪いことではないが、表層的な楽しさに終始するようでは困ったものである。教職学の真剣な議論を楽しむには、ある種の緊張感が必要ではないだろうか？　楽しいという感覚だけで、学生FD活動をまっとうすることができるだろうか？

また、学生FDサミットが回数を重ねるにつれ、常連の参加者が一定数存在するようになったことも気になっていた。かくいう我々自身が常連参加者になりつつあったからである。扱うテーマは変わっても学生FDサミットの形式はほぼ固定されていたといえる。もちろん、形式が大事なわけではないが、常連参加者にとって新鮮味が感じられないのも事実であった。しかし、これは難しい問題であった。常連参加者にとってはあまり必要ではないことでも、初めての参加者には必要なことがある。その端的な例が木野教授によって毎回行われるミニトーク「学生FDとは？」である。

学生FDサミットの形式については、木野教授が来学された際、率直に尋ねてみた。学生FDサミットの創始者として、ここだけは変えたくないという部分があるか否かという問いを木野教授にぶつけたところ、「特に拘りはないので、岡山らしいサミットにして欲しい」という言葉を頂いた。しかし、我々は木野教授によるミニトーク「学生FDとは？」をはずすつもりは毛頭なかった。初めての参加者にとっては非常に有意義な内容であるばかりか、常連参加者にも「初心」を思い起こし、緊張感を覚えさせる効果があると考えたからである。

しかしながら、我々が一番問題視したのは、参加者の「サミット後の行動」であった。我々は学生FDサミットを「オリンピック」にしたくはなかった。「参加することに意義がある」のもよいが、それだけでは何も変わらない。モチベーションを高めるだけなら、学生FDサミットに参加する意義はあまりないのではないか？　学生FDサミットに参加し、モチベーションを上げたなら、一歩でもいいから確実に踏み出して欲しい。それが我々の切なる願いであった。

②目指したもの　以上の問題意識を踏まえ、我々は岡山サミットを「参加者自身が成長を実感できるフォーラム」「参加者とともに成長するフォーラム」にすることを目指した。参加者が学生ＦＤサミットでの学びを活かす（行動する）ことで成長し、再び学生ＦＤサミットに参加することで、自らの成長を実感する。学生ＦＤサミットの参加学生は約三分の一がリピーターである。成長する参加者に合わせて、学生ＦＤサミット自身も成長していく。学生ＦＤサミットはそのような場であって欲しい。

二　学生ＦＤはどうあるべきか？

①学生は「ＦＤ」について知っているのか？　「学生ＦＤサミットはフォーラムとしてどうあるべきか？」という問いかけに対する我々の問題意識は前項で述べたが、根本的な問題は「学生ＦＤはどうあるべきか？」という問いかけである。学生ＦＤに対するスタンスやその捉え方は個人によっても差があろう。しかし、どのような活動でも学生ＦＤになる、というものではない。「学生ＦＤ」の絶対的な定義が必要とはいわないが、コミュニティーにおいて「共通認識」がもてなければ、「なんでもあり」の「なんでもよし」となりかねない。これでは実のともなった活動を期待することは難しい。

どの世界でもいえることだが、コミュニティーが小さい時は、このようなことを意識する必要はない。自ずと共通認識をもつ人々がコミュニティーを形成するからである。しかし、学生ＦＤのコミュニティーは急速に拡大しており、その活動も多様化しつつある。「学生ＦＤ」を狭義に解釈し、その活動を制限するつもりはないが、最低限押さえなければならない点は明確にすべきであろう。

「学生ＦＤ」について最低限押さえておくべきポイントは何か？　それはやはり「ＦＤ」であると我々は考える。アカデミックな議論では、ＦＤにも「広義（マクロ）のＦＤ」や「狭義（ミクロ）のＦＤ」などの区別が存在するが、いずれにせよ、「教育の改善に資する活動」であるという点では共通している。そのようなＦＤについての認識や理解はやはり必要であろう。これは、自分たちが何をしようとしているのか、何のために活動しているのか、を見失わないためにも必要であり、かつ仲間を募るにも必要なことである。自分たちの活動の意味や目的を説明することができないで、どうして仲間を集めることができようか？　特に、教職員を巻き込むにはそれ相応の理論武装も必要になってくる。論理的に納得のいくことであれば、教職員からの協力も得られやすいであろう。

さて、それでは学生は一体どの程度「ＦＤ」について知っているのか？　これがはなはだ心許ない状況であるといわざるを得ない。筆者は岡山大学の教養教育科目において、「大学授業改善論」という講義を開講しており、議論のテーマとして、ＦＤに関する話題を多数取り上げている。ある時、それらの話題を改善委員会のスタッフに振ってみたところ、ほとんど例外なく学生スタッフはそれらの知識を持ち合わせていなかった。学生ＦＤのパイオニアといわれる岡山大学の学生ＦＤスタッフにして、そのレベルなのである。

しかし、このような「惨状」は筆者にとっては「想定範囲内」のことであった。そうであるからこそ、「ＦＤ」についての基礎知識を提供する場が必要であると前々から考えていた。学生ＦＤについて語る前に、まず「ＦＤ」について理解する。そして、「ＦＤの視点」を通して、自分たちの活動を振り返り、時には軌道修正を図る。そうでなければ、実効性のある学生ＦＤ活動などとうてい無理ではないだろうか？

②意見交換会から先に進めない学生ＦＤ

学生ＦＤに関する「知識」を問題として取り上げたが、「活動」自体にも問題がある。学生ＦＤ活動の典型例として、真っ先に挙げられるのが、「学生と教職員との意見交換会」である。学生ＦＤに取り組み始めた大学が最初に行うのも、こうした「意見交換会」である場合が多く、それ自体は良いことである。しかし、問題はその先に進むことができない場合が多い点である。

「学生ＦＤをうちでも始めたいが、何をどうしたらよいのかわからない」という声も耳にする。とりあえず、学生と教職員の意見交換会を開いてはみたものの、学生も教職員も大して集まらず、そのうち何事もなかったかのように、きれいさっぱり消え去ってしまう。学生ＦＤを広義に解釈し、何でも学生ＦＤというのも問題であるが、意見交換会だけでストップしてしまうのも同じくらい問題ではないだろうか。時に、こうした意見交換会が学生の「ガス抜き」や「開かれた大学」のアピールないし「ＦＤのアリバイ」に利用されるケースも散見される。

こうした状況は、「学生ＦＤ」の「学生」部分に注意が行き過ぎ、何か特別なことをしなければいけないという強迫観念に捕らわれてしまった結果とも考えられる。学生ＦＤもＦＤであり、「学生」に拘るあまり、教職員不在のＦＤにしてしまっては、これまた実効性のある学生ＦＤ活動などとうてい望めないであろう。

③学生ＦＤ活動の検証：学生ＦＤは教育改善に貢献しているか？

「学生ＦＤはどうあるべきか？」という問いかけは、逆から考えてみるとわかりやすい。つまり、学生ＦＤ活動が教育の改善に貢献しているかどうかを考えてみることである。自分たちの活動の結果、何がどう良くなったのか？　このような学生ＦＤ活動の検証も必要であろう。これは非常に難しい問題である。学生ＦＤ活動の効果ないし有効性を定量的に示す指標が存在しないからである。これは学生ＦＤだけではなく、ＦＤ活動全般にいえることであろう。しかし、だからといって何もしないでよいということにはならない。逆の見方をすれば、現状は学生ＦＤにとって大いなるチャンスかもしれない。ＦＤ活動全般の効果が不透明な状況において、学生ＦＤの効果を示すことができれば、学生ＦＤの普及・促進に弾みがつくと考えられるからである。

しかし、ここでは学生ＦＤの有効性を検証する方法そのものを議論するつもりはない。それは個々の活動に即して考えればよいのである。ただ、学生ＦＤを「やりっ放しで終わらせない」ようにする必要がある点を強調しておきたい。これは当たり前のことではあるが、当たり前のことが当たり前にできていないのが問題なのである。我々の改善委員会にしても、このような検証をしっかり行ってはいない。しかし、学生ＦＤの先進校として、学生ＦＤの検証に取り組む必要性を以前から感じている。というのも、筆者自身、岡山大学の上層部からそうした指摘をこれまでにも受けて来たからである。「検証」というほど大げさなものではなくても、やはり自分たちの活動を振り返り、軌道修正をすることは必要不可欠といってよいだろう。

三　岡山サミットのテーマ：「考動せよ、学生ＦＤ」

◉テーマに込めた思い

学生ＦＤサミットはどうあるべきか？　さらには、学生ＦＤはどうあるべきか？　それらの議論を通して、我々は岡山サミットのテーマを定めた。「考動せよ、学生ＦＤ」である。このテーマには、前節で述べた我々の問題意識やこうありたいという我々の思いが込められている。まず、「行動」ではなく「考動」である点。これはいうまでもなく「造語」であるが、最近では結構目にするようになってきた言葉である。

その意味するところも多くの人が想像できるであろう。「まず、考え、そして行動する」ということである。何も考えずに行き当たりばったりで行動するのでは、その効果も覚束ない。まずは自分たちが何をしたいのか、何をすべきなのかをしっかり考える。それには当然、知識が必要になる。学生ＦＤが何であるかを知らないで、学生ＦＤ活動を始めることはできない。しかし、知識にもとづいて考えた後は、やはり「行動」することが大事である。考えることなく、行動するのは無謀であるが、考えるだけで行動しないのは無益である。学生ＦＤに興味関心があるなら、興味を覚えるだけでストップせず、ぜひ始めて欲しい。既に学生ＦＤに取り組んでいるなら、学生と教職員の意見交換会に留まるのではなく、その先を目指し、行動して欲しい。そのために学生ＦＤについての知識を提供し、それにもとづいて考え、そして学生ＦＤサミット終了後の行動を後押しする機会に岡山サミットがなれば、主催者として望外の幸せである。これが岡山サミットのテーマに込めた我々の思いであり、願いであった。

■ティップス②

【FDに関する基礎知識を身につける（させる）】

学生FDは「FD」であり、FDに関する基礎知識は必要不可欠である。正しい知識なくして、正しい活動をすることは難しく、実効性のある学生FDを展開することも困難である。教職員の理解を得る上でも、FDに関する基礎知識を身に着けるべきであろう。

もし、学生スタッフにFDに関する基礎知識がない場合は、そのための勉強会などを開くとよい。自戒を込めていえば、これまでの学生FD活動はFDに関する基礎知識がなく、その必要性が主張されることもなかった。

しかし、そのような状況は問題ではないだろうか。

【なぜ学生FDが必要なのかを認識する（させる）】

FDに関する基礎知識を押さえることは重要であるが、ただ知識として知っているだけではあまり意味はない。その知識をベースに、なぜ学生FDが自分の大学に必要なのかを考えさせることが重要である。その必要性を考えることもなく、学生FD活動を始めたところで、その効果は見込めない。

【活動はやりっぱなしにせず、検証する】

学生FD活動に限らず、「やりっぱなし」にすることは問題である。「次」につなげるためにも、必ず活動の「検証」を行うべきである。「検証」が難しければ、最低限「振り返り」をするべきであろう。学生FD活動は学生主体ということだけをもって「満足」してしまうきらいがある。それでは、次につなげることも先に進むことも難しい。

四　「岡山サミット」の企画

岡山サミットの主な企画は以下の四つであった。

岡山白熱教室（学生FDについての本質を議論する）／FD時計（学生の顔が見える学生FD）／FDタイムカプセル（行動を後押しするとともに検証するツール）／岡大しゃべり場（二段階のグループ議論）

以下、これら四企画の詳細を述べる。上記に加え、懇親会も行ったが、懇親会に凝らした趣向は「FD時計」の撮影であるため、懇親会についてはFD時計の項で少し触れる程度に止める。

一　岡山白熱教室：学生FDについての本質を議論する

「岡山白熱教室」はその名称から推測できるように、かのマイケル・サンデル教授がハーバード大学で行っている「ハーバード白熱教室」に似せた企画であり、学生FDの本質を議論する場であった。これはパラレルセッションの分科会を廃した参加者全員による議論の場であり、FDに関する知識を確認し、それをもとに学生FDとはどうあるべきかを議論することを目指した企画である。しかし、岡山白熱教室はサンデル教授の白熱教室とはかなり違った構成になっていた。具体的な内容は以下のとおりである。

> ビデオ鑑賞：よくある講義風景／FD力診断テスト：FDに関する八つの問題について解答する／白熱タイム：七つのトピックについて議論する

また、形式的にもサンデル教授の白熱教室とは違い、サンデル教授役ともいえる司会に加え、ステージ上に学生を一〇名ほど配置し、ステージ上での議論、フロアを巻き込んだ全体議論、隣同士で議論するペアワークなどを行った。

①ビデオ鑑賞：「よくある講義風景・第一回目の授業」　岡山白熱教室では、最初に改善委員会の委員が製作したビデオ映像を見てもらうことにした。内容的には、よくある講義風景を演出したものであるが、ここにFDのヒントが多数含まれていることに気づいて欲しいと考えていたからである。FDないし学生FDは何も特別なものではなく、日常の講義においてみられるちょっとしたことへの「気づき」がヒントになるのである。とり

わけ、初回の講義はＦＤを考える上で参考になるキーワードが多数含まれている。

このビデオ映像（『大学改善論入門』）に出て来るキーワードは、オフィスアワー、成績評価、出席点、予習、復習、宿題、教科書、主体的な学び、上限制などであり、こうしたキーワードの出現にも意味をもたせている。具体的には、以下のような文脈である。

●オフィスアワー：随時という形で時間が決まっていない
●成績評価：期末試験だけの成績評価方法で、多面的な評価になっていない
●予習・復習：授業内容の深い理解に欠かせないが、教員から指示・助言がない
●宿題・教科書・主体的な学び：「主体的な学び」の名のもとに、学生を放任する
●上限制：履修したいのに履修できない

以上のことは、「ＦＤ力診断テスト」での問題や「白熱タイム」での議論の前振りとなっている。しかし、「よくある講義風景」であり、かつ全体で五分程度の短いビデオであるため、ぼんやり見ていると何も記憶に残らない可能性がある。ビデオ鑑賞は眠くなるものであるため、当初から五分が限界であると考えていた。ただし、「ＦＤ」を意識してビデオを見てもらうための工夫として、視聴前に着眼点をいくつかピックアップし、スライドで表示するようにした。

余談であるが、当初はこのビデオの内容を「ライブ」で行うことも検討していた。しかし、それはかなりリスクが高いと判断し、事前にビデオ撮影することにしたのである。出演者はすべて改善委員会の委員（教員役は筆者の同僚である和賀崇氏（岡山大学教育開発センター准教授））であり、台本と撮影は筆者が担当した。

②ＦＤ力診断テスト：ＦＤの知識を確認する

ビデオを視聴した後は、「ＦＤ力診断テスト」と題したテス

トを参加者全員に受けてもらうことにした。これはＦＤに関する知識を確認し、問題の本質を明らかにするために導入したものである。前節でも述べたとおり、学生ＦＤの理解には、ＦＤに関する知識が必要であると我々は考えており、このテストには、学生にもそういう意識をもって活動して欲しいという思いが込められている。

「ＦＤ力診断テスト」は全部で八題あり、形式的には、語句の穴埋め問題や選択問題などからなる。以下、全八題とその正解である。

【第一問】大学におけるＦＤの義務化を規定している法令は何か？
【正　解】大学設置基準
※大学設置基準は大学を設置するのに必要な最低の基準を定めた文部科学省の省令であり、その第二十五条の三にＦＤの規定がある。

【第二問】（一）に当てはまる語句を答えよ。
（一）となることのできる者は、人格が高潔で、学識が優れ、かつ、大学運営に関し識見を有すると認められる者とする。
【正　解】学長
※大学設置基準・第十三条の二：学長となることのできる者は、人格が高潔で、学識が優れ、かつ、大学運営に関し識見を有すると認められる者とする。

【第三問】教授になれない人は？
一　博士の学位のない人
二　博士の学位に準じる研究業績のない人
三　専門職学位を有し、実務上の業績のない人
四　大学の教授や准教授などの経歴のない人
五　芸術、体育の特殊な技能のない人
六　専攻分野の優れた知識及び経験のない人
七　一～六のすべてに該当する人
八　一～六のどれにも該当しない人
【正　解】七
※大学設置基準・第十四条：教授となることのできる者は、次の各号のいずれかに該当し、かつ、大学における教育を担当するにふさわしい教育上の能力を有すると認められる者とする。
一　博士の学位を有し、研究上の業績を有する者

二　研究上の業績が前号の者に準ずると認められる者
三　学位規則第五条の二に規定する専門職学位を有し、当該専門職学位の専攻分野に関する実務上の業績を有する者
四　大学において教授、准教授又は専任の講師の経歴のある者
五　芸術、体育等については、特殊な技能に秀でていると認められる者
六　専攻分野について、特に優れた知識及び経験を有すると認められる者

【第四問】「授業をまったくしない教員」は法令上認められるか？　○か×で答えよ。

【正　解】○

※大学設置基準・第十一条：大学には、教育研究上必要があるときは、授業を担当しない教員を置くことができる。

【第五問】（一）（二）に当てはまる語句を答えよ。
講義及び演習については、（一）時間から（二）時間までの範囲で大学が定める時間の授業をもって一単位とする。

【正　解】（一）一五（二）三〇

※大学設置基準・第二十一条：各授業科目の単位数は、大学において定めるものとする。
一　講義及び演習については、十五時間から三十時間までの範囲で大学が定める時間の授業をもって一単位とする。

【第六問】大学における標準的な講義において一単位を得るには、授業時間以外に何時間の学修が必要になるか？

【正　解】三〇

※大学設置基準・第二十一条：各授業科目の単位数は、大学において定めるものとする。
二　前項の単位数を定めるに当たっては、一単位の授業科目を四十五時間の学修を必要とする内容をもって構成することを標準とし、授業の方法に応じ、当該授業による教育効果、授業時間外に必要な学修等を考慮して、次の基準により単位数を計算するものとする。

【第七問】履修科目の上限制（ＣＡＰ制）は、法令上緩和できるか。○か×で答えよ。

【正　解】○

※大学設置基準・第二十七条の二：大学は、その定める

ところにより、所定の単位を優れた成績をもって修得した学生については、前項に定める上限を超えて履修科目の登録を認めることができる。

【第八問】（一）（二）（三）に当てはまる語句を答えよ。
大学は、当該大学の授業の（一）及び（二）の改善を図るための（三）な研修及び研究を実施するものとする。

【正　解】（一）内容（二）方法（三）組織的
※大学設置基準・第二十五条の三：大学は、当該大学の授業の内容及び方法の改善を図るための組織的な研修及び研究を実施するものとする。

このような「FD力診断テスト」は全八問を一度に解答する方式ではなく、次に述べる「白熱タイム」を織り交ぜながら、解答する方式とした。このテストの趣旨は知識の有無を問うものではなく、大学設置基準の背後にある本質的な部分に焦点を当て、深い議論をすることであり、問題提起と議論のきっかけにするものであったからである。

③白熱タイム　※学生FDの本質を議論する

「FD力診断テスト」は正解のあるテストであり、FDに関する知識を確認するものだが、これはあくまでも導入であり、前振りに過ぎない。FDに関する知識を学生FDの視点で捉え直し、学生FDの本質を議論することが我々の狙いであった。この議論を「白熱タイム」と名付け、学生FDの本質に迫るトピックを七つ設定した。白熱タイムでは、議論をしやすくするため、意図的に二項対立の選択肢を用意し、二者択一（赤か青のカードを提示）により各自の立場を明確にした上で、議論に入る形式を採用した。以下は白熱タイムのトピックである。

【トピック①】学長にふさわしい人といえば？　有名人で学長になってほしい人は？

「ＦＤ力診断テスト」の第二問（大学設置基準・第十三条の二：学長の規定）に対応したトピックであり、これは議論を盛り上げるためのウォーミングアップとして用意したものである。

【トピック②】授業をまったくしない教員がいても良いと思いますか。それとも、教員になった限りは授業をするべきだと思いますか。
●授業をまったくしない教員がいてもいい　⬇　赤カード
●教員は授業を受け持つべきだ　⬇　青カード

「ＦＤ力診断テスト」の第四問（大学設置基準・第十一条）に対応したトピックであり、教員の職務について考えさせる問いかけであった。ＦＤの文脈では、研究には一生懸命だが、教育にはあまり熱心でないといった教員の姿勢が批判されるケースがある。また、教育と研究は「両輪」といった捉え方をする場合があるが、それらを始めから考え直し、改めて教員の職務における教育、そして、そのウェートについて参加者自身に考えてもらう問いかけである。

【トピック③】大学教員に免許制度は必要でしょうか？
●必要　⬇　赤カード
●不必要　⬇　青カード

前出の「トピック②」に関連するトピックであり、近年問題になっている大学教員の免許制度について検討する問いかけである。大学の教員は初等中等教育の教員とは違い、「教える」ことを学ばずに教員になるケースが多い。それゆえ、教授能力に問題がある教員がいるのは確かであろう。しかし、一部のFD推進論者が提案するように、大学教員に免許制度を導入したら、どのようなことが起こるだろうか？　遅々として進まない授業改善に苛立ちを覚え、制度によるバックアップを求めたくなる気持ちも理解はできるが、これには冷静かつ慎重な議論が必要であろう。大学は小中高と違い、「研究機関」でもある。その違いを考慮せず、小中高と同じ制度を導入することが良いかどうかは議論の余地がある。また、何事においても長所と短所の両面がある。当の大学生はこれについて、どう考えているのかを聞きたくもあった。

【トピック④】出席点を成績に加味するのに賛成ですか？　反対ですか？

●賛成　⬇　赤カード
●反対　⬇　青カード

「ＦＤ力診断テスト」の第五問（大学設置基準・第二十一条：授業時間）に対応したトピックであり、出席点の是非を問うものである。出席点とは、授業の出席に対する加点を意味し、教員の多くは「出席点」に反対すると考えられる。そうした教員は授業に出席するのは当然であると考えているようだ。しかし、出席するのが当然ということと出席を評価の対象とするかどうかということは別の次元の話ではないだろうか？　出席点に対するネガティブな反応の多くは、「出席」自体の定義に問題がある場合が多い。「出席する＝教室にいる」と解釈するならば、必然的に「出席点など論外」という結論になるであろう。しかし、真剣に授業を聞いている学生はどうであろうか？

大学設置基準をもとに考えると、出席点にもまた別の側面がみえてくる。大学設置基準・第二十一条は「単位」についての規定であり、講義、演習、実験など授業科目の種別に応じて、一単位あたりの時間数が規定されている。例えば、講義の場合は「講義及び演習については、十五時間から三十時間までの範囲で大学が定める時間の授業をもつて一単位とする。」と規定されている。「一単位の授業科目には、四十五時間の学修が必要」（大学設置基準・第二十一条の二）であることから、学修において「授業」が占める時間は三分の一から三分の二となる。このように「学修」の大きなウェートを占める「授業」における学生の活動は評価の対象にする必要があるのではないだろうか？

学修における「授業」を前提とし、それは成績評価の対象外とした場合でも、大学設置基準に照らして考えるなら、マイナスの評価をしなければならないことになる。つまり、理由の如何に関わらず、授業を欠席した学生は、学修に必要な規定の時間を満たしていないとし、減点する必要があるのではないだろうか？　しかし、病欠でも減点するという教員は皆無であろう。

このように考えると、「出席点」も単なる学生の「甘え」とは言い切れない。その上、現在では、多面的な成績評価が求められており、期末試験一発勝負という評価方式は推奨されなくなっている。

【トピック⑤】上限制に賛成ですか?反対ですか?
●賛成　⬇　赤カード
●反対　⬇　青カード

「FD力診断テスト」の第七問（大学設置基準・第二十七条の二）に対応したトピックであり、上限制の是非に関する問いかけである。上限制は、「単位の実質化」から履修に制限をかける制度であり、その趣旨は十分に理解できる。それを大学設置基準の規定から読み解けば、自然かつ必然的な制度といえる。多くのことを学びたいという学生の要望とやる気を削ぐといった批判以前の問題として、単位の重みから授業の負担は適切なレベルに設定されなければならない。

しかし、上限制をすべての学生に一律に適用することが適切かどうかは議論の余地がある。個人の能力的な差や学習進度などを考慮に入れると上限制の一律な設定には問題があるといえよう。この点については、大学設置基準・第二十七条の二でも考慮されている。つまり、上限制の厳格な実施はこの点も考慮する必要がある。岡山大学でも、上限制に関する議論は現在に至るまで多数行われた。その結果を受け、上限制を緩和する学部が増えてきている。そのような措置は法令上も正しいものということができる。

【トピック⑥】宿題の是非を問います。すべての授業で宿題を出すべきでしょうか。
●出すべき　⬇　赤カード
●出す必要はない　⬇　青カード

「FD力診断テスト」の第六問（大学設置基準・第二十一条）に関係する問いかけであるが、実は、この問いかけは我々のミスで出題したものである。当初から宿題の是非をトピックにするつもりではあったが、「すべての授業で宿題を出すべきか?」という問いかけはあまり意味のあるものではない。本当のトピックは「主体的な学び」に宿題は必要か、というものであった。日本の大学生が勉強しない（していない）ことは常識にさえなっている。そして、大学の「レジャーランド化」も周知のことである。一体大学は何をしているのか？　そういわれて久しい。

しかし、大学生に勉強させるのは難しいことではない。むしろ簡単なことである。宿題をたくさん出し、成績評価を厳しくすれば良いだけのことである。これは教員個人のレベルで今すぐにでもできる。だが、それは「大学の高校化」を助長する行為に等しいのではないだろうか？　大学における学びと小中高までの学びは違うものという認識をもつ人は少なくないだろう。大学での学び＝主体的な学び、というのがこれまでの暗黙の了解であったと筆者は考えている。つまり、大学における学びそのものが「主体的な学び」なのであり、それを「大学の高校化」によって「非主体的な学び」にしても良いのだろうか？

以上のような点についての深い議論をする予定であったが、スライドの差し替えミスにより、その機会が失われたことは誠に残念という他はない。

【トピック⑦】大学設置基準でのFDの規定を学びました。もし、この規定を満たすようなFDが各大学できっちりと行われた場合、学生FDは必要なのでしょうか？
●必要！　⬇　赤カード
●不要だよ　⬇　青カード

「白熱タイム」最後のトピックは「学生FD」の存在意義を問う究極のトピックである。最後のトピックとして、どのような問いかけが良いか我々も頭を悩ませた。最終的に、このような挑発的ともいえるトピックにしたのは、各人が「学生FD」をどのように捉えているのかを振り返り、今後どうしたいのかを原点に立ち返って考えて欲しかったからである。

教員による理想的なFDが行われたら、どうなるであろうか？　授業は改善され、学生は社会が求める専門的知識・技能だけでなく、社会人基礎力も身に付けることができ、教員も学生も満足する……残念ながらそうはならないと筆者は考える。たとえ「理想的なFD」が行われると仮定しても。なぜならば、教員側の努力だけで、学生の意識まで変えることは極めて難しいからである。どんなに理想的な授業が行われたとしても、当の学生が学ぶ気にならなければ、教育効果は非常に限定的なものになるであろう。そのような学生の意識改革を含む活動が学生ＦＤであり、それを教員だけの努力で実現することは不可能である。

岡山大学が学生ＦＤに取り組んだのも、その背景には、教員だけによるＦＤの限界があったからである。その上、「理想的なＦＤ」の実現には、学生からのフィードバックが絶対に必要である。しかも、有益なフィードバックには、学生の意識が必然的に関係してくる。有益なフィードバックは意識の高い学生によってもたらされることが多いからである。

二　ＦＤ時計：学生の顔が見える学生ＦＤ

今や日本の大学の九五％近くが授業評価アンケートを導入している。そのほとんどは五段階評価などの数値による項目評価であると考えられるが、これに不満をもつ教員は少なくない。そのような授業評価アンケートの欠点は、授業のどこに問題があるのかはわかっても、どう改善すれば良いのか、どう改善して欲しいと学生が考えているかは決してわからない点である。

では、なぜこのようなアンケートがほとんどの大学で採用されているのであろうか？　それはコストの問題であろう。自由に意見を記述させるアンケートでは、記述や集計に要する時間的・金銭的なコストが大きいからである。そうしたコストに目をつぶったとしても、学生がきちんと書いてくれるかどうかもわからない。アンケートに回答する学生側からすれば、自由記述式は五段階評価のマークシート方式とは比較にならないくらい面倒なものであろう。

以上のようなコストの問題を一切考慮する必要のない理想的な状況を想定しても、なお問題が残る。授業評価アンケートに向って、学生はストレートに自分の思いを書くことができるだろうか？　多くの学生が少なからず身構えてしまうのではないだろうか？　気後れするのではないだろうか？　一方、教員の方も学生の意見を真摯に受け止めることができるだろうか？　たとえ、教員が真摯に受け止めても、アンケートの回答集計を一度見た程度では、さして記憶にも残らず、授業の改善にも結びつかないであろう。実際、どの程度の教員が授業評価アンケートの結果を利用しているのか？

「美人時計」をご存知であろうか。時刻の書かれたプレートを持った女性が分単位で入れ替わり、ホームページに登場する時刻表示サイトである。美人時計はリリース当初から話題になり、今やこれに似た「○○時計」が多数登場している。この美人時計にヒントを得たのが、「FD時計」である。

FD時計では、美人時計と同様に、プレートを持った学生が入れ替わり登場する。しかし、プレートに書いてあるのは時刻ではなく、授業や大学に対する意見・要望その他、学生が教員に伝えたいメッセージである。ここで重要なことは、リアルな学生が登場する点。教員の立場からいうと、自由記述式の授業評価アンケートで学生の意見をもらっても、今ひとつピンと来ないのである。文字情報というのは、最低限の情報しかもっていないからではないだろうか？　それに対して、リアルな学生が登場するFD時計は文字情報だけからでは伺い知れない付加情報がある。この学生がこういう意見をもっている、というリアリティーが教員に伝わるのである。学生の顔が見えず、誰がこのようにいっているのかも想像する他はない授業評価アンケートの結果（文字情報）だけよりも、FD時計のように「学生の顔」が見える方が、教員も真摯に受け止められるのではないだろうか？　また、文字情報だけでは少しきつく聞こえる意見や要望も、学生の表情によって和らげることもできるのではないだろうか？　学生と教員の双方が、授業評価アンケートという「媒体」を介すのではなく、直接やり取りした方が真意も伝わるのではないだろうか？　FD時計は純粋な「時計」ではないが、時を意識させる・気づかせるのが時計の役割と考えれば、FDを意識させる・気づかせるFD時計もある種の「時計」といって良いであろう。

このようなFD時計は岡山サミットにおける肩の凝らないリフレッシュ企画としての意味もあった。前述したように、岡山サミットには、大学設置基準に関する「FD力診断テスト」やそれをもとにした「白熱タイム」がある。そうした企画はこれまでの学生FDサミットにはまったくなかったものであり、堅苦しさを感じる参加者もいると考えられる。特に、初めて学生FDサミットに参加した学生には、かなり高いハードルに思われる可能性がある。それゆえ、少し「ゆるい」と感じられるFD時計を導入することで、岡山サミット自体の雰囲気を和らげ、参加者の緊張感をほぐすことを狙った。我々の目標は敷居を上げて、賛同者を減らすことではない。

以上のようにリフレッシュ企画という側面があったため、FD時計の制作は懇親会時に行うこととした。当初は、FD時計の撮影ブースを常設し、常時希望者を撮影する方式を検討していたが、時間的な余裕がないこともあり、懇親会時に撮影班がデジカメとプレート（A三版のホワイトボード）をもって、「突撃インタビュー」形式で書いてもらうこととした。それゆえ、懇親会に不参加の方には、FD時計の制作に関わる機会がなかったが、懇親会時ということもあり、多くの参加者が我々のリクエストに応じて、FD時計の制作に協力してくれた。

FD時計は始めからWebで公開する予定であった。予めパワーポイントにテンプレートを作っておき、一枚のスライドに一枚の画像を貼る方式で制作し、それを動画に変換することで、FD時計を作るというシンプルなものであった。

三　FDタイムカプセル：行動を後押しするとともに検証するツール

岡山サミットにおける新機軸の一つは「FDタイムカプセル」であった。それは自らの行動を振り返り、検証するためのツールとして我々が編み出したユニークなものである。そのようなFDタイムカプセルは岡山サミットの基本コンセプトと密接に関係している。

岡山サミットは「話を聞き」「考え」「議論し」「行動し」「検証する」までを参加者に求めるフォーラムである。FDに限らず、ほとんどのフォーラムやシンポジウムは「話を聞く」だけで終わるケースが圧倒的に多い。もちろん、「話を聞き」「考える」人もなかにはいるであろう。しかし、「議論する」ところまで行くケースは稀であり、その先の「行動し」「検証する」まで行くケースは皆無といっても過言ではない。各種のフォーラムやシンポジウムの主催者も行動の「きっかけ」になることを狙ってはいるものの、「きっかけ作り」までが限界だと考えているのではないだろうか？　我々はこれを何とか乗り越えたかった。正直なところ、「きっかけ作り」はもう十分であり、岡山サミットは「きっかけ作りに終わらせない」フォーラムにしたかったのである。

そこで我々は、「岡山白熱教室」で「学生ＦＤとして何をすべきか？　何ができるか？」を考え、議論し、それを踏まえて二日目のグループ議論で考えを深め、実際に行動する計画を参加者に立案してもらうことにした。そして、厄介な「行動し」「検証する」の部分は「タイムカプセル」を媒体とした自己の振り返り（リフレクション）によって実現できると考えた。具体的には、学生ＦＤ活動の行動計画とその予想達成率、さらに自分や所属団体へのメッセージを封筒（タイムカプセル）に収めて封をし、提出してもらうことにしたのである。

ところで、ＦＤタイムカプセルは誰が記載するのか？　学生ＦＤサミットへの参加は二通りある。個人参加とグループ参加である。個人参加の場合、個人が個人の行動計画を書くほかはないが、グループ参加の場合はどうしたものか？　これについては、我々の中でも意見が分かれた。グループでグループの行動計画を書くパターンとグループとは関係なく、あくまでも個人が個人の行動計画を書くパターンの二通りである。もちろん、グループ参加の場合であれば、グループの行動計画を書く方が自然に思われるが、それはいうほど簡単ではない。まず、参加者が行動計画を立案できる立場にあるかどうかが問題になる。参加者がその大学の組織をマネジメントする権限を有するかどうかは我々の与り知らないところである。また、学生ＦＤサミット参加時のグループとは、同じ大学で同じ組織に所属する人々の集合である。過去の学生ＦＤサミットでもみられたが、同じ大学の別組織は別グループとして扱われる。この問題については、グループ参加の場合はグループの行動計画を立案してもらい、個人参加の方は個人の行動計画を立案してもらうことで、最終的な決着を付けた。これが妥当な解ではあるが、グループの人数に差がでるため、部屋割などで工夫をしなければならなくなり、運営側の負担は増えることになった。

しかし、これですべてが解決されたわけではない。我々が預かった「ＦＤタイムカプセル」は、いつ誰が開封するのか？　そもそも誰が保管し、どうやって返却するのか、という問題があった。ただ、この点について我々は楽観的であった。学生ＦＤサミットはリピート率が非常に高いフォーラムだからである。つまり、岡山サミット以降の開催校にＦＤタイムカプセルを引き継ぎ、サミットで受け取れば良いと考えた。しかし、期間は制限しなければならない。これについては、我々の中でも議論になったが、最終的には、岡山サミットの次の学生ＦＤサミットとすることにした。つまり、半年後にＦＤタイムカプセルを開封し、自らの行動を振り返ってもらうことになった。

学生ＦＤのように学生の意識改革を含む活動に関する行動計画は、短期的なものだけでなく、長期的な展望も必要である。しかし、それをサミットのような場で立案することはかなり困難であるといわざるを得ない。さまざまな参加者、大学の諸事情があるからであり、学生ＦＤサミット参加者のリピート率が高いとはいえ、その状況が今後も続くとは限らない。以上から、一年以内の短期的な行動計画を主に記載してもらうこととした。

学生ＦＤサミットは、学生ＦＤに関心を寄せる学生と教職員の参加を得て、急速に成長している。我々は学生ＦＤサミットが成長するだけでなく、参加者が何度も参加することで、自己の成長を実感できる、成長する学生ＦＤサミットとともに参加者も成長する、そうあって欲しいと考えていた。ＦＤタイムカプセルは、学生ＦＤサミットをただ参加するだけのフォーラムでは終わらせない重要なツールであると我々は今でも思っている。

四　岡大しゃべり場

「しゃべり場」とは、少人数のグループに分かれ、学生と教職員が突っ込んだ深い議論をする場である。このような「しゃべり場」は我々のi*Seeにおいて、第一回目から一貫して行われているものであり、学生ＦＤサミットでも恒例の企画になっている。岡山サミットにおいても、当初からしゃべり場を行う予定であり、「岡山白熱教室」の内容もしゃべり場での議論を意識して構成したものであった。しかし、岡大しゃべり場の構成にあたり、我々には岡山サミットの基本コンセプト以外にも強く意識していたことがある。それは大学単位での議論と学生の「世代交代」であった。

①しゃべり場のテーマ：大学に貢献する学生FD

繰り返しになるが、岡山サミットでは、学生FD活動を実際に行うところまで参加者を導くことを目指した。となれば、実際に、何をどのように行うのか、考えなければならない。さらに、それはいうまでもなく「FD」でなければならない。この伏線として、「岡山白熱教室」では「FD」についての知識を確認し、参加者全員で議論するのである。「学生FD」は「学生とともに進めるFD」であり、最終的には大学を良くする取組でなければならず、決して「自己目的化」してはならない。それゆえ「大学に貢献する学生FD」というテーマは必然の結果ともいえるテーマであった。

しかし、このテーマで議論することはそれほど簡単ではない。一口に「大学に貢献する」といっても、何をもって「貢献する」と捉えるかは人によって差があるからである。また、学生FDに取り組んでいない大学からの参加者やそもそも学生FDをよく知らない初めての参加者も想定しなければならない。もちろん、すべての参加者のニーズを完全に満たすことはできないが、「実践」に拘るあまり、学生FDの普及を妨げるようでも困る。これには、かなり頭を悩ませた。

②二つの軸：自大学への貢献度と正課活動への影響

しゃべり場において注意すべきことは、最初の議論のきっかけである。実際、自己紹介から先に議論がなかなか進まないという状況も散見される。そこで、岡大しゃべり場では、まず参加者が行っている学生FD活動について紹介することから始めることにした。学生FD活動に取り組んでいない場合は、今後どのような活動に取り組みたいかを述べてもらうこととした。

次に、そうした学生FD活動の位置づけを明確にしてもらう。そのために、我々は二つの軸を設定した。「自大学への貢献度」と「正課活動への影響」という軸である。前者は当該活動が自大学の教育改善に貢献している度合いを内省による自己評価で表した指標であり、後者は当該活動が授業などの正課活動に及ぼした影響を考える指標である。しかし、このように口頭や文章で説明されても、いまひとつピンと来ない人が多いと予想していた。そこで、我々が取り組んでいる学生FD活動を具体的な例として挙げ、それを二次元の図に落とし込んだ資料を作成した（下図）。

例えば、我々が学生FD活動の一環として行っている学生発案型授業の創作は、正課活動への影響が極めて大きいものである反面、岡山大学の教育改善という視点から観た場合、その貢献度は高くも低くもなく、その位置づけは下図のようになる。なお、この貢献度については、あくまでも主観にもとづくものとする。

学生FD活動の位置づけを明確にした後は、それらの活動が自大学の教育改善に貢献する度合いを高める方策を考える。つまり、下図における当該活動の位置を、なるべく右に移動させるための工夫や方法をグループで議論する。例えば、学生発案型授業の場合ならば、多くの履修者を受け入れ可能にする、履修を必修化する、といった方策により、多くの学生の意識改革に貢献できるようになるかもしれない。

③二段階のしゃべり場とそのゴール　岡大しゃべり場の構成は二段階とした。第一段階はランダムに割り当てられたグループでの議論、第二段階は参加団体単位の議論である。このようなしゃべり場はこれまで在りそうでなかったものである。これもグループによる参加が多い学生FDサミ

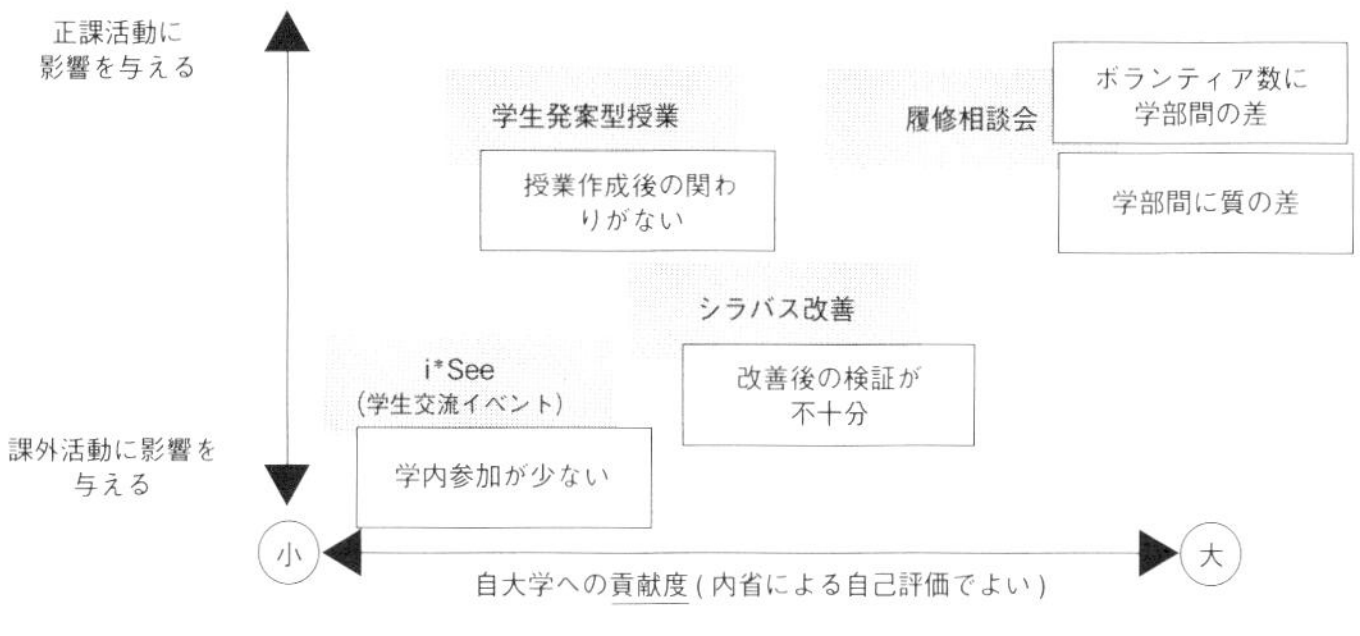

学生FD活動の2つの軸

ットでこそ実現できたことであり、かつ二段階のしゃべり場は、前節のＦＤタイムカプセルを作成する上で必要不可欠であった。

多くのＦＤ関連フォーラムは、一様に「このフォーラムで得たことを持ち帰り、各自の大学で活かして下さい」という司会者の言葉で締めくくられる。しかし、一体どれだけのフォーラム参加者がそれを実践しているだろうか？　実践できるだろうか？　サミットにグループで参加しているのであれば、サミット中にグループで議論してしまえば良いのではないか、という極めてシンプルな発想にもとづいた結果が二段階のしゃべり場構想であった。

そして、各段階には、それぞれ別個のゴールを設定した。第一段階のしゃべり場は、大学混成グループによる多様な視点で議論することを目指し、それを踏まえて、第二段階のしゃべり場は、同じ大学のグループで各大学固有の問題に対する現実的なアプローチ（行動計画案）を模索することを目指す。そして、この第二段階のしゃべり場において、ＦＤタイムカプセルを作成する。

しかし、このようなしゃべり場の構成では、個人参加者の扱いが問題となる。結論からいえば、個人参加者には、第一段階のしゃべり場と同様にランダムに割り当てられたグループで議論し、個人でＦＤタイムカプセルを作成してもらうことにした。ただ、第一段階のしゃべり場とは、極力メンバーが重ならないグループ編成とし、同一大学でも所属組織が異なる参加者の場合、事前に当事者に希望を聞き、その希望を尊重したグループ編成とした。

④世代交代を意識したファシリテータ　しゃべり場の円滑な実施には、「ファシリテータ」が必要不可欠である。ファシリテータには、いうまでもなく議論をうまく導き、盛り上げる力量が求められるため、その人選には注意を要する。我々のi*Seeでは、しゃべり場の全グループに改善委員会の学生委員を配置し、グループ議論が円滑に進むように気を配っている。しかし、学生ＦＤサミットのようなi*Seeの四倍規模にもなる大きなフォーラムでは、しゃべり場のグループ数が六〇にも及び、とても我々のスタッフだけでは賄いきれない。それゆえ、必然的に学外の学生にファシリテータを依頼することになる。しかし、ここでも我々は通常とは違う方針でファ

シリテータの人選を行った。

我々がしゃべり場のファシリテータを選定するにあたり、強く意識したのは、学生の世代交代であった。とりわけ、実行委員長である高橋はこの点に強い拘りを見せた。それは自身が四年生で卒業を目前に控えていたためである。ファシリテータとしてもっとも適切なのは、高橋のような過去の学生FDサミットに参加したことのある三、四年生であろう。しかし、今後各大学の学生FDを担っていくのは、いうまでもなく一、二年生である。

以上から、しゃべり場のファシリテータはあえて一、二年生を主に選定することにした。ただ、世代交代を意識して、下級生に経験を積ませることを重視した結果、しゃべり場の議論が停滞したという状況になっては本末転倒である。それゆえ、以下の善後策を講じた。

●経験豊富な三、四年生の学生をサブファシリテータとして各グループに配置する
●一日目にファシリテータ用の説明会を開催する

我々としても、当日のリスクは極力回避したい。如何に世代交代を意識し、一、二年生をファシリテータにするという基本路線を採るにしても、問題が起きた時の対応も考えておかなければならない。それゆえ、経験豊富な三、四年生のサポートはどうしても必要であった。学生FDサミットは学生のリピート率が高いフォーラムであるため、これを実現することもそれほど困難ではなかった。

また、ファシリテータ用の説明会も開催することとした。ファシリテータの選定にあたり、我々はメールで事前に本人の了解を取り、資料も送った。しかし、ファシリテータの多くが一、二年生であることを考慮し、一日目の最後、懇親会前の三〇分間をファシリテータ用の説明会とした。事前にメールで送った資料を読んでいないことも想定し、三〇分間の時間を取った。このようなリスク管理は学生FDサミットのような大きなフォーラム

を主催する上で重要なことである。

五　懇親会：会場をどうするか？　五〇周年記念館を飲食可能にする

我々のi*Seeや学生ＦＤサミットのようなＦＤフォーラムにおいて、懇親会が果たす役割は決して小さなものではない。学生同士、あるいは教職員同士、さらには、学生と教職員が本音で語り合える場として、懇親会はとても有意義なものである。学生ＦＤサミットでは懇親会の出席率も高い。

懇親会において問題になるのは、参加費とそれに見合う料理内容、そして会場である。参加者の大半が学生であることから、質より量を重視し、参加費も極力抑える必要があるため、必然的に料理が決まってしまうのもやむを得ないことである。それよりも岡山サミットの懇親会において切実な問題だったのが、懇親会の会場であった。

我々のi*Seeでは、懇親会の参加者が例年五〇～六〇名程度であるため、岡山大学の学食を利用している。しかし、学生ＦＤサミットの懇親会では、二五〇～三〇〇名くらいの参加者を想定する必要がある。岡山大学の構内にそれだけの人数を収容できる食堂はない。岡山大学から徒歩一〇分以内にビジネスホテルがあり、以前にも某学会の懇親会で利用したことがあった。しかし、今回は金額面でとても折り合いがつかない。学生ＦＤサミットの懇親会は、これまで一貫して学生一〇〇〇円、教職員二〇〇〇円だったからである。

いろいろ考えあぐねた結果、我々はメイン会場である五〇周年記念館で懇親会を開催することにした。五〇周年記念館は基本的に飲食が禁止されている。だが、実際には、業者による館内清掃を事後に行うことを条件として、飲食も可能になることがわかったのである。最終的には、五〇周年記念館の二階大会議室の間仕切りを取り払い、懇親会のメイン会場としただけでなく、一階の交流サロンも会場の一部とした。同じフロアだけで開催することが望ましいのはわかっていたが、残念ながら、人数の関係でこうせざるを得なかった。

懇親会の会場を五〇周年記念館とすることで得られた利点は少なくなかった。移動する必要がなかったことは参加者にとってもメリットであるし、何よりファシリテータ説明会の時間をとることができ、説明会終了後、直ちに懇親会を全員で始めることができた。懇親会の会場が同じ建物内にあったことは過去の学生FDサミットでも例がなく、岡山サミットならではのことであった。

■ティップス③

【学生の顔が見えるFD】 ※FD時計

授業評価アンケートには、授業の改善という役割があり、それはある程度機能していると思える（思いたい）が、無機的なアンケートの集計結果（数値）が教員の心を強く揺さぶるとは考えにくい。改善委員会では、月に一度の全体会、そして週に一度のワーキンググループ活動で学生と教職員が顔を合わせる。顔が見えない活動では、信頼関係が生まれない。時間的な制約があるのは仕方がないが、学生の顔が見えるFD活動を心掛けたいものである。

【しゃべり場のゴール設定】 ※具体的かつ明確なゴール

多くの学生FD関連フォーラムでは、しゃべり場のような議論の場がある。しゃべり場を開催するにあたって、そのゴールから考えていくことも一法である。つまり、はじめにしゃべり場のゴールを設定してしまうのである。その際、なるべく具体的かつ明確なゴールにすることがしゃべり場の成否を分けるといっても過言ではない。もちろん、テーマによっては、具体的かつ明確なゴールを定めることが難しい場合もありうる。その場合でも、しゃべり場が終わった時の「成果物」が何であるか、をしっかりと決めておかなければならない。要は、しゃべりっぱなしで終わらせないことが重要である。

【ファシリテータの選定方針】

しゃべり場のような議論の場において、「ファシリテータ」は絶対に必要である。そのようなファシリテータの選定においては、十分な注意を要する。議論をうまく導ける人が適任であることはいうまでもないが、特定の人間に極度に依存することのないようにしたいものである。我々のi*Seeでは、学生スタッフの人数的な問題もさることながら、次の世代の育成を頭に入れて、ファシリテータの選定を行うようにしている。

●コーヒーブレイク

【学生FD実践の「三ない」ポイント】

筆者は岡山大学に転任してから八年に渡り、「現場」で学生FDに関与してきた。その経験から、学生FDの実践には、以下の「三ない」ポイントがあるように思う。

【「教職員不在」にしない】

学生FD活動では、「学生」や「学生の主体性」にこだわり過ぎて、「教職員不在」になってしまう場合がある。しかし、「学生FD」は「学生とともに進めるFD」であり、必要なのは学生スタッフだけではない。実効性のある学生FD活動の展開には、教職員の存在が不可欠であり、いかに教職員を引き込むかが、一つの鍵であるといっても過言ではない。教職員を巻き込むには、既存のFD委員会などとの連携を模索するのが早道であろう。また、こだわるべきは、学生FD活動の「質」である。学生FD活動の質が低いと、教職員からの賛同が得られにくくなるからである。

【「自己目的化」しない】

学生FD活動の一環として、イベントやフォーラムがよく行われるが、それらの開催をもって満足してしまうケースがみられる。学生FDの目的は大学の教育を良くすることである。目的と手段を混同しないように注意する必要があろう。また、イベントやフォーラムの目的を明確化し、事後の振り返りを行うことも重要である。大きすぎる目標や抽象的なテーマの設定もなるべく避ける方が無難であろう。

【「FD症候群」にならない】

「FD症候群」とは筆者の造語であり、悪い点ばかりを見る症状を意味する。学生FDの目的が大学を良くすることであっても、改善点ばかりを探し求めるのは、あまり建設的ではない。むしろ良い事例を見出し、それを広めることを検討してはどうであろうか。例えば、ベストレクチャーやベストティーチャーなどを選定し、良い事例として公表すれば、教員の刺激にもなり、授業改善に良い効果が期待できる。

第三章　実録「岡山サミット」

本章では、岡山サミットにおける以下の企画に焦点を当て、写真を交えて当日の状況を読者にお伝えしたい。

> 木野教授によるミニトーク「学生ＦＤとは？」／初参加大学の活動紹介／岡山白熱教室：ＦＤ力診断テスト、白熱タイム／ＦＤ時計／岡大しゃべり場①②／エンディング：ＦＤタイムカプセルの発表、ＦＤマスター認定、木野教授の講評

一　木野教授によるミニトーク

木野教授によるミニトーク「学生ＦＤとは？」は学生ＦＤサミット恒例の企画であり、学生ＦＤとは何かをサミット創設者の木野教授より学生との対話を通して説明されるものである。岡山サミットのミニトークで木野教授との対話に臨んだのは、環境理工学部一年（当時）の藤原敬であった。藤原は以前、i*See のグループ議論で木野教授と話したことがあり、彼自身が手を挙げたこともあって、ミニトークに登壇することとなった。

しかし、結論からいうと、このミニトークは「対話」になっていなかった。藤原がほとんど言葉を発することもなく、一方的に聞き役になってしまったからである。これは我々のミスであった。ミニトークのリハーサルをほとんど

やらなかったのである。春休み中だったこともあって、藤原の都合がつかなかったためであるが、我々も少し楽観視していたことは否定できない。彼の大丈夫という根拠のない自信をこれまた根拠もなく受け止めた我々に責任があったと反省している。

　ミニトークは参加者に「学生ＦＤ」の理解を促し、共通認識をもたせる上で、地味ではあるが、とても重要な部分を担っている。しかし、サミットの常連参加者にとっては、それほど目新しい内容とはいえない。ただ、半年に一度、「学生ＦＤとは何か？」という初心に立ち返ることも必要であり、意義のあることであろう。木野教授の相手役は学生目線から、木野教授に質問をぶつけることができる学生が望ましい。そのためには、少し経験のある上級生を選ぶべきであった。

　三〇〇名を超える観衆が見守るステージへの登壇は、大きなプレッシャーがあり、あがってしまうのも無理のないことである。事前に十分なリハーサルが必要なことはいうまでもない。

木野教授のミニトーク

二　初参加大学の活動紹介：インタビュー形式の採用

　初参加大学の活動紹介は、読んで字のごとく、学生ＦＤサミットに初めて参加する大学の代表者に活動を紹介してもらう企画であり、これもほぼ恒例の企画といってよい。当初は初参加の大学だけでなく、全大学に活動紹介をしてもらっていたが、時間的な問題もあるため、最近では「初参加の大学」に限って、活動紹介をしてもらうようになっている。

このような初参加大学の活動紹介であるが、岡山サミットでは、「インタビュー形式」を採用した。具体的には、我々の学生スタッフが初参加大学の代表者に質問をし、それに答えてもらう形式とした。これにより、活動のポイントを明確かつ簡潔に紹介してもらうことが可能になる。なお、このインタビューについては、初めてグループで参加する大学の代表者にメールで質問内容を事前に送り打診した。その結果、以下の大学にインタビューすることとなった。

京都産業大学／中京大学／神戸学院大学／関西大学／神奈川大学／日本女子大学

簡潔にまとめると、京都産業大学が学生同士の学びを支援する活動を、関西大学が学生発案型授業を、それぞれ行っているようである。その他の大学は、現在のところ学生FD活動を行っているわけではないが、今後の活動を検討したいということであった。

初参加大学の活動紹介

三　岡山白熱教室

岡山サミットの目玉企画ともいうべき「岡山白熱教室」は、五〇周年記念館のステージを仮想的な「教室」と見立てて、実行委員長の高橋和を司会兼「教員役」とし、合計一六名の学生に「学生役」で登壇してもらい、活発なやり取りを行った。フロアの参加者もステージ上の「学生役」と本質的な違いはなく、フロアからの意見も随時、高橋が取り上げた。「白熱タイム」では、隣同士のペアワークも行い、参加者全員を巻き込んだ熱い議論が展開された。

岡山白熱教室は大学の講義二コマ分に及ぶ企画だったため、前半と後半に分け、登壇する学生も前半と後半で交代するようにした。長時間の登壇は疲労を伴うものであり、かつ会場全体の雰囲気をリフレッシュするにも学生の交代は効果があった。登壇してもらった学生は以下の通りである。

【前半】大阪大学一年：若林魁斗／愛知教育大学一年：千田成美／立命館大学一年：加藤雄一郎／追手門学院大学二年：清水菜未／京都産業大学二年：乙倉孝臣／徳島大学二年：牧迫雄也／日本大学三年：今宮加奈未／北海道医療大学三年：上山智美

【後半】立命館大学三年：伝保香織／愛知教育大学四年：千田沙織／京都文教大学四年：多島愛理／追手門学院大学四年：播本奈々／徳島大学四年：浦邊研太郎／熊本学園大学四年：嶋田祐也／三重中京大学四年：東　典史／東洋大学四年：曽根健吾

上記からわかる通り、前半は下級生を中心に、後半は上級生を中心に、それぞれ登壇者を構成している。これも「世代交代」を意識した意図的な構成であった。後半の登壇者は各大学の学生FDを支えてきた学生FD界では、「知る人ぞ知る」猛者の学生ばかりである。この人選は高橋に一任した。登壇者には、事前に「壇上でちょっとしたクイズに答えてもらう」くらいしかあえて伝えず、岡山白熱教室開始三〇分ほど前まで、企画内容も一切伝えなかった。

かくして、岡山白熱教室の幕が上がった。以下、「FD力診断テスト」の解答と「白熱タイム」のトピックごとに当日の状況を追うことにする。なお、「FD力診断テスト」の解答は自力で行うことを前提に、隣との相談や携帯電話でのネット検索も不可とした。

◉【FD力診断テスト】第一問：FDを規定する法令について

正解は「大学設置基準」であるが、これについては、登壇者全員に予め正解を知らせておいた。つまり、完全な「ヤラセ」であるが、これは登壇者の緊張

岡山白熱教室

をほぐすための措置であった。これで、フロアからの「笑い」も取れたが、正解者がどのくらいの割合だったのかは不明である。

一　前半

①**【FD力診断テスト】第二問：学長の規定について**　正解は「学長」であるが、「大学教授」とした登壇者もいた。登壇者の千田氏は正解であったが、おそらく「大学教授」とした参加者も少なくないであろう。しかし、これはあくまでも導入である。この問題をもとに、「あなたの大学の学長は人格に優れていますか？」という質問を参加者全員に尋ねたところ、赤カード（その通り）を挙げた参加者が青カード（違う）を挙げた参加者よりも多かった。この結果には、筆者を含めてホッとした参加者が多かったのではないだろうか。以上を導入として、最初の「白熱タイム」に入った。

②**【白熱タイム】トピック①：学長にふさわしい人・有名人で学長になって欲しい人**　ステージとフロアの区別なく、このトピックで五分間のペアワークを行った。つまり、隣同士でペアを作り、このトピックについて、どう考えるかを議論してもらった。このペアワークで挙がった人物とその理由は以下の通りであった。

> 明石家さんま：大学に行きたいと思えるシステムを作ってくれそう／孫正義：大企業の社長だし、頭に輝きがある？／野村克也：人を育成するプロだから／さかなくん：おもしろいから

前節でも述べたが、これは議論を盛り上げるためのウォーミングアップに用意したものである。

③**【FD力診断テスト】第三問：教授になれない人について**　この問題の解答は参加者に「拍手」してもらう形式とした。つまり、拍手の音が大きければ、それを選んだ人が多いということになる。六番（専攻分野の優れ

た知識及び経験のない人）と八番（一～六すべてに該当しない人）を選んだ参加者が多かったようであるが、これは「ひっかけ問題」であった。大学設置基準には、「教授となることのできる者（第十四条）」の規定しかなく、それを逆に問うものにしてあった。これに見事にひっかかった参加者が多かったようである。大学設置基準・第十四条を改めて見ると、いろいろなタイプの人材を教授として迎えることができるようになっており、大学の教授に多様な人材を確保したいという意図がみえる。

④【FD力診断テスト】第四問：授業をまったくしない教員は法令上認められるか？　本問は、赤と青のカードを挙げることで、解答を提示してもらったが、赤カード（認められる）を選んだ者が会場の七割程度を占めた。正解も、「認められる」である。さまざまなタイプの教員が存在しうることは第三問（教授になれない人）からもわかるが、参加者の多くも「教育」だけを重視していたわけではなかったようである。

⑤【白熱タイム】トピック②：授業をしない教員はOK？　「FD力診断テスト」第四問（授業をしない教員）の正解（授業をしない教員も認められる）を受けて、その是非を議論した。議論に先立ち、赤と青のカードで、最初に各自の立ち位置を示してもらったが、赤カード（OK）の提示が参加者の八割を占め、青カード（NG）の参加者を圧倒した。先の問題において、赤カード（授業をまったくしない教員もOK）を挙げた者が会場の七割を占めたことから考えれば、これは妥当な結果ではあるが、筆者には、少々意外に思えた。

本トピックでは、ステージとフロアの双方で活発な議論が展開された。赤カード派は、「授業をする代わりに研究成果をあげればよし」という考え方が根底にあるように思えた。一方、青カード派は、「「教員」は「教える人」であり、かつ研究と教育は「両輪」であって、どちらか一つだけでは片手落ちである」と考えているようだった。それに対し、「授業だけが「教育」ではなく、研究指導も教育ではないのか？」という赤カード派の切り返しもあった。当の教員の中には、「授業をすることで、研究の質が高まる」という意見もあった。司会の高橋からは、赤カード派に向けて、「研究しかしない教員だらけになったらどうするのか？」というツッコミも出て、会場は大いに盛り上がった。読者はどのように考えられるだろうか？

⑥【白熱タイム】トピック③：大学教員に免許制度は必要？　「FD力診断テスト」第三問（教授になれない人）・第四問（授業をしない教員）、さらに、トピック②（授業をしない教員の是非）の議論を踏まえて、大学の教員に対する免許制度の是非を議論した。トピック②（授業をしない教員の是非）において、赤カード派（是認する）が多かったことからも予想できる通り、免許制度は「不要」と考えている参加者が多かった。とりわけ、多くの学生が「不要」と考えていることに注意すべきであろう。

「不要派」の意見は、「大学の高校化」が危惧される、「教員の個性がなくなりはしないか？」、「免許さえ取れば良いという風潮になることを懸念する」といったものであった。これに対し、「必要派」は、「「免許＝高校化」には、論理の飛躍がある」、「免許は最低ラインを保証するものであり、免許を取ったからといって、誰もが大学教員になれるわけではない」といった主張を展開した。こうした議論を通じて、「必要なのは、一度限りの「免許」ではなく、大学教員になってからの継続的な研修である」、「先輩教員によるピアレビュー的な指導を実施する」といった建設的な意見も出された。

⑦【FD力診断テスト】第五問：一単位の授業時間について　単位の規定における授業時間を確認し、白熱タイムのトピック④（出席点の是非）につなげるための設問であった。数値の穴埋め問題であり、時間の都合もあって、解答後、正解を示すだけに留めたため、正解者の割合は不明であった。

⑧【FD力診断テスト】第六問：授業時間外学修について　前出の第五問とほぼ対になる設問であり、単位の規定における授業時間外学修の時間を確認し、やはり白熱タイムのトピック④（出席点の是非）につなげる設問であった。これについては、司会の高橋がステージ上の学生にどのような解答をしたか、問いかけている。少ないもので二時間、多いもので九〇時間といった答えが返ってきた。いわゆる日本の大学生の平均学習時間と誤解した参加者もいたようである。本問も正解者の割合は不明であった。

⑨【白熱タイム】トピック④：出席点はOK？（前半最後）　このトピックは、大学設置基準における単位の規定に授業時間（前出の第五問で確認）および授業時間外学修の時間（前出の第六問で確認）が明示されていることから、出席点の是非を考えてもらうことを意図したが、大学設置基準における単位の規定の解釈を巡り、議論にもなった。

出席点の「賛成派」と「反対派」は、ほぼ半々であり、議論は賛否両論が入り乱れた。「出席点がなければ授業に出て来ないというのは問題ではないか？」（反対派）、「出席点がなくても出たくなるような授業になっているのか？」（賛成派）、「そもそも授業に出なくても自分で学習すれば良いのでは？」（反対派）、「教科書を読んでもわからないから授業があるのでは？」（賛成派）、「出席点目当てでやってくる学生は授業の邪魔」（反対派）、「出席点はやる気のない学生のモチベーションを上げる」（賛成派）。また「出席点は教員の愛」という珍説（？）も飛び出した。読者はどのように考えられるだろうか？

二　後　半

①【FD力診断テスト】第七問：CAP制の緩和は法令的に可能か？　CAP制（履修科目の上限制）の是非を問うために、前振りとして用意した二者択一問題であり、「可能派」が「不可能派」を上回る結果となった。

②【白熱タイム】トピック⑤：上限制に賛成？　「単位の実質化」という観点から、現在では多くの大学においてCAP制が導入されている。しかし、CAP制については、学生からだけでなく、教員からも不満が聞こえる。実際のところは、どうなのであろうか？　会場では、「反対派」が「賛成派」を若干上回った。

本トピックでも活発な議論が展開された。賛成派の意見としては、「消化不良になる」、「授業を受ける態度も悪くなる」、「大量に履修して大量に放棄するのは問題」、「上限の数値を上下させれば問題は解決できる」などが挙げられた。「上限制は学生の学ぶ意欲を削ぐのではないか？」という反対派の意見にも、「興味のある部分だけを聴講すれば良い」という妥協案を提示した。

一方、反対派の主張は、「とりたい授業がたくさんある」、「無断聴講（モグリ）は教員から嫌われるのではないか？」、「学びたいという学生の姿勢を尊重して欲しい」、「不可になるのは自己責任でも構わない」、「前期にたくさん履修すると、後期は授業が少なくなってしまう」などであった。

また、「上限制が撤廃された上で宿題がたくさん出されるようになった場合、対応できるか？」といった問題や、上限制は良いとして、「上限制に見合った宿題が出されているか？」、「教員は上限制を意識して授業を構成しているのか？」という疑問も提示された。

③【白熱タイム】トピック⑥：すべての授業で宿題を出すべきか？

前節で述べたとおり、ここでは「主体的な学びと宿題の関係」を議論する予定であった。しかし、我々のミスにより、「すべての授業で宿題を出すべきか」という問い掛けになってしまったが、前出のトピック⑤において、「教員は上限制を意識して授業を構成しているのか？」という疑問が出てきたこともあり、はからずも連続性のある議論になった。

上限制への反対が多かったことから推測できるとおり、賛成派（宿題を出すべき）よりも反対派（宿題を出すべきではない）が多かった。賛成派の意見としては、「そもそも大学生の学習時間が少なすぎる」、「宿題には教員のさまざまな意図がある」、「宿題は教員の愛情！」などが挙げられた。一方、反対派の意見としては、「学生が主体的に学ぶような授業内容にすれば良い」、「授業内容も個々の教員によって異なるため、すべての授業で一律に宿題を出すのはおかしい」、などが挙げられた。「宿題がないとどう勉強すれば良いかわからない学生もいるのでは？」という賛成派の問い掛けについては、「オフィスアワーやピアサポートの活用で十分」という意見があった。また、「宿題を出すかどうかは、教員が判断すべきことである」、「宿題は強制でなくて良い」、などの意見もあった。

本トピックにおいて、賛成派よりも反対派が多かったのは、上限制に反対する参加者が多かったからであろう。

これは論理的に筋が通る話である。しかし、単位の実質化という側面をどのように担保するのか？　大学生の学力の低下、日本の大学の教育力が問題視される昨今、これについての深い議論と対応が必要であろう。読者はどのように考えられるだろうか？

④【ＦＤ力診断テスト】第八問：ＦＤの規定　「ＦＤ力診断テスト」の最後を飾る問題は、ＦＤの規定に関する語句の穴埋めであり、これによって、各人がＦＤをどのように捉えているかを知ることができる。以下、問題と正解を再掲する。

【第八問】（一）（二）（三）に当てはまる語句を答えよ。
大学は、当該大学の授業の（一）及び（二）の改善を図るための（三）な研修及び研究を実施するものとする。

【正　解】（一）内容（二）方法（三）組織的

※【大学設置基準・第二十五条の三】：大学は、当該大学の授業の内容及び方法の改善を図るための組織的な研修及び研究を実施するものとする。

八人の登壇者の解答がとても興味深いので以下に掲載する。なお、登壇者名については、プライバシーを考慮して、匿名とさせて頂きたい。

・登壇者A：(一) 講義内容 (二) 学生の受講態度 (三) 積極的
・登壇者B：(一) 内容 (二) 方法 (三) 組織的
・登壇者C：(一) 主体的 (二) 教育 (三) アメージング
・登壇者D：(一) 単位の実質化 (二) 男女比率 (三) 恒常的
・登壇者E：(一) 内容 (二) 方法 (三) 漸進的
・登壇者F：(一) 教育 (二) 内容 (三) 愛のある研修
・登壇者G：(一) 内容 (二) 評価 (三) 学問的
・登壇者H：(一) 内容 (二) カリキュラム (三) 実践的

登壇者Bの学生はパーフェクトな解答であった。多少ウケを狙った解答も見受けられるが、それも味なものである。特に、登壇者Dは理系学部の学生ゆえの発想で、女子学生の数が少ないことへの不満をうまく解答に乗せており、遊び心のある粋な解答であろう。残念ながら、フロアの参加者に解答を尋ねる時間的な余裕はなかった。読者はどのように答えるであろうか？

本問に対する各人の解答はさておき、このようなFDの規定をどう捉えるべきであろうか？　教条主義に陥る必要はないとはいえ、大学設置基準において、このようにFDが規定されている以上、それを無視するわけにもいかないであろう。特に、FDを「教員個人」の「努力目標」といまだに考えているようなケースに遭遇することがあるが、それは二重に誤っている。

以上、「FD力診断テスト」全八問の正解者は三〇九名の参加者のうち一名のみであった。正答数を挙手してもらったが、目算では、三～四問程度正解した参加者が多かったようである。

⑤【白熱タイム】トピック⑦：学生FDは必要か？

「FD力診断テスト」の最終問により、大学設置基準におけるFDの規定を確認した。そこには「学生」の文字が入っていない。それゆえに、FDは教員がすべきものであり、学生がすべきものではないと考えるFD関係者も少なくない。では、学生FDは不要なのであろうか？　この点を学生FDの当事者に是非とも聞いてみたいところである。会場の参加者に赤・青カードを使って問いかけてみたところ、予想通りの結果となった。「必要である」としたものが、そうでないものを圧倒していた。しかし、問題は「なぜそう思うのか？」である。

学生FD必要派の主張は、「理想的なFDが実現されることはあり得ない」、「その時々の時代のニーズもあり、学生FD活動は進化していく」、「学生FD活動に限界はない」、「学生FD活動は改善だけがゴールではない」といったものであった。それに対し、学生FD不要派の主張は、「FDの中に学生の視点がきちんと取り込まれているならば、「学生FD」という概念は不要」というものであった。学生FD不要派の主張も、FDに学生の視点が不要ということではなく、理想的なFDには学生の視点が含まれているという認識に立ったものといえよう。また、大学設置基準の規定は教員の視点に立ったものである、意識の低い学生がいることも踏まえる必要がある、といった意見も出された。

さて、以上の議論を踏まえて、会場では最後のペアワークを行った。具体的には、「今後学生FDは何をすべきか？」について、隣同士で議論をしてもらった。以下は、ペアワークで出された意見の一部である。

> 学生FDの認知度を高める（東京ドームでサミット！）／学生の視点を活かして、授業を良くする／学生FDの枠を取り払う／影響力を拡大する／学生が充実感を得られるようにする／これまでのことを継続する／学生であることを意識する／教職学の立場を自覚する／仲間を増やす

学生FD史上最高の登壇者達

学生FD活動の認知度が低いことは、これまでも再三問題視されてきた。東京ドームで学生FDサミットを開催すれば、認知度は飛躍的に上がるだろう。これは仲間を増やすことにもつながることである。しかし、認知度を高めるだけで、学生FD活動が広まるものでないことはいうまでもない。学生FD活動を継続的に行い、その有効性を示すことが大切であろう。有効性を示すには、具体的な事例が必要になる。学生の視点を活かすことで授業が改善される、あるいは、学生の意識が高まるといった事例が示されることで、「学生FD」の枠を超えた影響力をもつようになるのではなかろうか。上記の意見ははからずも今後の学生FD活動の在り方を断片的に言い表しているような気がしてならない、と思うのは筆者だけであろうか?

四　FD時計

一〇三頁で述べたように、「FD時計」のための撮影は懇親会時に行った。懇親会の会場は五〇周年記念館の一階と二階の両フロアであったため、撮影班を二チーム編成し、一階と二階の両フロアで同時に撮影を行うこととした。最終的には、八三名の学生と教職員の方にご協力頂けた。ここで撮影した画像をもとに、FD時計を作成し、エンディングの背景にも使用した。以下、FD時計の中から数点ほど紹介したい。

●授業のはじめに、その授業の目的を言っていただけるとうれしいです

恥ずかしながら、筆者は自らの授業すべてにおいて、毎回目的を冒頭で述べているか、はなはだ心許ない。我々教員はすべてをわかった上で授業を行っている。しかし、学生はそうではない。目的が何かもわからない学生に学習効果を期待する方が無理であろう。

●マイクを口元から離さないで

臨場感あふれる画像である。この男子学生は「先生の声」が聞こえないという問題について、具体的な対応策まで示してくれている。さしずめ授業評価アンケートなら「板書や声」の評価項目が低くなるだけで、何をどうすればいいのか何も教えてはくれない。それでどうやって改善するのだろうか？

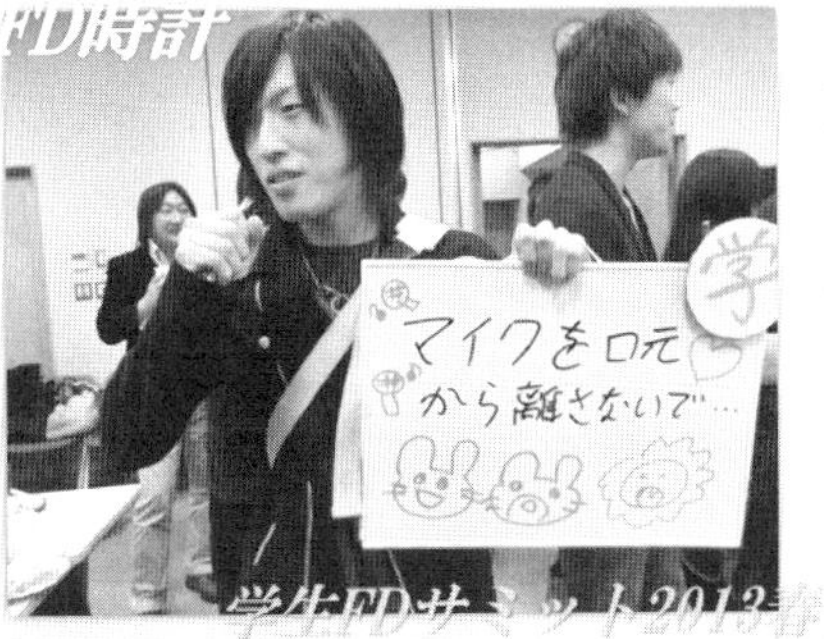

●板書は順番に消して！

学生の視点がよく出ている指摘であり、ハッとさせられる。ティーチング・ティップスには、板書の仕方に注意せよとは書いてあっても、「消し方」にまで言及してはいない。しかし、ノートを取る側からすると、消される順序は大きな問題である。筆者も学生の時、黒板の一か所にしか板書しない教授がいて、大変に困ったものである。

●学生が興味をもてる授業をしてほしい！

これも学生の切実な要望ではないだろうか。学生の努力不足、やる気のなさを嘆く教員は多いが、学生のやる気を引き出す努力をしている教員が果たしてどれだけいるだろうか？　学生の努力不足をなじる前に、自らの努力不足に目を向けるべきであろう。教員と学生が同じレベルで嘆いていては、何も変わらない。

●いつも恰好いい背中を見せて頂いて有難うございます

筆者がもっとも気に入ったのはこれであった。非常にセンスとユーモアに富む指摘であり、感心させられた。しかし、これはどう解釈すべきであろうか？「子は親の背中を見て育つ」とよくいわれる。恰好のいい背中を学生に見せているとと自信をもって良いだろうか？　いや、その解釈はおそらく誤りであろう。この学生の言いたいことは「前にいる我々学生を見て話して欲しい」ということであろう。FDの文脈で、「黒板と話している」と揶揄される教員の状況をユーモアたっぷりに指摘しているのである。これは一本取られた！というべきであろう。筆者は黒板と話をするほどシャイな（？）教員ではないが、学生とばっちり「アイコンタクト」しているかといえば、少し心許ない。多くの教員がそんなものではないだろうか？

このようなFD時計は授業評価アンケートにテキストだけで書かれるより、ずっと心に残ると思うのは筆者だけであろうか？　彼・彼女らの要望に応えたくならないだろうか？　なお、FD時計の完全版はネット上で公開されているので、読者もぜひ見て頂きたい。その中には、冗談で書かれたものもあるが、それもまた学生ならではという気がする。また、教職員が書いたものもある（FD時計：https://www.youtube.com/watch?v=uMDSnSW2K0M）。

五　しゃべり場①②

岡山サミットにおけるしゃべり場の編成はしゃべり場①が六〇グループ、しゃべり場②が四一グループであった。個人参加者はこれとは別に六つのグループで議論して頂いた。残念ながら、筆者は運営面の問題でしゃべり場に参加することはできなかったが、会場を回って見た限りでは、各グループともかなり活発に議論していたようである。参加者の評価も概ね好評であった（章末のアンケート調査結果を参照）。その要因は前日のファシリテータ説明会に加え、参加者の協力であろう。

岡大しゃべり場の特徴は「しゃべり場②」である。参加団体ごとに集まって議論し、今後の活動計画をＦＤタイムカプセルにまとめる場がしゃべり場②であった。具体的には、Ａ４用紙二枚に書いた活動計画を「タイムカプセル」が描かれた封筒に収めて提出してもらう。一枚目（ＦＤタイムカプセルＡ）には、次回のサミットまでに行う活動計画を三つ程度、おおよその実施時期を含めて記載する。二枚目（ＦＤタイムカプセルＢ）には、一枚目に記載した活動計画の予想達成率と所属組織ないし自分へのメッセージ、そして、今後の展望について記載する。なお、一枚目については、別途「控え」を作成してもらい、持ち帰ってもらうことにした。ＦＤタイムカプセルに書いた活動内容を忘れずに実施してもらうためである。二枚目は次回サミットまでの「お楽しみ」である。

さて、しゃべり場②の結果はどうであったか？　初めての参加者にとっては、かなり高いハードルになることは当初から予想していた。また、個人参加者にとっても有意義な場となりうるかどうかが問題であった。さらに、団体参加のグループも果たして、ＦＤタイムカプセルが書けるかどうか。我々もフタを開けてみなければわからないというのが本音であった。結論からいえば、四一グループのうち、四〇グループがＦＤタイムカプセルを提出した。唯一提出できなかったグループも熱い議論が交わされたようであり、自団体の活動について真剣に議論したことは、今後の活動に必ず活きるはずである。

六　エンディング：木野教授の講評

岡山サミットのエンディングでは、作成した「ＦＤ時計」を背景に投影しつつ、ＦＤタイムカプセルの発表、ＦＤマスターの認定を行い、最後に木野教授より講評を頂いた。

一　ＦＤタイムカプセルの発表

しゃべり場②で作成したＦＤタイムカプセルの内容は、各グループのメンバーにしかわからない。参加者は一体どのような活動内容をＦＤタイムカプセルに記載したのであろうか？　興味本位ということではなく、多くの参加者の参考にもなるため、グループ参加の大学を対象に、ＦＤタイムカプセルの内容をインタビュー形式で尋ねることとした。ＦＤタイムカプセルを記載した側にとっても、その内容を「公表」することは、今後の活動を後押しすると考えられる。しゃべり場②の終了後、ＦＤタイムカプセルは封をした上で既に提出済であったが、その「控え」に書かれた今後の活動内容を読み上げてもらうことができたのである。発表グループは司会の高橋がランダムに選んだ。以下は、発表して頂いた大学とその概要（数値は予想達成率）である。

- ・嘉悦大学：ＳＡ／ＴＡのメンタルサポート講座を開設する（一〇〇％）
- ・神戸学院大学：大学祭を身近な存在にする（七〇％）
- ・京都光華女子大学：学生発案型授業を開講する（八〇％）
- ・同志社大学：メンバーを増やす、学生のモチベーションを高める（七〇～八〇％）
- ・芝浦工業大学：進路説明会等で広報を行い認知度を高める（八〇％）
- ・京都文教大学：教職学の関わりを深める（九九％）、双方向型授業のゴールを設定する（六七％）

二　ＦＤマスターの認定

「岡山白熱教室」の「ＦＤ力診断テスト」で満点を取った方を「ＦＤマスター」として認定するという企画であった。いうまでもなく、これは「余興」であり、我々としては「テスト」に対する参加者の心理的な抵抗感を取り除き、参加者の姿勢を少しでもポジティブにすることを狙って導入したものであった。しかし、我々が意図したようには機能しなかったようである。

「岡山白熱教室」で我々が「ＦＤ力診断テスト」を行ったのは、あくまでも議論のきっかけを作るためであり、知識の有無を問

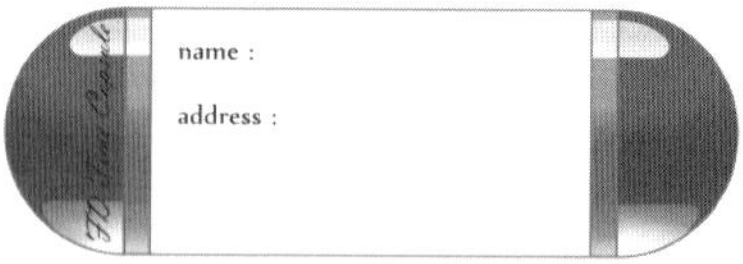

FD タイムカプセル（表紙）

FD タイムカプセル（内容）

FDマスター認定証

渡辺 正夫 殿

あなたは「学生FDサミット2013春」の企画「岡山白熱教室」内のFD力診断テストにおいて日頃の成果を発揮され満点という優秀な成績を収められました
よってここにFDマスターとして認定します

平成25年3月6日

岡山大学教育開発センター 学生・教職員教育改善専門委員会
学生FDサミット2013春 実行委員長 高橋 和

FD マスター認定証

うことが本質ではなかった。その意図は多くの参加者に伝わったと思うが、そうであるならば、なぜテストの点数による「認定」なのか、と参加者が違和感を覚えるのも至極もっともなことであろう。これについては、我々の考えが至らなかったと反省している。

さて、実際に満点を取ったのは、中京大学の職員である渡辺正夫氏（業務支援室）ただ一人（全参加者三〇九名）であった。渡辺氏は職務の関係から大学設置基準を読んでいたようである。渡辺氏には、ステージ上で高橋から「ＦＤマスター認定証」が渡された。

木野教授の FD 時計

三　木野教授の講評

エンディングの最後に、学生ＦＤサミットの創設者である木野教授にご登壇頂き、岡山サミットの講評を頂いた。以下は、その要約である。

「岡山サミット」は岡大（改善委員会）ならではのよく考えられたプログラムであったと思う。まず、「岡山白熱教室」で議論のきっかけを作り、しゃべり場で他大学の状況を知った上で、各大学の活動を決めるというのはすばらしい試みであると感じた。ＦＤタイムカプセルのアイディアも秀逸であった。そして、実行委員長・高橋さんの目を見張る活躍。これが学生ＦＤなのだ。スタッフをこのように成長させるのである。高橋さんも学生ＦＤに携わり、一年一年パワーアップして今日に至っているのであり、誰もが高橋さんのようになれると信じている。

しかし、個人的に疑問を感じる部分もあった。「岡山白熱教室」は議論のきっかけ作りをする場であったと思うが、知識を問うような場と誤解される可能性もあったように思う。また、一つひとつのテーマに対する議論が中途半端な状態に終わっているようにも感じられた。「岡山白熱教室」で種を蒔くだけではなく、テーマ別に深い議論をする（できる）ことが望ましい。その意味では、テーマ別の分科会方式も意味があることではないだろうか。

また、「岡山白熱教室」の最後に「大学設置基準におけるＦＤの規定が完全に満たされたら、学生ＦＤは不要になるか？」というテーマがあった。人それぞれの考えはあるだろうが、「絶対に必要」であると考えている。ＦＤ時計にも「学生ＦＤは永遠不滅」と書いた。大学の教育内容は「毎年変わる、発展していく」ものなのである。研究とはそういうものであろう。高校までなら、文科省が定めた学習指導要領に沿った学習内容を教えればよいが、大学はそうではない。常に学生の声に耳を傾け、学生とともに進めていくＦＤでなければならない。

七　岡山サミットを振り返って：実行委員長・高橋　和

今回のサミットの目玉はポスターからもわかるように、「岡山白熱教室」でしたが、私が一番力を入れたのは、実は「しゃべり場②」でした。力を入れた、というよりは「岡大でサミットをするんだったら、絶対にこれだけは譲れない！」というポイントでした。「自大学でやってるからサミットでこんな時間とらなくてもいい」という意見があるだろうなあ、というのは予想していましたし、実際にアンケートにそう書かれた方もいらっしゃいました。

でも、案外そういう意見が少なかったんですよね。それよりも「こういう機会をもつことができてよかった！」というコメントの方が多かった。みんな、案外、自分の団体のことを見直せてないんだろうなあと、思います。「学生ＦＤサミット二〇一二春」をきっかけに、定期的に自団体を見直す機会をもうけてもらえたら……サミッ

高橋和：岡山サミットのポスターの前で

トをしてよかった！というものです。

　アンケートを受けて、二点、どうしても言いたい事があるので以下に述べさせていただきます。

一 「世代交代」といいつつ四回生の高橋が前面に出るのはおかしいのではないかという意見について

　そういった捉え方がでるのももちろんだと思います。ですが、岡山大学（改善委員会）では、私は三年生の頃からサポーターなんです。外から見るとそういった印象は受けづらいのかもしれませんが……。岡山サミットは「サミットに向けて、日々の活動も全部サミットに捧げるぞー！！」というものではありませんでした。改善委員会の三つのワーキンググループが日々の活動をきっちり行っている中で、有志が中心となって、準備をしたサミットでした。私の下の世代からさらに下の世代へと、改善委員会の世代交代はほぼ順調にすすんでいるんです。

　にも関わらず、なぜ私が前面に出たかというと、私の集大成を後輩に見せるためです。私が伝えることができるものを、すべて残らず「ドヤアッ」と、後輩に渡すためです。「白熱教室」の後半で四年生ばかりに登壇してもらった理由も同じです。四年生が集大成を見せる機会なんて、なかなかないのではないかと思います。今回のサミットは、私にとってはそのようなステキな機会になる、そう思って取り組みました。「世代交代」をするためには「新しい世代」と「去る世代」のどちらも欠くことができないと思っています。もちろん「新しい世代」が活躍する場面は必要です。今、改善委員会には新しい世代が活躍する場面はきちんとあり、頑張っている。じゃあ、「去る世代」もきちんと集大成を見せるね。そういった意図での、「高橋全面登壇」でした。

二 「白熱教室じゃなかったね」「フロアももっととりこめばよかったのに」という意見について

私の力量不足です。でも、「マイケル・サンデル」の白熱教室は私にはできません。だって、私サンデルじゃないんです。i*See2012というイベントで少しばかりお勉強しましたが、サンデルの授業は事前学習が必要であり、議論もあの大きなホールだけで行われるわけではないんですよね。少人数グループでの議論の場もあるんです。それをサミットでするのは、無理です。私ができるのは「高橋和の白熱教室」です。サンデル先生なら抜き打ちテストもしませんし、一部の学生をステージにもあげませんよね。私の力量と相談した結果、あのような形になったわけです。

私には三〇〇人もいるフロアの議論をさばく技量はありません。これからそういった機会をいただけて、練習を重ねる機会があれば成長するかもしれませんが、今の私にはそんな技量はありません。一部指摘もありましたが、フロアだけの議論にしていたら「意見発表会」の色が更に濃くなっていたと思います。だから、「フロアの意見も！」という意見を取りこまず、ステージ上での議論を中心にさせていただきました。発言したかった方、ごめんなさい。私がもっと議論をさばく力をつけて、そして機会があれば、完全にフロアだけで、事前学習も入れて「白熱教室」をしてみたいなあとは思います。「白熱教室」という名前にしなければ誤解を免れたのかもしれませんね……。

■ティップス④

最近では、学生FD関係のフォーラムを開催する大学が増えている。こうしたフォーラムの乱発・乱立が与える負の影響もあるが、学生FD活動に占める学生の意識改革は非常に大きく、その点からフォーラムを開催する意義も少ないものではない。そのようなフォーラムを開催するにあたり、我々が行っていることを挙げておく。参考になれば幸いである。

- ホームページを作る
- asagao-ml に投稿する
- Facebook や Twitter で広報する
- 過去のサミット参加者にメールで案内する
- 参加の申込みは Google フォームを使う　※自動返信
- リハーサルを繰り返して、完成度を高める
- Facebook やメールで連絡する　※登壇者には早めの連絡が必須である
- アンケート調査は必ず実施する
- アンケートの集計結果を真摯に受け止める

■資料一：岡山サミットの運営

本資料では、「岡山サミット」を時系列的に振り返る。我々がどの時点で何をしてきたかを明らかにすることで、今後同種のフォーラムを開催する際の参考になれば幸いである。

- 二月一七日：木野教授より岡山サミットの打診
- 三月九日：木野教授との意見交換会　※岡山大学
- 三月三〇日：第八回学生・教職員教育改善専門委員会にて岡山サミットの開催審議（見送り）
- 四月二五日：第九回学生・教職員教育改善専門委員会にて岡山サミットの開催審議（決定）
- 五月二日：木野教授が Facebook 上で岡山サミットの開催を公表
- 七月二三日：内部用の Facebook グループを開設　※以後、このグループを利用
- 八月二六日：学生FDサミット二〇一二夏（立命館）にて、正式に広報開始
- 一一月三〇日：参加募集開始

・岡山サミットのホームページを正式に公開　※参加申込のページも開設
・ブログに案内を掲載
・asagao-ml に岡山サミット参加募集の情報をアップ
・Facebook で木野教授の運営する「サロン de 学生FD」に参加募集情報をアップ
・立命館大学に依頼し、過去の学生FDサミット参加者にメールで案内
・Facebook にイベントページを開設
・Twitter で情報発信

●一二月一九日：岡山大学から全国の大学に案内送付
●一月八日：交通情報と宿泊情報をホームページにアップ
●一月一七日：大学コンソーシアム岡山経由で案内
●三月一二日：FD時計の公開
●三月一三日：アンケートの集計結果を公開

活動の記録は以下の通りである。

●七月二三日　第三回：一日目のタイムテーブルについて
●七月三〇日　第四回：全体の流れについて
●八月六日　第五回：白熱教室について
●八月二八日　学生FDサミット二〇一二夏　参加反省会
●九月二一日　第六回：全体の流れについて
●一〇月三日　第七回：今後のスケジュール
●一〇月一〇日　第八回：FDタイムカプセル、しゃべり場について
●一〇月一五日　第九回：FDタイムカプセルについて
●一〇月一七日　第一〇回：しゃべり場について
●一〇月一七日　ビデオ撮影
●一〇月二二日　第一一回：ビデオの検討としゃべり場について
●一〇月二四日　第一二回：しゃべり場について
●一〇月二四日　第一三回：しゃべり場リハーサルの打ち合わせ
●一〇月二九日　しゃべり場リハーサル
●一〇月三一日　第一四回：しゃべり場①について
●一一月五日　第一五回：しゃべり場②について
●一一月七日　しゃべり場①第二回リハーサル
●一一月一二日　第一六回：白熱教室の構成について
●一一月一四日　第一七回：白熱教室について
●一二月五日　第一八回：全体の議論について、役割分担について
●一二月一二日　第一九回：オープニング・エンディング、FDタイムカプセルの必須項目について
●一二月一九日　第二〇回：しゃべり場全般について

●一月一一日　第一回リハーサル
●一月下旬　登壇候補者に登壇の依頼
●一月二一日　ビデオ撮影
●一月二一日　第二一回：しゃべり場全般・今後の予定について
●一月二三日　第二二回：ファシリテータ資料・今後の予定について
●一月三一日　第二三回：詳細スケジュールを元に足りないものの洗いだし
●二月四日　第二四回：ファシリテータ資料修正
●二月八日　参加大学に活動紹介冊子の執筆を依頼
●二月一三日　白熱教室リハーサル
●二月一八日　第二五回：サミット全般について
●二月二〇日　第二六回：リハーサルの準備、初参加大学に活動インタビューの依頼
●二月二一日　第二回リハーサル
●二月二五日　ファシリテータ用説明資料の送付
●二月二七日　第二七回：しゃべり場リハーサル
●二月二八日　第二八回：サミット全般の準備
●三月一、二日　予備日
●三月四日　前日準備
●三月五、六日　岡山サミット本番
●三月一二日：FD時計の公開
●三月一三日：アンケートの集計結果を公開

なお、第一回と第二回については、記録を残しておらず、日程も含めて不明である。しかし、木野教授と意見交換を行った三月九日以降、臨時のワーキンググループを立ち上げ、三月三〇日の会議で岡山サミットの開催について審議しているところから、記録のある三回目（七月二三日）以前に、それなりの回数の活動を展開していたはずである。

■資料二：アンケート調査でみる「岡山サミット」

一　アンケート回答者の分類

分類		人数	回収率（%）
学生 180人	1年生	54	69
	2年生	54	69
	3年生	20	57
	4年生	18	56
	院生	5	
	学年不明	7	
	教員	26	65
	職員	18	69
	その他	3	100
	合計	227	73

アンケート回答者の区分

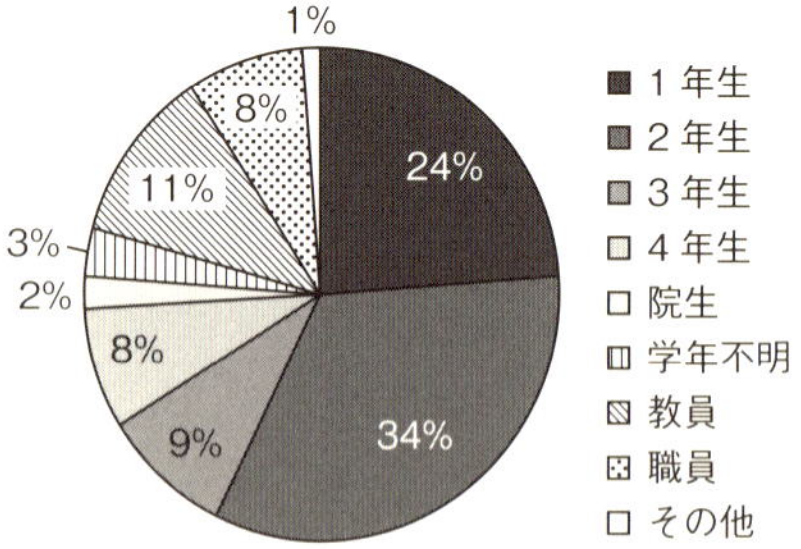

	（高評価）				（低評価）		
	5	4	3	2	1	無回答	計
学生	24	49	67	25	7	8	156
教員	5	10	6	1	2	2	21
職員	6	8	3	0	0	1	12
その他	1	1	0	1	0	1	2
計	36	68	76	26	9	12	227

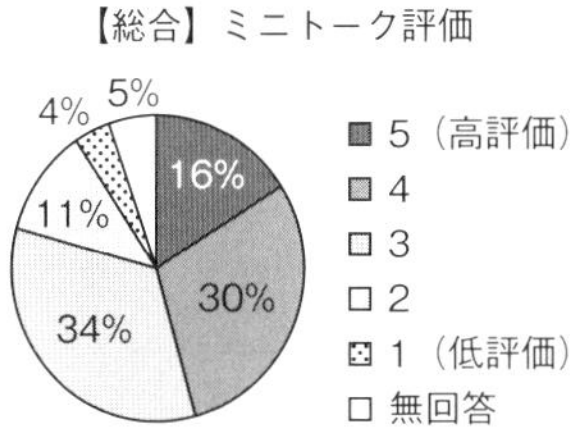

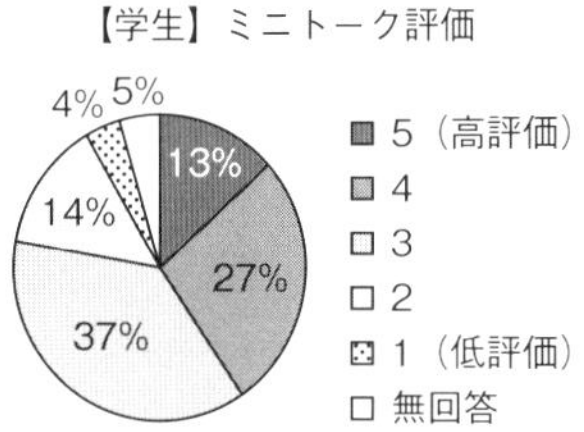

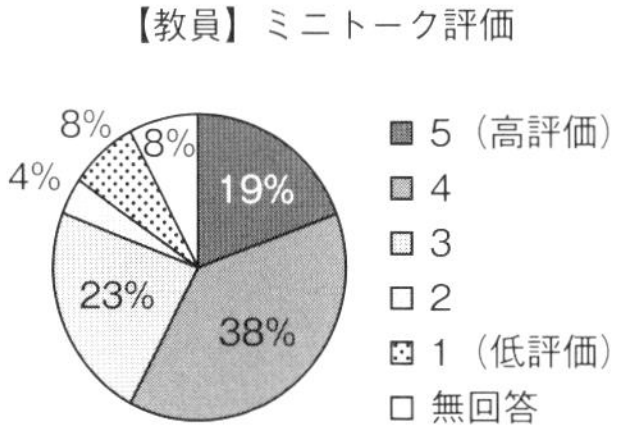

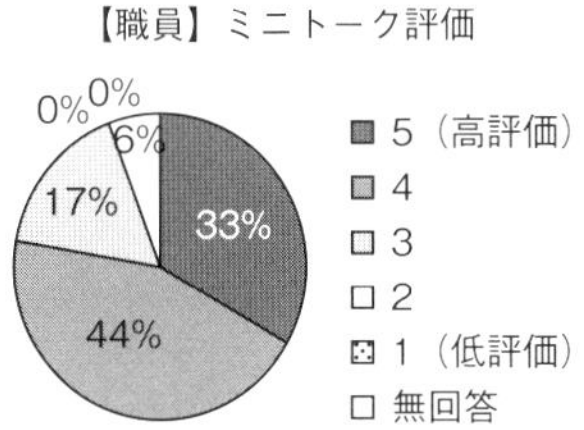

	（高評価）				（低評価）		
	5	4	3	2	1	無回答	計
学生	18	49	73	26	5	9	180
教員	3	9	10	2	0	2	26
職員	4	4	7	2	0	1	18
その他	0	1	1	0	0	1	3
計	0	68	76	26	9	12	227

【総合】活動インタビュー評価

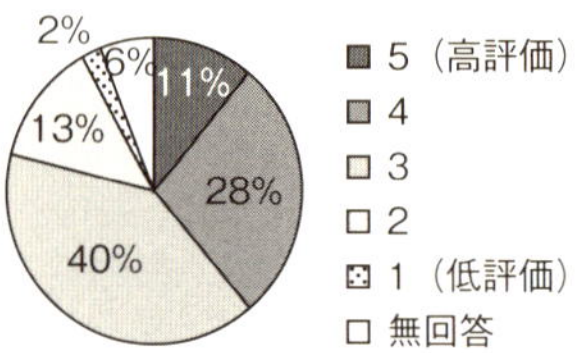

【学生】活動インタビュー評価

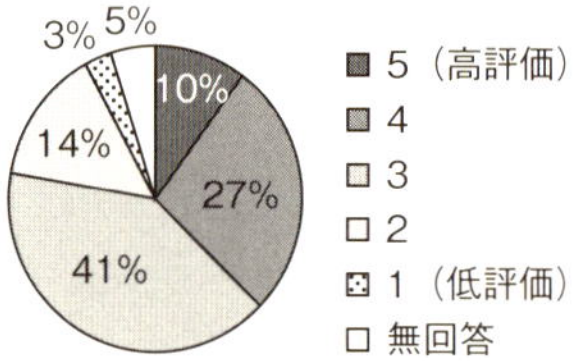

【教員】活動インタビュー評価

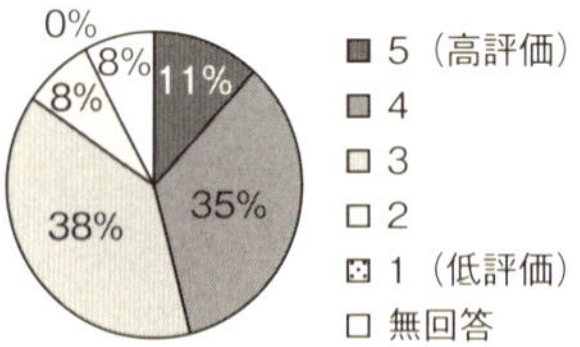

【職員】活動インタビュー評価

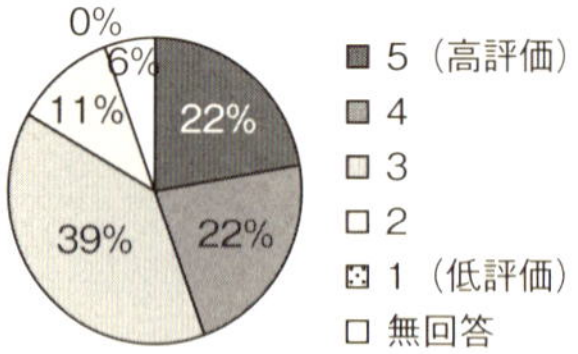

	（高評価）				（低評価）		
	5	4	3	2	1	無回答	計
学生	58	62	31	19	5	5	180
教員	13	8	1	1	1	2	26
職員	7	4	4	1	1	1	18
その他	2	1	0	0	0	0	3
計	80	75	36	21	7	8	227

【総合】岡山白熱教室評価

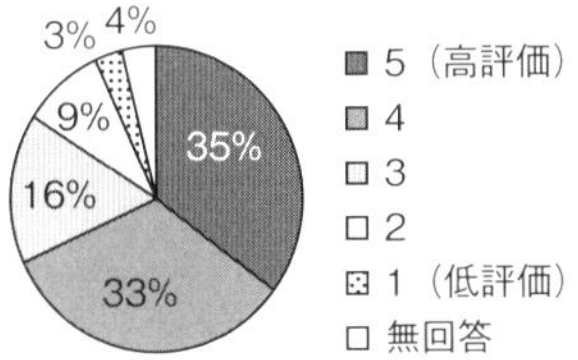

【学生】岡山白熱教室評価

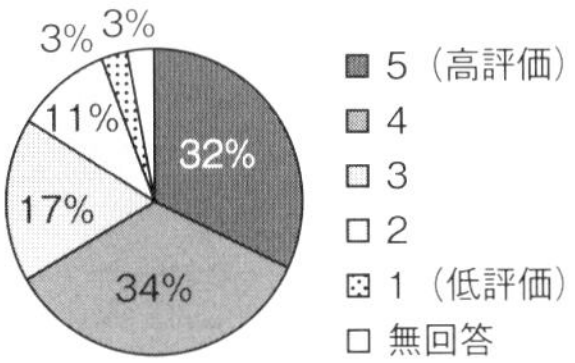

【教員】岡山白熱教室評価

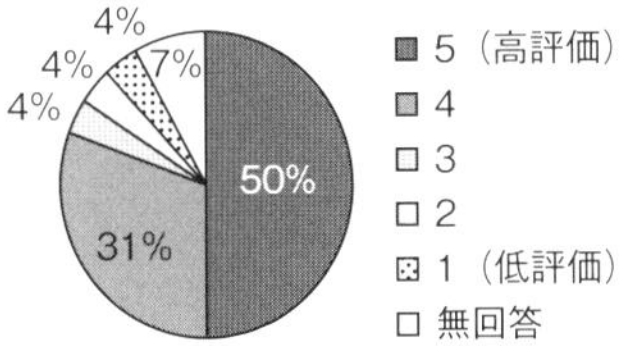

【職員】岡山白熱教室評価

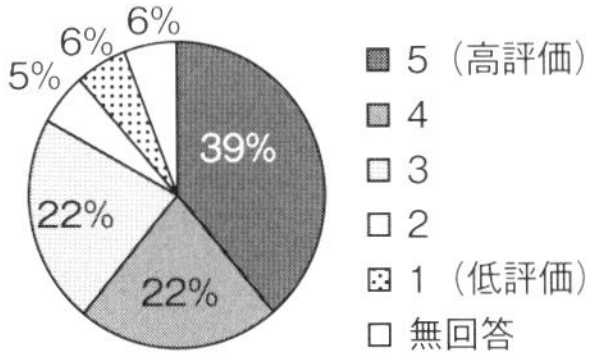

	(高評価)				(低評価)		
	5	4	3	2	1	無回答	計
学生	43	79	33	11	2	12	180
教員	2	12	6	1	0	5	26
職員	1	4	7	0	1	5	18
その他	2	1	0	0	0	0	3
計	48	96	46	12	3	22	227

【総合】懇親会評価

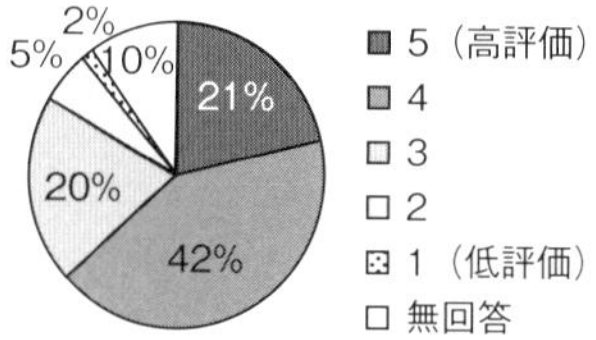

【学生】懇親会評価

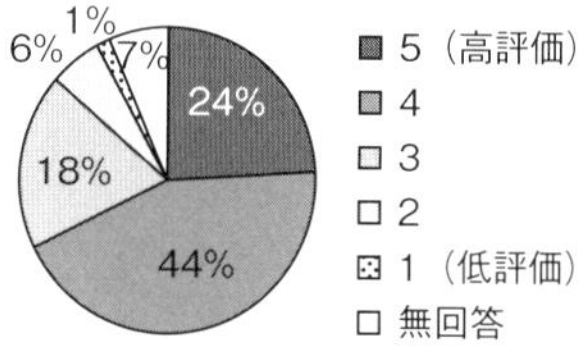

【教員】懇親会評価

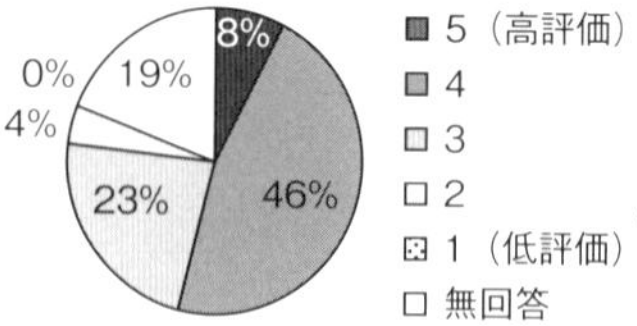

【職員】懇親会評価

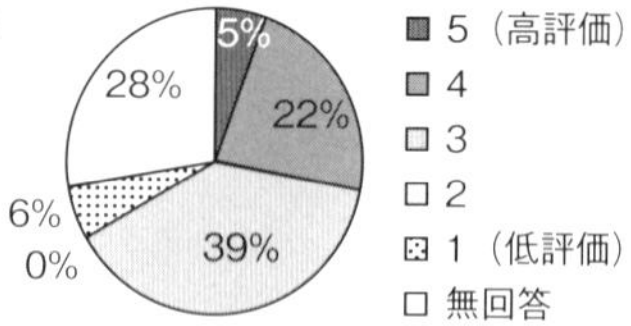

	（高評価）				（低評価）		
	5	4	3	2	1	無回答	計
学生	66	64	25	15	0	10	180
教員	9	10	4	0	0	3	26
職員	5	7	3	0	0	3	18
その他	1	2	0	0	0	0	3
計	81	83	32	15	0	16	227

【総合】しゃべり場①評価

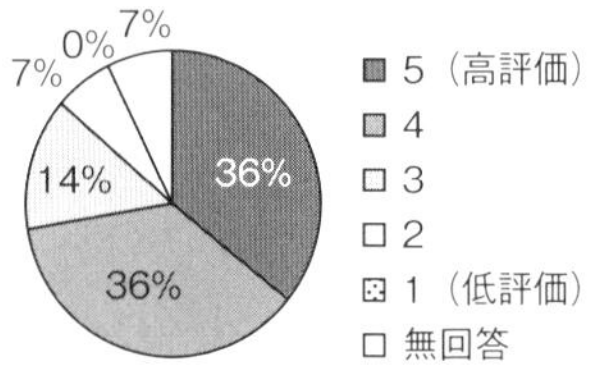

【学生】しゃべり場①評価

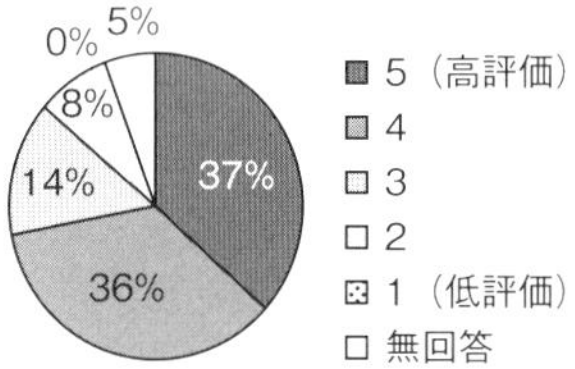

【教員】しゃべり場①評価

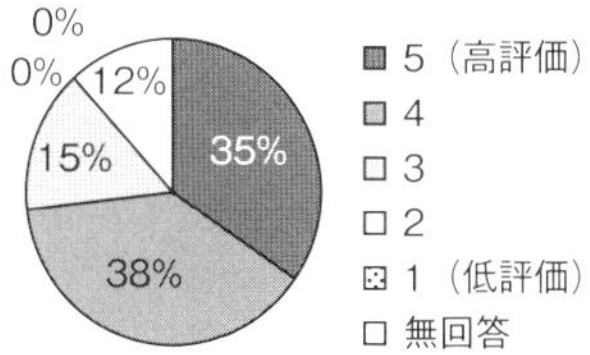

【職員】しゃべり場①評価

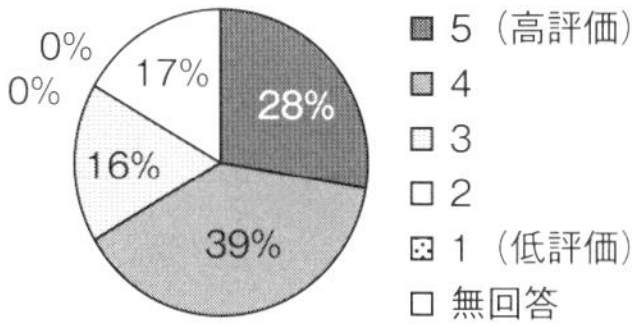

	（高評価）				（低評価）		
	5	4	3	2	1	無回答	計
学生	68	64	28	5	2	13	180
教員	5	9	5	1	1	5	26
職員	6	4	4	1	0	3	18
その他	0	2	0	1	0	0	3
計	79	79	37	8	3	21	227

【総合】しゃべり場②評価

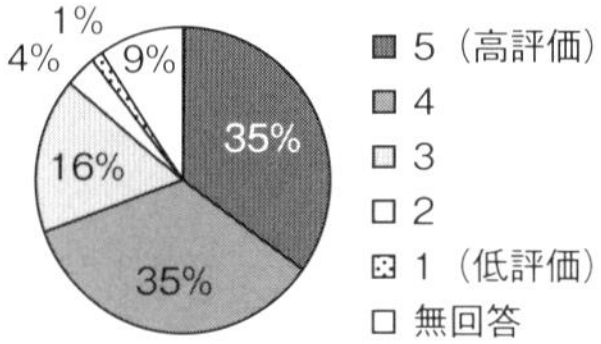

【学生】しゃべり場②評価

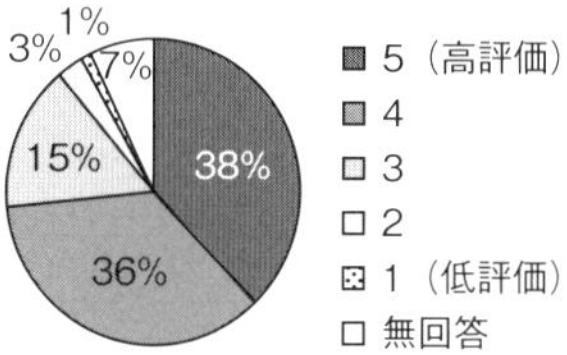

【教員】しゃべり場②評価

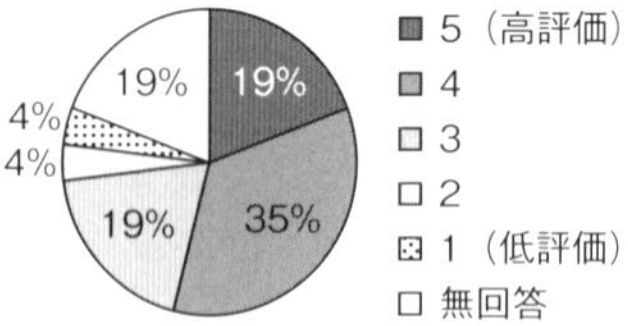

【職員】しゃべり場②評価

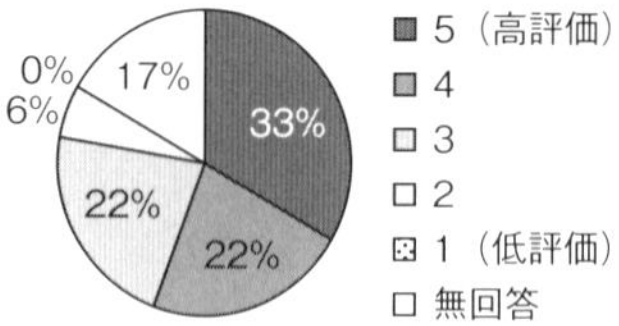

	（高評価）				（低評価）		
	5	4	3	2	1	無回答	計
学生	36	71	37	9	2	25	180
教員	3	5	8	1	1	8	26
職員	3	6	3	0	0	6	18
その他	0	0	0	1	0	2	3
計	42	82	48	11	3	41	227

【総合】FD タイムカプセル評価

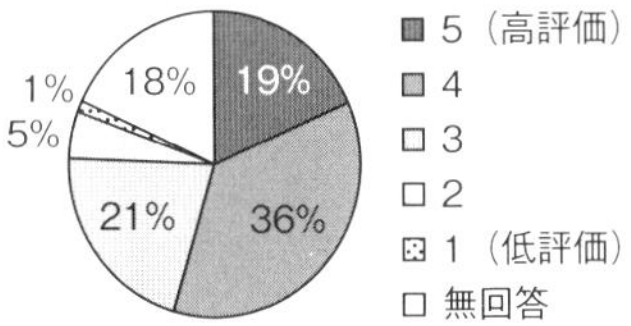

【学生】FD タイムカプセル評価

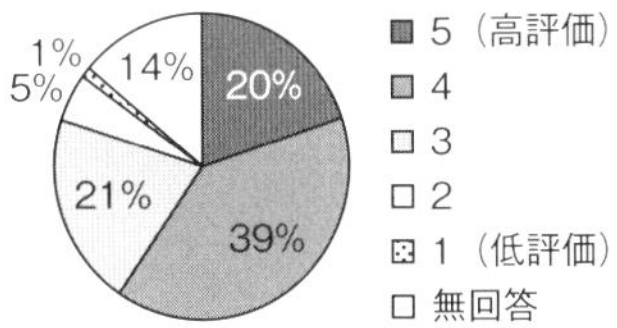

【教員】FD タイムカプセル評価

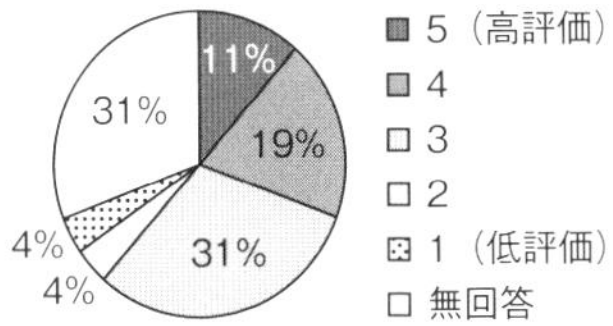

【職員】FD タイムカプセル評価

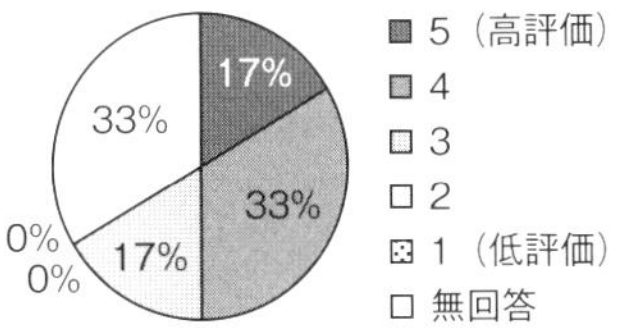

	(高評価)			(低評価)			
	5	4	3	2	1	無回答	計
学生	47	49	26	5	1	52	180
教員	6	5	5	0	0	10	26
職員	1	4	4	0	0	9	18
その他	1	1	0	0	0	1	3
計	55	59	35	5	1	72	227

【総合】エンディング評価

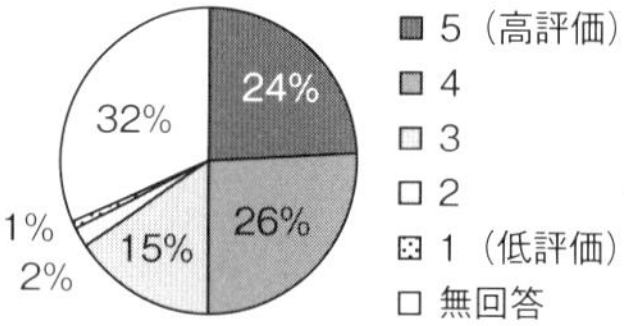

【学生】エンディング評価

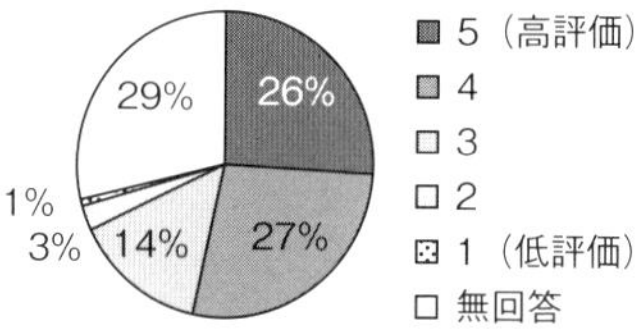

【教員】エンディング評価

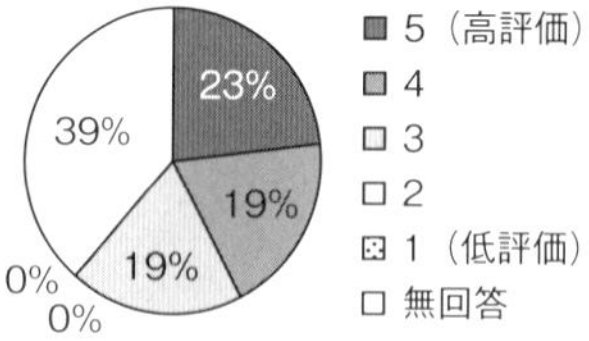

【職員】エンディング評価

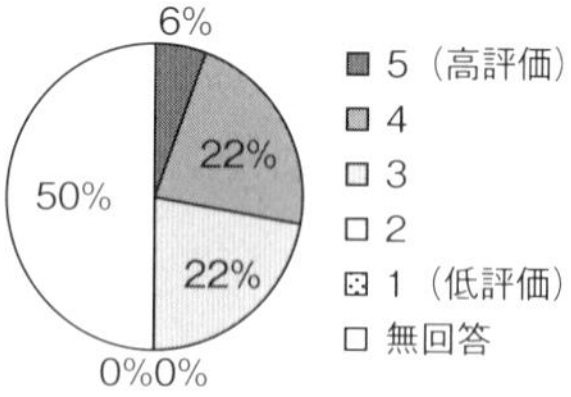

第Ⅱ部　学生ＦＤの新たな段階へ

木野　茂

第四章　学生ＦＤの今後を考える

一　学生ＦＤサミットの分科会

二〇一二年夏と二〇一三年夏の立命館大学でのサミットでは学生ＦＤの今後にかかわる課題を意識的に取り上げてきた。この両サミットではテーマ別に分科会が企画され、各分科会では複数のパネラーが報告し、それを受けて参加者が一緒に考えるように工夫された。

参考までに、両サミットでの分科会のテーマと企画・パネラーを示す。

表1　2012年夏の分科会

1	「学生ってなに？　多様化する学生ＦＤ」　担当：伝保香織（立命館大学3回生）、森本拓暢（同2回生） パネラー：秋吉秀彦（岡山大学3回生）、多島愛理（京都文教大学4回生）、山下貴弘（追手門学院大学4回生）
2	「学生ＦＤに興味を持ってもらうために」　担当：谷本未来（立命館大学3回生）、岩佐香織（同2回生） パネラー：吉田匡克（小樽商科大学2回生）、小鳥正也（徳島大学2回生）、林　隆二（京都産業大学3回生）
3	「学生ＦＤとキャンパスライフ」　担当：木下明紀（立命館大学4回生）、久野敬介（同院生）、田中　優（同2回生） パネラー：太田郁磨（立命館大学卒業生）、本多志帆（京都文教大学卒業生）、坂本大地（大阪大学4回生）、増本世理（下関市立大学4回生）
4	「講義型授業の抱える課題を解決するためには？」　担当：野村美奈（立命館大学4回生）、加藤雄一郎（同1回生） パネラー：高岸茉莉子（同志社大学4回生）、高橋香織（京都文教大学3回生）、瀬川綾乃（同2回生）

5	「学生ＦＤ組織としての成長とは」　担当：澤田　亮（立命館大学３回生）、築地志穂（同２回生） パネラー：高橋　和（岡山大学４回生）、中原愛歩（追手門学院大学３回生）、知久貴大（北海道情報大学４回生）
6	「教職員と学生ＦＤの理想的な関わり方とは？」　担当：新井康平（立命館大学３回生）、田中　翔（同３回生）、松本慎平（同３回生） パネラー：岩倉一憲（京都産業大学４回生）、庄内直人（札幌大学３回生）

表２　２０１３年夏の分科会

1	「大学教育の本丸への突撃☆真夏の学生ＦＤ作戦会議」　企画：大阪大学パンキョー革命推進チーム ゲスト：飛田拓樹（横浜国立大学１回生）、藤田昴平（富山大学２回生）
2	「解決！　学生ＦＤアンサー」　企画：立命館大学学生ＦＤスタッフ 報告：関西外国語大学、神戸学院大学、岡山理科大学、中京大学
3	「学生ＦＤ活動の大学間連携」　企画：東洋大学学生ＦＤスタッフ 報告：東洋大学、京都文教大学、札幌大学、北翔大学、横浜国立大学
4	「学生ＦＤ再考」　企画：追手門学院大学学生ＦＤパレット 登壇：小樽商科大学、京都文教大学、徳島大学、追手門学院大学
5	「学生発案型授業の可能性と課題」　企画：関西大学科目提案学生委員会 発表：札幌大学、広島経済大学、日本大学、関西大学
6	「それでも僕は考えたい　学生ＦＤへの「思い」」　企画：京都産業大学　ＡＣ燦 発表：矢野亨佑（京都産業大学１回生）、森本拓暢（立命館大学３回生）、大木優衣（追手門学院大学４回生）、林　隆二（京都産業大学４回生）

両サミットとも、学生ＦＤの広がりから出てきた課題が並んでいるが、このうち、ここでは学生ＦＤを問い直すテーマ群の中から二〇一三年夏の「学生ＦＤ再考」を、授業関連のテーマ群の中から同じく二〇一三年夏の「学生発案型授業の可能性と課題」を紹介する。

二　多様化する学生ＦＤ

学生ＦＤの広がりに伴い、学生ＦＤが多様化したことは前述した通りであるが、それとともに浮上してきた新たな課題は二〇一二年夏以後、サミットでも取り上げられるようになった。二〇一二年夏と二〇一三年夏のサミット分科会でのテーマ一覧にあるように、二〇一二年夏には「学生ＦＤってなに？　多様化する学生ＦＤ」、「学生ＦＤとキャンパスライフ」、「学生ＦＤ組織としての成長とは」が取り上げられ、二〇一三年夏の「学生ＦＤ再考」につながっている。

ここに収録したのは二〇一三年八月二五日に行われた追手門学院大学の企画によるサミット分科会「学生ＦＤ再考」の記録である。最初に、サミット当日冊子に記載された分科会趣旨説明を載せておく。

> 「学生ＦＤ再考」（企画・運営：追手門学院大学　学生ＦＤ　パレット）
>
> 学生ＦＤは、今多くの大学でみられるようになってきたと思います。いろいろな組織形態の下、さまざまな団体が学生ＦＤ活動を行っています。そこで、いろいろな団体の方と一緒に、改めて学生ＦＤとは何だろうかと考えてみたいと思います。その手掛かりとして、この分科会では「①何のための活動なのか」「②ＦＤとの関わり方、関係をどう捉えるのか」「③教職員との関係」「④活動を通じた目的」「⑤次世代を担う学生ＦＤ」の五つの小テーマをもとに四大学から話題提供を行います。ディスカッションもこれらのトピックについて行いますので、参加者の方も事前に二つくらいは考えておいて欲しいと思います。
>
> 発表一　徳島大学「繋ぎcreate」／発表二　小樽商科大学「商大充」／発表三　京都文教大学「FSDproject」／発表四　追手門学院大学「学生ＦＤ パレット」

◉分科会「学生ＦＤ再考」の記録

【分科会の趣旨と目的・目標】

司会：追手門学院大学心理学部四回生・中原愛歩《ちかほ》
司会：追手門学院大学教育開発センター教員・山本堅一

中原　司会の追大学生ＦＤパレットの中原愛歩です。どうぞよろしくお願いします。学生ＦＤは教員・職員・学生一体の取り組みでもありますので、司会を追手門学院大学の山本堅一先生にも手伝っていただきます。どうぞよろしくお願いします。

山本堅　皆さんこんにちは。私は追手門学院大学で教育開発センターに所属する教員で、ＦＤを担当しています。今日はそのファカルティ・デベロッパーという立場です。その立場から学生ＦＤというものを皆さんがどう捉えているかを聞きたいなと思い、一緒に控えることになりました。

中原　なぜ私たち追大学生ＦＤがこの分科会を主催しようと思ったかと言いますと、全国に学生ＦＤ団体が広まっているけれど、学生ＦＤ活動にもさまざまな活動があるのを知ったことに起因します。というのも、さまざまな学生ＦＤ団体を見ていますと、いったい何が学生ＦＤなのだろうかと最近よく思うのです。そこでみんなで学生ＦＤの意義について考えていったら、組織の在り方や活動方針などがみえてくるのかなと思い、この分科会を企画しました。

本分科会の目的は大きく分けて三つあります。一つ目は学生ＦＤの多様性を知ることで、そのための話題提供として四大学から発表してもらいます。二つ目は自己の組織を見つめ直すことで、そのために四大学の発表のあと個人ワークやペアワークを用意しています。そして三つ目は学生ＦＤについて他者の意見を聞いて考えることです。これにはペアワークのあとにディスカッションの時間を設けています。

次は分科会の目標ですが、「学生ＦＤの意義について自分なりに語ることができるようになること」、そして「学生ＦＤ最高」と胸を張って言えるようになること」です。テーマの「再考」は「最高」とかけていますが、「再考」に似たテーマは過去のサミットや他の学生ＦＤイベントでも取り上げられてきました。しかし、やはり話がうまくまとまらない。何回もこういうテーマが出てくるということ自体が、なかなかこれについて考えがまとまっていかないことを示しているというか――非常に難しいテーマだと思うのです。

そこで、今回は五つの補助テーマを用意しました。一つ目は、「何のための活動なのか、誰のための活動なのか」ということです。二つ目は、「学生ＦＤといわゆるＦＤとの関係をどう捉えるのか」ということです。三つ目は、教職員との関わり方で、「学生ＦＤは教職員とどのようにかかわるのか」ということです。四つ目は、学生ＦＤの活動を通じた目標です。五つ目は、学生ＦＤの次世代についてです。

それではこれらのテーマに沿って話題提供をしていただきます。

【発表一　徳島大学「繋ぎcreate」】

徳島大学総合科学部三回生・原麻里夢

徳島大学の「繋ぎcreate」の活動報告とＦＤについてどのように考えているのかについてお話ししたいと思います。

繋ぎcreateは大学生が躍進できる機会を得るために、人と人とのつながりをつくり続けることを活動理念にした団体です。それを果すためにいろいろ新しい出会いを生み出すとか、自分自身が成長するために学び続けるとか、そういったことを心掛けて活動しています。これらの活動を学生が主体となって行うことから、私たちの活動は教職員による学生の支援ではなく、学生による学生の支援、つまりピア・サポートの活動であるといえます。

私たちのチームが発足するきっかけとなったのは、三年前に行われた学外ワークショップです。そこに先輩方が参加して、自分たちも学生主体の学生支援をしようということになり、その後、繋ぎcreateの元となるチームが発足しました。ですので学生ＦＤサミットのような学外で行われるＦＤのイベントは、既存のチームの学びの場としてでなく、学生の意欲を引き出し新しくチームを作るモチベーシヨンを得る場としてもあるのだと思います。

話が少しそれましたが、これから私たち繋ぎ create が学生ＦＤチームとしてどのような考えをもっているのかをお話ししたいと思います。

今日の補助テーマとして五つ挙げられていました。私の後の三大学の方は多分その中から絞って発表されると思いますが、私はこれからすべてのテーマについて話します。そのため、若干広く浅くという感じになってしまうかもしれませんが、ディスカッションの参考にしていただければと思います。

［何のために活動するのか］　最初に「何のために活動するのか」ということですが、私たちは徳島大学生に対して新しい発見や学びにつながるきっかけづくりを行うことを目標とし、そのために活動しています。これまでに行った主な活動は、ステップアップしたい学生のための成長の機会の提供（今のところ開催されたのは常識力に関するクイズ大会）や、新しく出会ったり気づいたりするための場の提供（しゃべり場の開催、プレゼンを企画の中に入れる）、そして学習のサポート（履修相談会の開催、学習サポートスペースの運営）といったものでした。しゃべり場や悩み相談会は授業改善とか授業を自分たちで作るのとは少し違いますが、そんな私たちの活動がどのようにＦＤと関係してくるのかについてお話ししたいと思います。

［学生ＦＤとＦＤの関係］　繋ぎ create ではしゃべり場などの企画にＦＤ委員会委員長や教育担当理事などの関係教職員の方々をお呼びして、学生の生の声を聞いていただく活動を行っています。またメンバーが大学のＦＤセミナーで話題提供をしたり、大学のＦＤカンファレンスやスポーツフォーラムなどでスタッフとして協力しています。さらに学部長との懇談会という学生と学部長らが気軽に話ができる会があり、そこでコーディネータを務めたりしています。学生ＦＤのチームが開催する企画にＦＤに関係する方に来ていただいたり、学生ＦＤのチームのメンバーである私たちがＦＤの会に出席したりする。そうすることで学生ＦＤとＦＤを繋ぐ、あるいは近づけたり触れさせたりすることができると思います。

［教職員との関係］　前述したように、いろいろな会に参加していると、自ずと教職員の方々との関係もできてきます。もともと二名の教職員の方が私たちと一緒に活動してくださっています。それに加え企画に他の教職員の方々をお呼びして、情報交換会などにも参加していただき、交流しています。また、学習スペースの運営には、一二名の教員の方がアドバイザーとして協力してくださっています。このようなさまざまな関わりがいろいろな先生との間にありますが、それを獲得する際に必要だったものは共通しています。それは自分たちの活動をしっかり理解して先生に伝えて、真摯に協力を依頼することです。

［学生ＦＤの目標］　次に学生ＦＤの目標は、「型にはま

らないさまざまな面からのアプローチを行うこと」だと思います。

学生たちで授業を作ったり、授業を行うことができればとても楽しいしおもしろく、学生ＦＤがある大学ならではの大学の価値を生み出すことができるでしょう。しかし私たちのようにその実現が難しい環境では、授業へのアプローチではなく、しゃべり場や学習相談スペースを利用した学生へのアプローチで大学に新しい価値を生み出すことができるのではないでしょうか。

また、学生ＦＤが今以上に多くの大学や人々に伝わっていく際、「おもしろそうだから自分たちもやってみる」ということもすばらしいと思いますが、「本当にその活動が必要なのか、なぜ必要なのか」を、自分たちの大学で自分たちが考えて実行することが重要だと思います。そういう意味でも型にはまらずに活動していくべきです。

［学生ＦＤの次世代］　最後に、学生ＦＤの次世代を担うスタッフはどのような人であるべきかについて述べます。まず「大学のＦＤや教職員と一緒に活動できる人」です。それから「発信力や人脈をもって学生ＦＤの存在を訴え巻き込む人」です。やはりそういう人がいないとどうしても活動の幅に限界が来てしまって、身内だけみたいになってしまうことがよくありました。それから「大学教育の現状についてある程度の知識をもっている人」――これは必須かなと思います。そして先ほどあった通り「活動を行う際に目的と手段を常に意識できる人」です。やはり「何のためにやっているのか」を考えないと、「楽しかったねー」で終わるといったことになってしまいます。この四つを持ち合わせた人が次世代の学生ＦＤを引っ張っていくのではないでしょうか。

【発表二　小樽商科大学「商大充」】

小樽商科大学商学部三回生・吉田匡克
小樽商科大学商学部二回生・澤村東海

［商大充のはじまり］

吉田匡　続いて小樽商科大学「商大充」の発表をします。商大充というのは、僕が立ち上げたのですが、大学の公式なＦＤ組織ではなくて、全国の学生ＦＤ組織の中でもサークルで発足した初めての学生ＦＤ組織です。

そもそもどうして商大充が始まったかというと、学生ＦＤをやろう、学生ＦＤで大学改革してやるとかそういう感じではなくて、「商大充は大学生活を学生から何か変えることができないか」ということで始めたのです。そして自分たちのしている活動それ自体が、結果的に学生ＦＤに近かったということなのです。

［サークルとしてのデメリット］　サークルとして活動していることにはメリットとデメリットがあります。ここではデメリットからお話ししたいと思います。まずは商大充ってサークルですからいつ辞めてもいいので、組織が

グダグダになってなくなってしまう可能性があります。また、お金もありません。自分たちで自腹を切って半年五〇〇円といった会費を払っているのですが、活動資金は大きな問題です。さらに自分たちは好き勝手にやっているため、自ら何かをしなければ他にやってくれる人は誰もいません。

［メリット］　ではメリットは何なのかですが、その前に僕たちの活動の中から二つを少し紹介します。

僕たちは商大充をサークルとして好き勝手に始めましたが、この二年間ぐらいの活動で、さまざまなサークルと一緒にコラボした企画を作って他の人たちを巻き込みました。その一つが今年の「合同ゼミ説明会」というものです。僕らの大学では不思議なことにゼミを統括する組織がなかったので、去年は商大充だけでやったのですが、何とそのゼミ報告交流会に二〇〇人も集まったのです。今年はゼミナール協議会という正式な組織ができたので、そのお手伝いをしながら一緒にイベントを作ろうということになり、去年のノウハウを生かしてゼミナール協議会をサポートしながら活動してきました。

もう一つが新入生向けの「商大くん手帳」ですが、商大充って商大生を充実させるために頑張っているのだから、そのノウハウを生かして手帳を作ってみてよと言われ、大学の教職員さんと一緒にコラボで作成しました。それには「大学生活を充実させるためにはどういうことを意識すればいいのか」とか、小樽のおいしい飲食店のことも掲載して、商大生に大学生活を充実してもらおうという手帳になっています。僕らはサークルで始まったのですが、大学の予算を使って新入生に大学生活を充実してもらうための「商大くん手帳」を作ったのです。

このように、地道に自分たちから商大生を良くしていこうというその姿勢が、学内の認知度を高めていくと同時に、他の人たちを巻き込む力になっていったのかもしれません。大学から何かお願いされるということは基本的になく、自分たちの人脈を生かして多くの人を巻き込んでいくことによって、結果的に大学全体をより活性化できる、そういう学生FDであるということが、サークルとしてのメリットではないかと感じているところです。

まとめると、商大充という謎めいた組織を皆に知ってもらうためには一生懸命やらないといけない。サークルがなくならないようにするには、自分の思いを必死に伝える努力をしないといけない。お金がないのなら、お金を使わずにどうやって工夫するかを一生懸命考えてアイデアを出し、やった結果をフィードバックする必要がある。このようにしてサークルとしてのデメリットをメリットに変えてきたと言えるのではないでしょうか。

但し、世代交代は難しいです。ここは次の時代を担う澤村君に生々しく語ってもらおうと思います。

［学生FDの世代交代の難しさ］

澤村　商大充の二年生、澤村と申します。商大充は今回サミットに来させていただいたことも含めて、どんどん大学に認められてきています。サークルでありながら、（吉田（匡）さんが）先ほど言われたように商大手帳の作成を任されたり、認められてきています。そして認められれば認められるほど、どんどん商大充に求められるものというのも大きくなってきます。

しかしこれからの商大充の課題なのですが、求められるものが大きくなってくれば創設時の世代とこれからの世代の意識の差というのが出てくるのです。俺はこういうことをしたいという人と、俺は別にそうではないという人が出てきたり、意識の差やモチベーションの違いが出てきます。なんで俺がやりたくない活動にこんなに頑張らなければいけないのかと。でもメンバーをまとめあげていく必要があり、僕は代表だから今までまとめてきましたが、モチベーションが違う中でまとめあげるというのはたいへん難しいことだと思います。

最後にサークルという形式の限界ということですが、本当にサークルでよいのであればみんなサークルでやっているはずですから、（そうではない以上）いろいろ限界もあります。このように世代交代にもいろいろ難しい場面があります。

［まとめ］

吉田匡　どうもありがとうございました。最後のまとめです。商大充はまだまだ力が弱い。学生サークルだけではなし得ないことも多いのですが、だからこそサークルという組織体系でいろんな人を巻き込み欠点をなくしていく必要があるのではないでしょうか。「攻撃は最大の防御なり」という気持ちで、一生懸命活動を続けること自体が大学全体を変えていく力になるのではないかと思います。

［質疑応答］

会場①　商大充は今は結構大学側から認められて、このサミットにも来られるようになったと言うことですが、始めた当初はどうだったのですか。

吉田匡　私が作った商大充はそもそもサークルでしたので、知っている教職員の方々に「商大生を学生から盛り上げるような活動をしたいのだ」ということでいろいろ相談しました。その結果、「例えばこの人に相談したらすごくうまくいくよ」とか、そういう人づてで、自分がやりたいことをチャレンジさせてもらえるような環境があったということが大きかったのではないかと思います。

会場②　先ほどの手帳の話なのですが、手帳の内容も商大充らしい工夫が入っていたりするのですか。

吉田匡　そうですね、手帳は商大生にこれを使うと大学生活を楽しむことができる、そういったことを目的にして作ったのですが、基本的には一年生向けです。イベントに積極的に出ようとか商大生活を充実させるための一〇の秘訣というものや、いろんなジンクスが書かれています。また先ほどもお伝えしたように、周辺の飲食店情報も含め大学生活をより楽しんでもらうための手帳にもなっています。

【発表三　京都文教大学「FSDproject」】

京都文教大学臨床心理学部二回生・高橋知之
京都文教大学臨床心理学部二回生・山本拓哉

高橋知　皆さんこんにちは。京都文教大学FSDprojectの高橋です。まず京都文教大学について説明します。今回のサミットの開催校である立命館大学は学生数が約三三、〇〇〇人ですが、京都文教大学の学生数は二、〇〇〇人程度と、小規模大学です。敷地面積についても立命館大学は東京ドームの一五・七個分に対して、京都文教大学は東京ドーム一・七個分ということで、キャンパスもかなり狭い大学です。場所は宇治抹茶などで有名な京都の宇治にあります。

［FSDprojectの活動目的］　FSDprojectは、「学生が大学を学費以上に使い切り、自他共に成長することで大学を元気により良くしていくこと」を目的の一つとして置いて活動しております。そのために入学したばかりの学生に一歩踏み出してもらおうと考えています。一歩を踏み出すとは具体的にどういうことかと申しますと、大学に来て授業を受けて、家に帰って、バイトに行って、という、その生活の繰り返しではつまらないので、「大学四年間のうちに何か自分の糧になることを、学内でも学外でも身につける」と定義し活動しています。

［新入生が一歩踏み出すための京都文教入門］　実際に一歩踏み出すためにはどうすればよいのかというところですが、「京都文教入門」という授業があり、そこで先輩方がロール・モデルを新入生に見せることによって、あれやれこれやれと言われてやるような外発的動機ではなく、主体的に自分からしようというモチベーションの向上、いわゆる内発的動機を啓発することを行っています。

「京都文教入門」の中で具体的にどういうことをしているかと申しますと、まず「公開しゃべり場」というのがあります。新入生たちが見ず知らずの人と討論し合って意見交換したり、友だちになる「公開しゃべり場」です。そして「つぶやき授業」――これは、授業中に思ったことなどをつぶやくと、スクリーンに素早くリアルタイムでコメントが反映されるものです。「Bunkyo Menu」では、先輩たちが学内外でどういう活動をしているかというものを広く浅く見せます。それから「プロジェクトPRフェスタ」といって、先輩学生が自身の活動をよりディープに見せるフェスタ感を出したものもあります。

この京都文教入門では毎年アンケートを取っているのですが、今年から新たな項目が加わり、「一歩踏み出せたか調査」というものが加わりました。これは春学期に一歩踏み出せたかどうかをイエスかノーかで答えてもらうものです。受講生三六八人中、「一歩踏み出せた」と答えたのが一八二人で、実に七七パーセントの学生が「一歩踏み出せた」と答えています。

京都文教入門に今年から新しく加わったプログラムに「自己の探求」というものがあります。それは、京都文教大学に入学して周りは見ず知らずの人ばっかりでどうしようという新入生の人たちに、まず友だちづくりや、居場所づくりをしてもらおうというものです。その後、自己理解を深め、他者理解も深めていくことのできるプログラムになっていて、その二つの側面から大学になじんでいただこうというものです。これがきっかけで「一歩踏み出せた」と答えた方が一三八人いました。

［FSDprojectとＦＤの関係］

山本拓　ＦＤとの関係ですが、先ほどの「京都文教入門」を通して先輩方がロール・モデルになり、またその企画などを経ていくにつれ、新入生たちは授業に対する主体性やモチベーションを向上させ、授業への姿勢の改善が図れています。また学生の居眠りの減少、そしてまじめに聞く学生が増えることにより、先生方も「ちゃんと授業を聞いてくれてるんだ」と思って、授業に対するやる側としてのやる気も変わります。どうすれば授業をより良くしていけるか、興味をもたせることができるか、わかりやすくできるか、などを考える取り組みの姿勢・意識も変化していきます。これによって講義の質が向上します。また学生が静かに受けることでより授業がしやすい空間になります。その結果、教員も授業をより良くしていく、おもしろくしていくという気になり、授業全体の質が上がるというしくみで講義の質が向上するということです。

実際に京都文教入門を見学に来てくださる教員の方々も多くいます。私たちＦＳＤや自治会のスタッフが京都文教入門で授業を熱心に行っている姿と、一回生が授業を楽しみながら受けている姿、この二つの姿を見ていただくことによって、教員の方に学生の熱意ややる気を感じ取ってもらえるような仕組みとなっています。そして学生、教員お互いにとってメリットのある関係となっていきます。

その結果どうなっているかということですが、先ほどの「一歩踏み出せたか調査」で、イエスの人を対象に、どのようなことを始めましたかという項目があります。これに対して「授業への意識を改革した」という人が六九人、実にイエスと答えた方の二四パーセントでした。そのほかクラブ、サークル、イベントスタッフ、ボランティアや、またTOEICとかファイナンシャルプランナーといった資格勉強などを始めたという人もいました。

逆にノーと答えた人でも、「大学を有効に使おうと思う」、「何か始めようかと思う」、「このままでは自分はだめになるから何か一つでも一歩踏み出したい」、「もっとやりたいことを探したい」、というように、「まだ踏み出せていないものの、考えるきっかけとなった」と答えています。

［FSDprojectの今後の課題］　京都文教入門の受講生が

なぜ多いのかというと、一回生の必修授業で、これを取らなければ卒業できないからです。もちろん最初は「京都文教入門」ってなんだというように、「京都文教大学の歴史を学ぶのなんて、わけわからねえ」となります。しかし授業を受けていくにつれて、「次第にこの授業おもしろい」、しかも「なんか成長できている気がする」というように、初めは嫌々ながらも途中からは楽しみながら自己成長を促進するような流れとなっています。例えば先ほど紹介した「自己の探求」は成長するためにはまず自分のことを知って、どのように成長していけばいいのかを考える、そのきっかけになります。まず自分を知らなければどのようなところを改善していけばいいかがわからないですから。

その半面、「京都文教入門」に頼りきっているのではないかという心配もあります。それは一定の参加者がいることであまり気にしていないということです。必修なので基本的に皆さん授業を受けに来てくれるので、あまり告知もする必要がありません。しかし「京都文教入門」以外での企画、例えばこの学生FDサミットへの一般参加の募集もそうですが、今年の秋に行う予定の就職活動についてのしゃべり場などにはうまく参加者を募ることができるのかどうかに不安があります。

そこでFSDを通しての目標は、もっと広報について考えていくべきだということです。今は基本的に全学生に対するメール配信で告知を行っていますが、それ以外にポスター、立て看板、またはティッシュ配りなどで、より多くの人に知ってもらいたいと思います。また改善点としては、メールでもタイトルだけではなんかおもしろくなさそうだということになるので、タイトルからいかに引き込むか、そして内容をわかりやすく噛み砕いて書くかなど、今行っている広報活動についても、より考えて改善していきたいと思っています。

［質疑応答］

会場③　京都文教大学の方から、京都文教入門を通して「学生のモチベーションがアップした」、「学生が一歩踏み出した」ということでしたが、これはキャリア教育でやっていることととても近いなと思いましたが、それも意識しておられるのでしょうか。また具体的に一歩踏み出した例がもう少しあれば聞かせていただければと思います。

高橋知　キャリアという部分に関して僕個人としてはあまり深く意識したことはないですが、就活でエントリーシートに書けるような活動を始めた人は多数います。

また、一歩踏み出した具体例ということですが、僕自身の身近な例でよろしければ一つあります。僕の友だちが学外で活動する組織を自分自身で一つ立ち上げました。

山本拓　私が知ってる中では、聴覚障害で授業がよく聞き取れない方のために、ノートテイカーといって授業の内容をノートにまとめるボランティアのサークルが、全くゼロの状態から四〇人もの人が参加して立ち上がりました。

それは一歩踏み出したということに近いのではないでしょうか。
会場③　非常にわかりやすく、そんな例もあるのだという貴重な例をありがとうございました。

【発表四　追手門学院大学「学生ＦＤ パレット」】

追手門学院大学経済学部四回生・都筑裕平
追手門学院大学心理学部四回生・島田一磨
追手門学院大学心理学部二回生・上西　玄

［学生主体の学生ＦＤとは］

都筑　追手門学院大学からは二つ発表があるんですが、最初の発表は僕と島田一磨でさせていただきます。

発表するテーマは「学生主体の学生ＦＤとは」ということなのですが、皆さん学生ＦＤなら「学生主体」という言葉は耳にタコができるほど何回も聞いていると思うのです。そして中には「学生主体とはこうだろう」みたいなことを言える人もいて、ちょっとこの題名だけ見たら、「何だそんなのか」と思われるかもしれないので、今回は学生主体の見方をちょっと違う角度から考えてみました。

それは「教職員主体型学生ＦＤ」。どういうことかと言いますと、学生ＦＤにかかわる教職員さんというのは何かやりたいことがある熱意のあるとてもよい教職員さんですが、学生はやりたいことがなかなか言えない。この、「やりたいことが言えない」というのは決して学生ＦＤ活動を

したくないとかではなくて、「まだ入ったばかりで何をしたいかがわからない」とか、「本当はやりたいことがあるのだが、ちょっとシャイだから言われへん」ということです。その結果、熱意の強い教職員さんに押し負けてしまって、教職員さんが何かを主体的に進めて行き、学生がそれに付いていくという形になってしまうのです。

そうなってしまうとどうなるか——学生は教職員のやりたいことを叶えるための役割を演じるだけで、学生が主体的にやっているとは言えず、学生の存在意義は希薄になってしまうのではないか。これは学生にとっては危なっかしい事態です。そこでもう一度皆さんにこういうことも含めて、学生主体とは何かというのを考えてほしいのです。

島田　学生と教職員の関係性を学生目線で言えば、学生が自由に意見を言えるというのが一番だと思うのです。「しがらみに捉われない自由な発想をバンバン出していけばいいやん」ということですが、それもたしかに重要で、すごく楽しいしおもしろいのですが、それは教職員の方々からみれば、ただの我が儘なのではないかと思われてしまうかもしれないですよね。僕たちは学費を払って好きなこと言っていますが、教職員さんたちは仕事をしていますから、好き勝手ばかり言われてはたまらないと思われてしまうかもしれないです。

でも、自分のやりたいことを言い出せないとか、やりたいことがまだ見つかってないなという学生からしたら、熱意のある教職員さんからのこれやってあれやってという意見は押し付けがましいというか、やらされてる感が出るのではないかと思います。そうなるとモチベーションも上がらないし、成長の意欲もやはり湧かないのではないか、それでは主体的と言えないのではないかと……。

逆に教職員さんの方から見ると、「あんまり学生は意見を言ってこないじゃないか」、「意見を言ってきても大したことないやんけ」ということで、学生にバンバン意見を言っていくということになると、所詮学生を子ども扱いしているということになり、僕ら学生もそういう雰囲気は気づきますし、そうなったらやはり信頼関係なんかできたものではないということになります。

学生FDというのは「一緒に大学を変えていこう」ということですから、やはり「教職員、学生が一体となってやっていくべきで、双方向的に信頼関係をもって行っていくことが大事ではないか」、そして、「それが理想なのではないか」と僕は思います。

それで追手門学院大学学生FDパレットの理念は、「礼儀正しく言いたいことを言おう」ということになっています。このように話し合って信頼関係を深めていって一緒にやっていこうというのが理想なのではないかなと思いますが、いかがでしょうか。

都筑　僕たちが最終的に何が言いたいかというと、学生が教職員の保護下になっていないかということです。では上西君、次発表をよろしくお願いします。

［次世代を担う学生ＦＤ］

上西　僕が今から話すのは「次世代を担う学生ＦＤ」というテーマです。

皆さんが、学生ＦＤをやろうと思ったきっかけは何でしょうか。追大学生ＦＤのきっかけは木野先生もおっしゃっていましたが、去年の四回生で、もう前の世代ということになっています。その世代の方々はとりあえず「大学の授業を改善したい」とか、「学生ＦＤの活動を作りたい」というようにやりたいことが明確だった人が多かったと思います。

今ここに来ている僕らの世代は全員「次世代」ですが、「どんな思いで入りましたか」と聞かれたら、「先輩たちに誘われて」という感じの人たちが多いですよね。でも、やりたいことがあった前の世代ではサミットに来る学生は一五〇人ぐらいまででしたが、今日は三五六名の学生参加ということで、前の世代に比べれば学生の参加者が多くなっています。もちろん参加者が増えたといっても、全国の大学生は二八七万人ですから、八、〇〇〇人に一人という割合で、まだまだ少ないわけで、現に学内の学生ＦＤのイベントに人が来ないというのはどこでも抱えている問題なのでしょう。

では、なぜ来ないのか。広報が悪いのか。自分たちの活動を知ってもらえてないからか。いや、僕は違うと思います。学生は授業改革について興味がないのではないか。そう言ってしまえば言い過ぎかもしれませんが、それに対してやりたいことがはっきりしていないのではないかと思います。学生ＦＤスタッフをやっている人でも、やりたいことが最初なくて、団体に入ってから先輩たちの活動を見て見つけたという人は、今の世代に多いのではないでしょうか。

そういう世代だからこそ、前世代より今の世代の学生ＦＤスタッフは普通の一般学生に近いのではないかと思います。自分たちも普通の学生だからこそ、自分の大学の普通の一般学生との距離を縮めてアプローチすることで、学生ＦＤのパワーをもっともっと強めていけるのではないかと思っています。

そこで僕からの最後の問題提起として、「僕たちのように「普通のやつら」に何ができるか」今日はこれを考えてもらいたいと思います。

［質疑応答］

会場から④　今の追手門学院大学の方の問題提起がすごくいいなと思いました。私は今三年生で、もうすぐ去っていく身ですから、後輩たちがどうなっていくのか気になるので……。今発表してくださった方自身は、この問題提起に対してどう思っているのか、お聞かせいただいてもよろしいでしょうか。

上西　ありがとうございます。「普通の奴に何ができるか」ということですよね。俺たち普通だからこそ、普通の学生に対して、「いや、おかしいよ」と言いやすいのです。今までの学生ＦＤの人たちにはない目線をもって、普通の人（大多数の人）に近い役割で授業の改革とか学生に対するアプローチができるのが次世代の俺たちだという感じでしょうか。

【個人ワーク・ペアワーク】

中原　それでは時間の都合上、質疑応答はここまでにさせていただき、ここから個人ワークをしていただきたいと思います。この五つの補助テーマについて各自で三分間考えてください。五つすべてではなくていくつかで結構です。

中原　それでは今個人で考えてもらったものを、隣の方とペアワークをしてもらいたいと思います。ではペアになって五分間意見交換をお願いします。

中原　盛り上がっているところ申し訳ないのですが、そろそろ全体共有の時間にまいりたいと思います。

今ペアワークでペアになって話していただいたと思いますが、ペアになった人のアイデアとか思いがいいなと思った人は、ぜひとも挙手して発表してもらいたいと思います。発表する際に、五つのテーマのうちどれを発表するのかを言ってから発表してください。

山本堅　それはつまり自分の意見を発表するのではなくて、ペアになった隣の人の意見を発表するということですか。

中原　そうです、そうです。

山本堅　ではこれは、手を挙げなければ隣の人の意見が良くなかったということになるのですか。

中原　そうなんですよ。

山本堅　なるほど、ではこれは手が挙がるよね。

中原　挙がりますね。挙がらないと相手の人の意見が良くなかったということになりますね。それでは挙手お願いいたします。挙がってます、挙がってます。

［ペアワークで出た意見の紹介］

会場から⑤　「何のための活動なのか」というテーマで、やはり「学生のみならず、教員、職員、学生に対してプラスとなる活動であるべきなのではないか」という話を伺いました。

中原　なるほど、ありがとうございます。「他にこんな意見がよかったよ」、「共感したよ」という方はいらっしゃいますか。

会場から⑥　「教職員とのかかわり方」というテーマで、ペアの方は、「やはり学生が主体になる学生ＦＤですから、教職員との関わりを深めすぎると、これは学生という感じでなく、高校生までで言う「生徒」という感じになってしまうのではないか」ということで、「教職員は深く関わり過ぎないでアドバイスや相談という感じでかかわれたらいいのではないか」という考えをおもちでした。

中原　なるほど。ありがとうございます。他にいらっしゃいますか。

会場から⑦　「何のための活動なのか」というテーマで、隣の方は「学びを楽しくするための活動」とおっしゃっていて、それにすごく共感しました。あまりみんなのためとか大学をもっと良くしたいとかそういうことよりも、もっと根本的に「自分がまず楽しみたい」と。「自分の成長のため」とか、「自分自身がもっと大学を好きになりたい」というところがあって、すごく共感しました。

会場から⑧　「次世代の学生ＦＤ」のテーマです。今まで前の世代の人たちは、「ＦＤです、ＦＤです、ＦＤをやっていきましょう」という感じで、「ＦＤを前面に押し出して、「学内での教育を改善しましょう」とかそういう感じでやっていたと思うのですが、これをＦＤとして前面に出さずに、実はＦＤをやっているのだとしてもＦＤと言わず、「あなたのスキルアップのためですよ」と、ちょっと隠してやっていくという意見が出ました。

会場から⑨　「教職員とのかかわり方」で、やはり「教職員と学生が協力することが大切だ」という意見が出ました。ペアの方だけでなく僕の意見でもありますが、私たちの大学では教職員と学生が結構密接して活動しているので、そういう「密接した関係だと活動もしやすいな」というのが二人の意見でした。

［教職員からの意見も聞きたい］

中原　さて、学生の方からたくさん意見をいただきました。できれば教職員の方からの意見も聞きたいと思うのですが、いかがでしょうか。

白鳥成彦（嘉悦大学教員）　嘉悦大学の白鳥ですが、「教職員とのかかわり方」について私の意見をお話しします。

先ほど「教職員主体の学生ＦＤがだめだ」と言われたので、ちょっと自分の心を抑えていたのですが、私に「教職員との関わり方でどうしてほしいか」と聞かれたら、二つあります。

一つ目は「教員と職員を駒のように扱ってくれるような人になってほしいな」と思います。もっと僕たち教員のスキルや職員の予算など、そういうものを駒のように扱ってもらえるような関わり方がいいなと思っています。

それからもう一つ、これは僕の個人的な意見で、「次世代の学生ＦＤ」についてですが、「こういう六〇人もの人がいる中で、拍手ではなく、発表ができるような学生がぜひ育ってほしいな」と思っているところです。

村山孝道（京都文教大学職員）　京都文教大学の村山ですが、「次世代の学生ＦＤ」についてお話しします。

「普通の人に何ができるか」という問いには僕自身はあまり共感しません。どの時代の学生もすごいなと思っていますから。ただ、追大の前の世代はちょっと際立った人がいたからでしょうね。

そういう立ち上げの人というのは、やんちゃで「いろんなことをゼロから作るぞ」という勢いがあって、未開のジャングルを切り拓くような感じで行動します。目の前を一生懸命切り拓いていくうちに知らず知らずに後ろに道ができていく。ところが次の世代の人は、もう切り拓かれた道を歩いている感じが多分あって、そうすると「拓かれていない新たな道を自分で切り拓きたい」という気持ちになります。それはそれですばらしいと思います。しかしそうすると、一度折角切り拓かれた道はまたジャングルで覆われてなくなってしまうということがあります。一度切り拓いた道をちゃんと整地してもっとよいものにしていくことと、全く新しいジャングルを切り拓くことの両方が大切だと思います。例えば文字にする、制度にするなどを行って固めていく。そうしないと、「せっかく作ったものがどんどん捨てられて、結局組織としてあまり成長していかない、大学として成長していかない、スパイラルアップしていかない」と思うのです。初代の人が勘とか勢いとか想いとかで作ったものを全部捨てて、自分たちでまたやるというのでは成長していかないと思うので、次世代を担う学生ＦＤスタッフはそういうところを狙って、しっかりとスパイラルアップしていったらいいのではないかなと思います。

中原　ありがとうございました。それではそろそろディスカッションの時間にまいりたいと思います。四大学の登壇者の皆さんは前の方に出てください。

【ディスカッション】

［「教職員とのかかわり方」について］

司会（山本）　発表していただいた方の意見からいこうかなと思います。いま発表していただいた方で多かったのは、「何のための活動なのか」と「教職員とのかかわり方」が多かったように思います。

まず「教職員とのかかわり方」についてですが、ある方は「あまりかかわり過ぎると学生が生徒のようになってしまう」という意見がありました。片やもう一方の方は、「もっと教職員を利用してくれ、積極的に来てくれ」という意見もありました。これについて四大学の方はどのように考えていますか。

上西　「密な方がいいか」、「希薄な方がいいか」ということだと、僕は「密な方がいいかな」と思います。信頼感がないまま活動するのは余計なストレスを受けながら活動することになるのではないかと思います。なので、「あの先生はあれが得意だからあれを頼もうぜ」とか、「しゃべるのがうまいから前に立ってもらおうぜ」とか、そういうふうにして人を活かしていけるような活動ができたらなと思います。

高橋　僕も同じように「密な関係がいいかな」と思います。同時にフラットな関係でありたいです。学生は教職員の方々のおかげで活動できているというのを忘れず、最低限の礼儀をわきまえた上でのフラットさを保った関係がいいのではないかなと思います。

澤村　今、二つの大学が「密な関係がいい」とおっしゃったのですが、自分は「そこまで密になる必要はないのでは」と思いました。なぜかというと、先生の中には「どんどん協力するから私を利用してくれ」という先生もいらっしゃる一方、「学生の団体を自分の思うように使いたい」という先生もいらっしゃると思うのです。自分がやりたいことがあるが、それを自分だけであまり押し出していくのは困難だから、「ちょうどいい学生団体があったら、それを自分のいいように利用しよう」という先生も中にはいらっしゃると思うのです。だから、あまり密な関係になり過ぎるよりは、やはり「適度な距離感を保ちつつ」という方が自分はいいと考えました。

原　私も小樽商科大学の方と同じで、「あまり密すぎるのはよくないかな」と思います。自分たちで活動日時とかを考えながらするためにも、ボトムアップ的な感じでやった方がいいと思います。

山本堅　ありがとうございます。ではこれに関して、学内でＦＤを担当されていて学生ＦＤも担当されている教職員の方にちょっと聞いてみたいと思います。

吉田博（徳島大学教員）　学生ＦＤを担当していてＦＤもやっているというのは、この中には私ぐらいしかいないのではないかと思います。

徳島大学の学生は先ほど代表の原が「密でない方がいい」

と言ったのですが、私は「密である方がいい」と思っています。密というのは何も仕事を押し付けるというのではなくて、原が言ったようにボトムアップでどんどん提案できるような関係を創るということです。関係性が密で、私のやりたいことをやってもらうのではなくて、学生の想いを実現できるように、関係を作っておくということが大事だと思います。

［「何のための活動なのか」について］

山本堅　ありがとうございます。ではもう一つの「何のための活動なのか」というテーマですが、意見を聞いてると、二つに分かれるようです。一つは「自分の成長のためにやるのだ」と。もう一つの意見は、「いやいや大学のためだ」と。つまり自己のためか他者のためかということになりますが、まず四大学の方に聞いてみましょう。

高橋　僕は「自己のため」というよりも他者である「大学のため」だと思います。ＦＤ活動というのは大学改善・授業改善というのですから、あくまでもメインはそれであって、個人の成長というのはその付録のようなものだと、僕はずっと思いながら活動をやっています。

島田　私は、自分の成長のためにも行っていますが、大学というより大学にいる学生の成長のため、また一歩踏み出せるようなきっかけを提供するためだと思います。大学って本当に学生個人個人によりよい経験をしてもらえるような活動を目的としているのではないでしょうか。

吉田匡　こういった企画とかＦＤ活動をするということは、ゼロから何かを積み上げる力をつけるという面では自分のためになっているので、やはり「自分のため」と思ってやるべきなのではないかなと僕は思います。

原　「自分の成長になる」と思ってやっている人って結構多いのではないかと思いますが、何のためかと言われたら、たぶん「学生のためなんじゃないかな」と思います。それで自分の成長というのは、そこについてくるありがたい副産物ということだと思います。

山本堅　では、これについて、何かこれを言っておきたいという方はおられますか。

中村侑貴（京都文教大学臨床心理学部四回生）　京都文教大学の中村侑貴です。先ほど発言された職員の村山さんともいつもしゃべっていることなのですが、他者がもし大学であっても、その遠い先を見たときには自分のためになるのかなと思います。僕は自分のためにしています。他人のため・他者のためにしてると、「俺がこんだけやってるのに他の人は振り向いてくれない」っていう言葉が出てくるのではないかと、僕たちの中ではよくしゃべっています。僕たちが行きついた答えとして、「自分のために、強くなるため、人のためになることをしよう」という一つ下の後輩が言った言葉があり、それが僕の中ではいまだに響いています。

［ＦＤ最高（再考）！］

山本堅　ありがとうございました。それではそろそろ時間ですので、締めに移りたいと思います。どのトピックスを取っても、意見が四大学ですら分かれる状況ですから、おそらく皆さんの中でも「いやいや、こうだよ」「ああだよ」と意見がいっぱいあると思います。でも、こういうことをしっかり考えて学生ＦＤをやっていかないと、これからの学生ＦＤの発展はないのではとＦＤを担当する者としては考えています。

最後はやはりこの言葉で締めたいと思います。私が「学生ＦＤ」まで言いますから、皆さんはその後をお願いしますね。じゃあ、やっぱり「学生ＦＤ！！」

全員　「最高（再考）！！」

山本堅　ありがとうございました。

分科会を聞いて

この分科会では「学生ＦＤ再考」のために五つの補助テーマが設定されたが、内容的には四つの課題に整理できる。その一は学生ＦＤの目標であり、その二はＦＤと学生ＦＤの関係であり、その三は学生ＦＤにおける学生と教職員の関係であり、その四は学生ＦＤを担う学生スタッフの継承の問題である。

その一の学生ＦＤの目標に関しては、どこの大学でも最初は授業や大学教育や学生生活を良くしたいということで始まったことは変わらないが、それらをどこからどう変えるかということになると一律のパターンがあるわけではなく、徳島大学の学生が言ったように「型にはまらないさまざまな面からのアプローチ」ということであろう。これは大学のＦＤ自体が、例えば授業アンケートにしても設問から結果の使い方にいたるまで一律でないのと同じである。

しかし、学生ＦＤの場合の特徴は、アプローチの多様性だけでなく、学生自身で大学での何かを良くしたいという目標にとどまらず、活動を通じて自分たち自身の成長を目指す意識が強いことである。自己の成長を目指すこと自体はどんな学生団体でも同じであろうが、学生ＦＤの学生たちの場合は「学びの成長」を掲げることが共通している。

その二のFDと学生FDの関係については、FDが大学の教育全体を対象とするのに対し学生FDは当然のことながら学生に直接かかわる事柄が対象である。学生の関心が最も強いのはいうまでもなく授業であり、授業の内容、授業のやり方、そして教育に対する教員の姿勢である。関連して、カリキュラムや履修システム、成績評価の仕方、授業アンケート、大学の施設、教職員とのつながり、なども関心が強い。

その三の教職員との関係については、学生FDは学生と教職員の協力関係が不可欠であることはいうまでもないが、どういう関係が望ましいかとなると簡単ではない。教職員側が熱心に関わり過ぎると学生にやらされ感が生じ、学生主体の活動が生まれにくくなるし、逆に学生主体だからと放任し過ぎると大学・学部や他の教職員との間でトラブルが生じやすくなる。ここは追手門学院大学の学生が言ったように「双方向的に信頼関係をもってやっていく」ことであろう。

その四は学生FDを立ち上げた学生たちが卒業し始めることによって顕在化してきた課題であるが、後輩学生たちが先輩たちの活動をどう引き継ぐのかということと自分たちの新しい活動をどう作っていくのかということとのバランスの問題である。これに関しては京都文教大学の村山氏が「スパイラルアップ」という表現で、先輩たちの切り開いた道を整地してもっとよい道にすることと自分たちで新しい道を切り開くことの両方が大切だと助言した。

この分科会ではテーマに上がらなかったが、二〇一二年夏のサミットでは多様化する学生FDを象徴するかのように、自治会系や学園祭系、そしてピアサポート系の団体も登場し、学生FD再考のきっかけとなった。これらの団体はそれぞれ固有の活動目的をもって組織された団体であるから、学生FDを目標に組織された団体と異なることはいうまでもない。しかし、教育というキーワードで関心が重なり、学生FDサミットにまで参加するようになったことは歓迎すべきことであり、各団体の活動の一部に学生FD活動が広がっていくなら喜ばしいことである。

三　学生が創る授業

本シリーズの第一巻「学生ＦＤガイドブック」で述べたように、学生ＦＤとは大学の授業や教育を学生の視点から良くして行こうという学生主体の活動であるとともに、大学が取り組むＦＤとも連携していく取り組みである。

いうまでもないが、学生ＦＤの共通のターゲットは授業である。授業に学生の声を反映させるために、学生自身がアンケートやしゃべり場で学生の声を集めたり、大学の授業アンケートに学生提案項目を入れたり、学生が良いと思う授業を選んで紹介したり、ベスト・ティーチャーを選んでみたり、先輩学生が大学授業の受け方を新入生に伝授したりするなど、大学授業の在り方を問うとともに学生自らが主体的な学びを獲得するためのさまざまな取り組みが行われている。

これらはすべて大学が提供している授業や教育の実態を学生の視点から見直すことで、教員と学生の双方に意識改革と実際の授業の改善を促すことを目指している。これに対し、岡山大学では二〇〇三年から大学に学生が望む授業の開講を求めるという学生発案型授業の創作という異色の取り組みが行われてきた。しかし、大学の理念や教育目標に基づいて構築されているカリキュラムの中に学生が望むという理由だけで発案型授業を入れることが容易でないことはすぐわかる。現に岡山大学以後、この種の学生発案型授業を実現したと聞いたのは二〇一一年の札幌大学が最初であった。

しかし、サミット以後の学生ＦＤの広がりの中で、岡山大学・札幌大学以外でも学生発案型授業の取り組みが始まり、関西大学・日本大学・広島経済大学でも開講に至ったという報告を聞いた。そこで、二〇一三年夏のサミットでは最近開講を実現した三大学の実践報告を聞き、学生発案型授業の可能性と課題について考えてみたいと思った。三大学の学生スタッフに声をかけてみたところ、いずれも賛同してもらい、関西大学の学生たちが分科会の企画を引き受けてくれた。

以下はそのとき（二〇一三年八月二五日）の分科会での取り組み発表と意見交換の記録である。

◉分科会「学生発案型授業の可能性と課題」の記録

司会：関西大学法学部三回生・金井塚悠生

司会：関西大学法学部三回生・松下　愛

金井塚　皆さん、こんにちは。今日は「学生発案型授業」をテーマに、実際にその取り組みを行っている関西大学と日本大学、広島経済大学の三大学の方々に、その報告をしていただきたいと思います。そのあと、学生発案型授業という活動がもつ、大学教育とか授業改善に対して秘めた可能性について考えていきたいと思います。

松下　二人で司会をさせていただきます。どうぞよろしくお願いします。

・学生発案型授業の取り組み発表

【発表一　広島経済大学「創ろう！　私たちの授業プロジェクト」】

広島経済大学経済学部二回生・石丸雄大

広島経済大学の「創ろう！　私たちの授業プロジェクト」の成果発表を行いたいと思います。

私たちは「スポーツで学ぶ共生力」という授業を創ったのですが、これは、スポーツでどのように異文化の人や障害者の人と共生していくかをテーマにしている授業です。授業構成は「理論編」と「体験編」と「実践編」に分けて行います。これは先輩方が考えたもので、一から学生が考えて教員にこういうふうにしてくださいとお願いして創りました。

また、私たちはこの授業の問題点を自らの手で改善し成長させてきました。そして、その改善していく過程で得た知識や経験を学内の教員によるＦＤ研修会で発表するという機会がありましたので、そこで報告して他の既存の授業

に反映していただき、大学全体の講義に対するモチベーションを高めていただくということも目的にしました。

授業を創るプロセスですが、アイデア創出のところではワークショップを開催して意見を集めたり、高校生や学生へのアンケート調査を行いました。その次に、ニーズ調査のために学内の学生に対してアンケートを実施しました。この調査は新科目を選出するためのものです。また学生と教員による授業研究会の実施も行いました。最後に、新科目・新授業案のシラバスを作成して提出するという流れで、新科目を設置するまでに至りました。

［授業を行ってみえてきた課題］

この授業の特徴として、グループワークを重視してきたことが、まずあげられます。そしてもう一つは授業の復習をフィードバックシートと呼ばれるしくみで考える機会を生んだということです。さらに私たちも授業ごとに授業通信を発行し、学生に配布しました。

この授業のなかからみえてきた課題ですが、理論編は座学が多く学生への投げ掛けが少なかったという意見が多く出されました。

それから初めのアイス・ブレイキングが不足してグループワークがうまくいかなかったということがありました。またこのグループワークのメンバー編成を自由にしてしまったために、知り合い同士が集まって、なあなあになって

「スポーツで学ぶ共生力」

【達成目標】本授業は、興動館科目の４つのフィールドの内、共生力に分類される授業であり、到達目標は以下のようなものです。

(1) 日本ではマイナーなスポーツを実際にすることでスポーツに対する興味、関心を高める。

(2) スポーツの新しい見方を知ることで、スポーツの視野を広げる。

(3) スポーツ団体のイベントを支える実践活動をすることで、地域貢献に対する意識を高める。

【授業方法】授業においては、基本的な知識や考え方を学ぶ理論編、自分たちが新しいスポーツを学ぶ体験編、体験したことを他者に伝える実践編の３つの構成になっています。

【評価】出席20%、レポート40%、授業態度20%、第三者評価20%

しまったということも起こりました。その改善点として、メンバー編成を複数回ごとに分けて行うことを考えました。

最後に、授業内容の共有についてです。これは実は先ほど言いましたように理論編、体験編、実践編に分け三人の教員に担当していただいたのですが、その教員同士の打ち合わせや情報の共有があまりうまくいかず、授業中に何回も聞いたとかうまくつながっていかないことがよくあったという報告を受けました。

［学生発案型授業としての可能性と課題］　何よりも、学生主導で科目を創ることができたということは大きな可能性だと思います。さらに、授業構成を教員に任せるのではなく、学生が考えて自分たちで作り実施することができたのも大きな成果だと思いました。さらに、授業を受講した学生の意見を教員に伝えるツールを作成することができたことです。

また学生発案型授業の課題ですが、教員とコミュニケーションを取ることがうまくできずに発案者が思ったような授業にできなかったということがあげられます。私たちのプロジェクトの元代表の人だけが教員と話し合っていただけで、私たちメンバーはほとんどそういうことをしなかったので、最後終わってみたらあまり思ったような授業になっていなかったなという反省が生まれました。

そして、発案者が授業を受講していないと雰囲気などがわからず改善が難しかったということです。学生発案型といっても正規の授業ですし、しかも定員が三〇名ということで、私たちも抽選で外れたりして受講できないこともあったからです。

さらに、他の先生方に学生発案型授業を創る意義を伝えることが難しかったということです。実際この学生発案型授業を創ろうとなってから五年ぐらいかかったのですが、それは先生たちを説得するのにだいぶ時間が取られたということです。シラバスのアンケートを取ってからも二年ぐらいかけて説得して意義を伝え、三年目にやっと創ることができました。

最後に、担当教員をみつけるのが難しいということです。いま私たちはもう一つ新しい科目を創ろうとしているのですが、そこでもやはり悩んでいて、どうやって見つけるかということが、なかなかわかりづらいということがありました。

【発表二　日本大学文理学部「学生主体型授業の実施」】

日本大学文理学部四回生・今宮加奈未
日本大学文理学部一回生・石堂浩暉

学生発案型授業の分科会なのですが、あえて「学生主体型授業の実施」という発表タイトルを付けました。「学生主体型授業」というのは私たち文理学部学生ＦＤワーキンググループで付けた呼び名で、授業を学生から企画提案するだけでなく、授業の進行も学生ＦＤスタッフが担当するということから、このようなタイトルにしました。

〔プロジェクト教育科目制度〕　それではこの授業をどう実現したかを、まずお話しします。文理学部にはＦＤ委員会という私たちの上部組織にあたる組織と学部常任委員会というところがあります。そこが平成二二（二〇一〇）年度にある制度を作りました。それがプロジェクト教育科目制度という学生が授業を企画することのできる制度です。企画は一〇月に毎年提出し、一カ月の審議を経て開講します。この制度があったからこそ私たちの授業が開講できたのですが、もしかしたら皆さんの大学にも、知られざる自分たちの授業発案に使える制度があるかもれません。私たちも、この制度を学生ＦＤスタッフ担当教員の古田教授から聞いたことで、初めて利用する運びになりました。ですから、皆さんもＦＤに詳しい先生にこのような制度がないか聞いてみるとよいかもしれません。

〔開講に至る経緯〕　次に具体的にどのようにして開講に至ったかということですが、まず去年の夏に私たち学生ＦＤスタッフで集まって、やってみたい授業、受けてみたい授業というのを募りました。その後、内容を教授と検討し、今までにないテーマがよいのではないかとか、方法を新しくしたものがよいのではないかと相談し合い、最終的に一枚の既定用紙に必要事項をまとめて委員会に提出しました。

　提出用紙の概要部分に一五回のシラバスを記載する欄がありますが、この一五回の授業シラバスも教授と一緒に考えて学生ＦＤスタッフが作った点が、一つの成果ではないかと思います。そして一カ月の審査期間を経て無事に開講に至りました。

〔開講前と開講後〕　さて、開講前に学生ＦＤスタッフがやったことをまとめます。授業の企画と立案、担当教授へのオファー、受講予定学生の募集があげられます。

　受講予定学生の募集なのですが、これは文理学部で学生が授業を企画する際の規定として、二〇名以上の予定受講者を募って名簿で提出することが必須条件になっています。そのため、受講を呼び掛ける宣伝ビラを作り、仲よくしていただいている教授に頼んで、一年生の必修授業で一〇分間宣伝をさせてもらいました。その結果、六〇名の受講予定学生を集めることができました。そこでできあがった名簿を、授業担当教授のところに持っていき内諾をいただいたというしだいです。

　開講後にしたことは、実際の授業の進行ですが、そのために学生ＦＤスタッフ自身も授業を受講しました。そして最後にアンケートの実施も行いました。

〔授業の概要〕　では、どのよう

な授業をしているのか。これはシラバスを見ていただくとわかるように、人文社会系の授業です。「これから「日本の将来」の話をしよう」というタイトルで、二〇一〇年にNHK白熱教室で有名になったマイケル・サンデル教授の著書『これからの「正義」の話をしよう』をもじり、双方向型授業で日本の情勢から世界情勢について学生同士で熱く語ることを目的にした授業です。

単位数は半期二単位、受講可能学年が一年から四年と広くとっています。これは、受講生が情報収集・分析・発信の能力を身につけることを狙いました。学生FDスタッフが考えた内容としては、グループ・ディスカッション、ディベート、スピーチなどで、適宜進行を見守りつつ進めていきました。

ところで、受講学生の数ですが、実際にこの授業を受講

「これから「日本の将来」の話をしよう」

【授業のねらい・到達目標】授業テーマにあるように、本講座はあくまでも受講生諸君の情報収集・分析、そして発信の能力を身につけることを目的としており、いわば学生の問題意識を鋭敏にし、相互のディスカッションを通じてより洗練させていく狙いがある。したがって、受講生はまず「日本の現状」について問題意識をもち、受講生のグループ別編成のなかで意見の発信を行っていくものとする。

【履修条件】あくまでも受講者主体の講座であるから、最低限、自己を研鑽しようとする姿勢は必要である。その点を十分に認識して参加してほしい。

【成績評価】平常点（40%）、レポート（20%）、授業参画度（40%）。毎回の授業における積極度が重要であり、討論への参加なくして評価は得られない。

した学生は一〇名でした。ビラを配った時点で六〇名だったのですが、開講時期が火曜日の四限だったため文理学部一年生の必須授業の時間と被り、ほぼ脱落してしまったのです。ですから結果的には少人数規模の授業といえます。

［受講学生のアンケートから］　アンケートも取りましたが、その目的は授業の反省と質向上です。アンケートを見るとわかるのですが、受講学生のほとんどが友人や先生、学生ＦＤワーキングスタッフに勧誘されて受講していました。広報とか勧誘の媒体としてはチラシもよいのですが、やはり個々の宣伝が一番有効なのではないでしょうか。

　アンケートの回答はグラフにしたり、最頻値なども出して分析しています。最も評価が高いのが、「双方向型授業」という各人が意見を発表できる授業方法だったという項目でした。文理学部では双方向型授業が珍しかったため学生受けしたというところです。

　反省点について、「スタッフ側がもっと主導権を取ったらよかった」とか、「何をやるか受講生にもっとわかるとよい」という意見があるように、学生が主体で授業進行を行ったのはよいのですが、やはり授業をするプロではないので、もう少し教授と連携して授業をさせていただければよかったかなというところがあります。

　では、気づきと感想を石堂君からお願いします。

［気づきと感想］

石堂　僕からは主に感想について述べていきたいと思います。まず、主催側の感想として主に二つの成果をお話ししたいと思います。

　一つは、まず専門外の分野について考察することができたということです。これはどういうことかというと、日本大学文理学部の中にはたくさんの学科が存在しており、理系、文系、また体育系の学生さんもいらっしゃいます。つまり、自分の専門分野外の学生も受講されるので、さまざまな専門分野についても考察しないと授業としては成立しなかったのです。その結果、専門外の分野についていろいろなことを考察できたということです。

　次に、授業を作るにあたっては、当然のことですが、大学授業の仕組みについて理解しなければならないということです。また教員に授業の担当をお願いに行かなければならないのですが、そういう方々とコンタクトをとる機会がかなり増えた結果、大学授業の仕組みや教員側の取り組みを理解するきっかけにもなりました。

　この授業の成果、反省点、気づきをまとめます。

　まずは教員と学生間のコミュニケーションを取ることの大切さを実感しました。

　そして事前広報による工夫が必要

だったということ——これは六〇名を予定していたのが実際には一〇名ほどの受講生だったということからも、そう感じました。

最後に、授業の方針を受講生に明示することの重要性です。私たちは実際に授業に参加して進行を行ったのですが、授業のたびに方針が揺れたため、「シラバスどおりに進めた方がよかった」という意見が受講生の方から結構多かったということがあり、この点を反省しています。

また、受講生からのアンケートに、「主催していた学生FDスタッフも学生なので、学習意欲が刺激された」という感想がありました。そして、「もっと自分たちも知識を得たりスキルを上げたい」というふうに回答していました。また、学生FDスタッフと受講生では学生同士、自分たちが向上させたい技術・技能というのが結構似ているところがあって、「望むスキルが身に付いた」という感想を得ることもできました。

また、この授業の内容はディベートとかディスカッションですから、自分自身や学生自身の考え方というものを伝える場面が結構多かったので、「他学生の知識や考え方を知ることができた」という感想も書かれていました。

それから担当教員のご意見としては、「ディベートは熱く激しく」ということでした。学生FDスタッフもハーバード大学の白熱教室を参考に、そういう授業を理想に掲げて作っていますが、「白熱ということですからもっと熱く激しくやったらどうですか」というご意見をいただいています。また、「ディベートの後は両者の見解を踏まえてしっかりと議論を熟させるように」というご意見や、「ディベートを踏まえた上でさらにステップアップするように」というご意見もいただきました。また、さすがに一〇名だけでの授業はもの寂しいものがあるということで、「よりよい議論にするためにはやはり人数確保が必要」という声もありました。

【発表三　関西大学「学生提案科目」】

関西大学商学部三回生・藤田知也
関西大学商学部二回生・小田由紀子

僕たち関西大学は「科目提案学生委員会」という制度があり、分科会のタイトル自体は学生発案型授業となっていますが、僕らは「提案」という言葉の方になじみがあります。

関西大学の中ではさまざまな学年・学部の学生が壁を越えていろんな学びに触れることのできる全学共通科目という制度があります。関西大学は総勢三万人を超える学生数がいて、一四学部ありますが、そのうち一〇学部が一つのキャンパスに集合しています。ですから文理もそうですし、外国語学部とか結構特殊な学びをしている学部の学生ともすぐに触れ合うことができる、それが全学共通の一般教養科目になっています。

［学生提案型科目の開講］　その中で二〇一一年には、

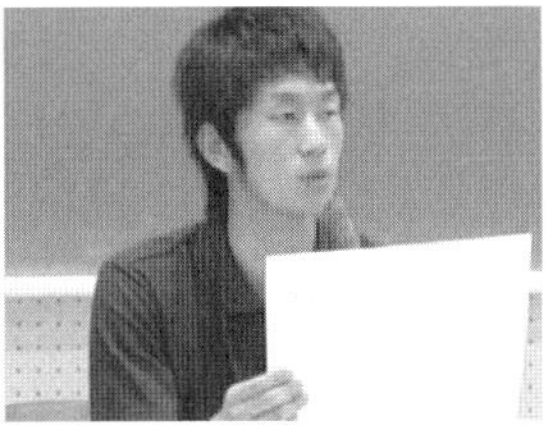

学生自身が授業内容を企画提案する「科目提案学生委員会」というものが作られ、学生提案型科目が開講されました。既に三つの科目が開講されていて、その一つは「それいけ関大生」というものです。名前はちょっとふざけた感じですが、これぐらいの大教室でこれぐらいの人数でのグループワークを中心にした授業です。オリンピックで金メダルを取ったテコンドーの選手や、イラクの人質事件の当事者の方とかをゲストスピーカーに呼び、さまざまな学部・学年の学生がグループを作って全体のパネル・ディスカッションを行う授業です。

二つ目は「プロフェッショナルのまなざし」という科目で、一五回の授業を毎回違う学部の先生がバトンタッチで授業をしていくというもので、一四学部の学びについて触れることができるという科目です。三つ目は「自ら育てる関大ブランド」というもので、大学内で畑を作り、実際にトマトを育て、それをブランディングするような授業です。どれをとっても既存の授業の枠組みからはなかなか飛び出してこないようなユニークな授業がこれまで開講されてきました。

「新科目「関大生の私たちにできること—被災地（大槌町）と向き合う」」　僕たちも「科目提案学生委員会」の中の一つのチームなのですが、学生委員会も全学共通科目の領域に応じて「社会性」、「国際性」、「人間性」という三つに分かれています。僕たちはその中でも「社会性」のチームなので、社会的な事柄を扱った科目を提案しようということで、今回企画した授業が「関大生の私たちにできること—被災地（大槌町）と向き合う」という科目です。そして授業だけでなく、ゆるキャラを阪大さんなどの影響を受けて作ったり、先ほどの日大さんと同じように、Facebookとかツイ

「関大生の私にできること—被災地（大槌町）に向き合う」

【授業の狙い】この授業の狙いは被災地（大槌町）の「いま」に焦点をあてて、被災地の復興にいま必要なこと，被災地・被災者が本当に求めていることを理解し，遠隔地・大阪にいる関大生のあなたができることを見つけることです。

【授業の形式】授業は，レクチャーとディスカッションなどのグループワーク，クラスワークを組み合わせた形式をとります。前回の授業内容をもとにしたグループワークが毎回行われる「積み上げ型」ですので毎回出席が必要です。

【授業の特徴】この授業は、関西大学科目提案委員会の学生が企画・立案した「学生提案科目」です。

【成績評価】筆記試験に代わる論文（レポート）約７割，ミニレポート（5-10回程度）約３割，授業へのコミットメント約１割。

ッターなどでも発信しています。

それから僕たちの授業のテーマは東日本大震災ということですが、あれから二年が過ぎて報道も少なくなってきていますが、とくに私たち大阪ではなかなか現状について知る機会というのは少なくなってきています。

その中で僕たちの授業では、関西大学が以前に地域連携協定と呼ぶ相互支援の協定を結んでいた岩手県の大槌町という町を対象としました。『あまちゃん』で有名になった久慈市のちょっと南ぐらいの場所ですが、その大槌町に焦点を当て、被災地の復興のために必要なことや、被災者の方がいま本当に求めていることは何なのだろうということから、まず被災者の方と向き合うことを通じて遠隔地の学生である僕たちができることを見つけていくという、すごく壮大なテーマの授業を行いました。

［授業のやり方］　授業形式ですが、まずは被災地の現地から町長さんや、現地でツアーガイドをされている方を実際にお呼びしてレクチャーしていただきました。そしてそれを受けて、四人で一つの班になってグループワーク、グループディスカッションをしてもらいます。そのときに「ラベルワーク」といって、手元にあるラベルを使ってレクチャーの要点を書き、それをグループの中でシェアして似たようなものをくっつけてタイトルを付けたり関連性を付けたりして、一つの大きな要点の図解を作ることを通じて学びを深めていきました。その結果、レクチャーを受けてグループで図解を作成するグループワークを繰り返すという形式の授業になりました。

授業の最後には、受講生一人ひとりが当事者として被災地と向き合い、被災地にとってできることを考えて書いてもらいました。最終的には、六〇人以上の受講生から六〇以上の取り組みが提示されました。

こんな感じで授業をしましたが、せっかくですので受講してくれていた方から簡単に授業の感想を聞いてみたいと思います。

［授業を受けた受講生の感想］

小田　授業の感想ですが、この「被災地を学ぶ」という授業はすごく人気が高く、抽選科目になっていて、私は幸運にも抽選に通ってこの授業を受けることができました。

まず授業を受けた第一印象は、授業で行うラベルワークというラベルを使った図解づくりという方法を聞いたことがなかったため、たいへん戸惑ったということです。一回の授業でとてもやることが多いのです。（私は二回生なのですが）二回生の私でもすごく戸惑ったので、たぶん一回生とか慣れていない人はもっと戸惑ったと思います。でも周りに科目提案委員の皆さんがいたので、わからないことがあればすぐに聞いたりできて、とてもスムーズに授業を受けることができました。

この授業を受けて私がよかったと思ったのは、たくさんの被災地の現地の方の話を聞いて、それを自分たちのグループで話し合ったりして自分たちで考えることができたということです。受講生の中にも実際に被災地に対して行動に移している人たちもたくさんいて、そういう発表をする機会がたくさんあったのですごく刺激を受けることができました。本当に受講生同士で刺激を受け合って啓発される感じで、自分たちでとても考えることのできるよい授業だったと思います。

藤田　ありがとうございました。

僕はこういう授業を作るという活動に関わったのは初めてだったので、毎回授業は手探り状態で、受講生に無理な要求をしたり、こっちの不手際で全然グダグダな感じになってしまったこともありました。でも目標にしていたように、受講生を巻き込んで受講生たちと一緒に授業を作っていきたいという思いがあったので、今のように思ってくれる受講生がいたというのは、僕らのやりがいにもつながりよかったなと思っています。

［今後の課題］　ただその半面、僕たちにも課題というものがあります。僕らの組織自体は大学の非公認、あるいは半公認団体という状況なので、もちろん僕たちもボランティアですが、教員とか職員の方も皆さんボランティアで関わっていただいています。やはり活動に関する経費などは自腹ですし、すごく時間なども掛かるわけです。僕は三回生ですが、週に三日ぐらいは朝の一限に来てずっと準備をしてという生活が続きました。

そういう中で僕らは誇りをもってやっているからよいのですが、やはり制度として存続させるためには、まだまだ改善の余地があるかと思っています。また取り組み自体の認知度もまだまだ低いと思います。より多くの学生が授業というものに対して当事者意識をもって自分たちで改善していく、あるいは自分たちが作り上げていくというように思えるような取り組みをこれから続けていければと思います。

・パネルディスカッション

【一　学生発案型授業の成果と可能性】

金井塚　まず一つ目の題、「学生発案型授業の成果と可能性」ということですが、それについて一度パネラーさんたちの意見を聞いてみたいと思います。

フリップに一言書いていただき、あとは説明していただければと思います。

藤田　今回の学生発案型授業の成果から言わせていただきます。

まず、受講生を巻き込んだ授業を作ることができました。授業の後はいつも受講生と一緒に授業の振り返りをしてましたし、この一一月には大学祭がありますが、その学祭で大槌町の特産品を展示し販売するという計画を立てています。その企画も受講生が主体となっており、僕たちはサポート側に回るという感じです。また九月の五、六、七日と受講生が主体となって大槌町に日帰りツアーをしようという計画を立ててくれて、実際に受講生の中から二〇人前後そのツアーに行きたいという人がいます。授業が終わってからもそういう受講生を巻き込んだ活動ができていることが成果ではないかと思います。

学生発案型授業の新しい可能性は先ほどの発表でもありましたが、既存の授業にない新しいテーマの授業を作ることができるということではないかと思いました。

石丸　僕が感じた可能性は、学生に刺激を与えることができるということです。学生でも授業を作れるのだと一般の学生にもわかってもらうことで、ちょっと授業に興味をもってもらえるかなと思いました。

今宮　私が考えた成果なのですが、月並みな言葉になりますが、学生の目線で授業を作れるということです。なかでも私たちが取り組んだプロジェクト教育科目というのは、教授に提案した時点で「そういう発想はなかった、斬新だ」という意見をいただきましたし、学生の方からも自分たちが受けたことのない授業を受けて刺激的だったという意見をいただきました。

この学生が発案して授業を開講するということの利点は、やはり学問的な意見だけに凝りかたまらず、学生がいま身につけたい技能などを授業にできるところかなと思います。

山村康平（広島経済大学経済学科二回生）　私が可能性として考えたのは「教員に学生の思いを」ということです。私たち広島経済大学では授業を実際に学生発案で考え、そして教員の方々と連携して授業を構成して作ったのですが、教員のニーズとしても「学生の思いを聞きたい」

ということがありました。しかし私たちの思いをただ伝えるだけではなくて、一緒に授業を作っていく中で、「授業を受けてどうだったか」といった学生の思いを説明して一緒に考えていくことができるのではないか、そしてよりよい授業を作っていけば学校もよりよい環境になっていくのではないかと考えました。

小田　私が考えた成果と可能性なのですが、先ほど発表でも言いましたが、学生同士でのグループワークや話し合いの中からお互いが刺激し合えるということです。こういう授業に出ている受講生にはとても意識の高い学生が多くて、こういう団体であありことをしているとかいう話を聞くことができて、お互いに私も啓発されましたし、そういったことがあったから良かったのかなと思いました。

石堂　学生発案型授業の成果と可能性で思ったのが、まだ不完全ということです。どういうことかというと、まだ始まったばっかりで、欠点と良かった点がそれぞれの大学で違っていたからです。よく考えればまだまだ可能性があると思うので、これからも作っていきたいと思います。

金井塚　だいたい僕らが普段思っていることは、「受講生をいかに巻き込むか」とか、「学生の受けたい授業とか求めている能力というものをいかに授業に反映するか」とか、あるいは「教師にいかに学生の思いを伝え、一緒になって授業を作るか」といったことですが、実際に三大学とも取り組みは始まったばかりなので、いろんな情報を共有してこれから可能性を見いだしていければと思います。

［フロアから］

金井塚　それでは、これを受けて会場の皆さんから、この学生発案型授業の成果と可能性はどういうところにあるのかについて少し議論していただきたいと思います。

会場から①　僕は理系の総合大学を出て今は大学院にいるのですが、今の学生発案型授業の成果と可能性という話を聞いていて気になったことがあります。理系というのは結構勉強会なりセミナーなり学会なりで、講師を呼んで講演してもらったりします。その講演とかセミナーとは違って、この学生発案型の授業が授業であるがゆえの利点や、授業であるがゆえにこんなことができるという可能性を、パネラーの皆さんに語っていただければと思います。

金井塚　ありがとうございます。そうですね、自分たちで企画するなら自主的なセミナーとか講習会でもよいのではないかと。なぜ授業でやる必要があるのか。これはたしかにちょっと気になるところではあると思うので、ぜひパネラーの皆さんからお答えしていただければと思います。

石堂　私も専攻は数学なので、大学一年生ですがお答えします。

理系だと確かに勉強会やセミナーは結構多いです。ただ、学生発案型授業というと、やはり前に出てスピーチをする場があるわけです。賛成・反対に分かれてディベートをすることが結構多いのですが、それはやはり数学や理科系のセミナーとは違います。セミナーでは一人が説明して聞いている人たちがそれについて自分の考えを言うことが結構多いと思いますが、そうではなくてグループごとに議論を熟させたあとに、賛成・反対両方の立場からきちんと考え議論していくという点では、やはり理系のセミナーなどとはちょっと違ったものになると思います。

会場から①　ありがとうございました。今のはよくわかりました。

実は僕たちが事務とか学務課に自分たちで授業の案を出したいのだというと、それは自分たちで勉強会を勝手にやればと言われるのです。先ほどの質問に関連して、そう言われたときにどう対応すればいいか、そういったときに皆さんだったらどう答えるのかについてもお願いしたいと思います。

金井塚　どうでしょう、実際に制度としてまだ確立されていない中で僕ら三大学はやっているので、こういった問題点というのは結構日常的にあるかと思うのですが、どういうふうに対応して自分たちの提案型科目を今の形で実践にこぎつけたのかについてお願いします。

今宮　私たちも学生が主体となって発案して授業を開講するにあたって、その意義について考えました。勉強会なら意欲のある人同士集まればできるわけで、それをわざわざ授業にして単位を授与する意味があるのかということなのですが、やはり学生だけでの勉強会には限界がありまして、教授がフィードバックを行ったり方針を示してくれることで得られる専門性にはどうしてもかなわないと思います。勉強会よりさらに上のテーマを扱うことができるのは授業だけですし、また単位が授与されるということで出会える人の幅も広がり、決まったグループだけではなくいろんな人との交流を通じて勉強を深めることができるという意味で、とても意義があるのではないかと思います。

金井塚　そうですね、そういった意義を主張していって認めてもらうというのが、たしかに僕たちもやっていることなので、事務的なことなどいろいろ難しいかもしれないのですが、そういったことを参考にされればと思います。

会場から②　貴重な発表をありがとうございます。

一点パネラーの方から出たのですが、単位の問題です。学生発案型授業はすごく実験的で挑戦的でとてもよい有意義な活動だと思うのですが、結局単位を出さなければいけないというのが授業には大きな特徴としてあると思います。先ほどの勉強会の話ですと、別に単位を取るとかではなくて、ただ自分の学びたいことを学ぶ・勉強するということですが、そこに単位という問題が入ってくると、学生をどういうふうに評価するのかという評価の基準をどう考えていらっしゃるのか、そこが少し気になるのですが、いかがでしょうか。

金井塚　正規の科目の授業では単位が発生します。するとそれを評価するという責任まで果たして学生が負っていいのか、あるいは学生がやるのであればどういった基準でするのかというのは必ずつきまとう問題だと思います。他大学さんはどうなっていますか。

藤田　関西大学のフジタです。単位の評価に関しては、僕たち関西大学においてはコーディネータの教員に担当していただいています。評価の方法も先生にやっていただいていますが、一応提出物はこういうものにしようとか、そういう話は先生と打ち合わせをしています。

石丸　僕たちも同じで、教員に任すという形をとっていました。ただ僕たちは、提出物やレポートなどもすべて教員に任せていました。

今宮　私たちも最終的な評価は先生方に下していただいたのですが、その評価方法などは一緒に考えていくという方針をとりました。例えば私たちの授業では最終スピーチを評価項目に加えるというのがあったのですが、スピーチの評価点やポイントなどの表はこちらで作成して、それを先生に使ってくださいというふうに申し上げたりとか、出席票の記録を毎回取ったりということで協力していました。

会場から②　もちろん教員が単位を出すというのはわかるのですが、その評価の仕方というところで日本大学の方は踏み込んでいらっしゃるのですね。どこまで学生側から授業に介入できるのかというのが知りたかったところなので、ありがとうございました。

【二　学生発案型授業を実現する上での課題】

今宮　学生発案型授業を実現する上での課題ですが、こんなふうに書きました。「自己満足になりがち」ということです。

これは私たち日本大学の学生はＦＤを始めて間もないということもありますが、大学の授業を発案するということと、大学の授業の質を保証するということはまったく別問題でして、私たちはそれに関する知識やノウハウはまだまだもっていないといいますか、その道のプロではないと自覚していく必要があるのかなと思います。それを踏まえた上で他の二大学さんの取り組みなどを見ていると、やはり専門家の方に意見を聞いたりとか研究会を行っているということで、その点を私たちも考えてより取り入れていく必要があるのかなと思いました。

石堂　課題ということですが、この授業が学生発案型授業だと知られていないということがまず問題だと思います。私もシラバスを見て、これは学生発案型授業なのだと授業に参加するまでよくわからなかったので、どのようにシラバスに書くのか、どのように広めていくのかということが課題だと思います。その点を十分考えて改善していきたいと思います。

藤田　課題としては、学生委員と教員、職員さんの相互の協力が必要だと感じています。また、地盤を固めることも必要です。なぜかといいますと、授業でゲストスピーカーを呼ぶ回があります。そのゲストスピーカーを呼ぶにあたってやはりお金も掛かりますし、文具申請にもお金が掛かります。そういう面で職員さん、教員さんの手を借りざるを得ない状況が存在するので、そういうときにはやはり制度がしっかり整っていないといろいろと不備が出てくるため、その点が課題ではと思いました。

小田　課題ということなのですが、学生提案型授業を次につなげられるかを挙げました。今学期学生提案型科目のよい授業があったとしても、来年にまた同じような授業を受けられるかといったら、必ずしもそうではない場合があるかもしれないと思いました。こういう授業はたぶんその授業を受けた受講生が、またこういう授業を作っていきたいと思って、自分が科目提案委員になるのかなと思うのですが、なかなか行動に移らない場合もあるのではと思いました。

山村　私が考えた課題ですが、「教員と学生の関係」と書きました。授業を作っていく上では学生が学生に授業を教えるということはないこともないですが、学生が単位を学生に出すわけにはいかないので、教員との関係がしっかりしていないとしっかりした授業にならないと思いますので、そういった位置づけ・関係をしっかりしていきたい。そういうところが課題ではないかなと考えました。

石丸　私は「伝えること」と書きました。これはまず教員の人たちに自分たち学生が授業を作る意義を伝えるということです。教員に学生の意見がしっかり伝わらないとニーズに合ったものはできないし、よい授業にはならないと思うのです。

金井塚　それではこの話し合いを受け、会場の皆さまから、この学生発案型授業を実現する上での課題というのはどういったもので、どういったアプローチによって解決できるのかといったアイデアをいただければと思います。

会場から③　皆さんは学生を巻き込んだりとか、学生の刺激・学び合いが成果だとおっしゃっていますが、はっきり言って、より多くの教員がそういう授業をすれば学生発案型授業はなくてもよいのではないかと思います。でもまだそうなっていない以上、学生発案型授業を受けることが目的なのではなくて、学生発案型授業を受けたきっかけで何か他の授業も意欲的に頑張ってみようとか、そういうふうな役割を果たすということが課題だろうと思います。

最終的には成果として、こういう受講生がこれだけ来て、学び合いの成果で学生がこういうふうに変わったというのを、多くの全学の教員に発信していかないと他を巻き込むことはできないだろうと思います。大事なのは学生も巻き込みながら他の先生たちにこの学び合いのシステムであったり自分たちが考えていることを発信しながら、発案型授業以外でもそういう学び合う授業、学生が刺激を受ける授業というものを作ってほしいというアプローチを発信することで、そうしないと意義としては何か欠けてくるのではないかと思いました。

金井塚　すごいアドバイスのような感じで、僕も聞いていて大変勉強になりました。こういう取り組みを授業内だけで完結するのではなくて、そこから何か発信していくということが大事だという意見だったのですが、何かそれに

対していかがでしょうか。

山村　広島経済大学では実際に授業ができたのですが、確かにその授業を作った自分たちとその授業をやられる教員の方々だけで終わらないようにすることが大事だと思います。私たちのところでは、授業で得た経験や知識などを持ち帰って教員と話し合い、年四回「ＦＤ研修会」というのが設けられていますので、そこに他の教員の方々を呼んで、こういう授業ができました、既存の授業に反映できませんかという会議は設けさせていただいています。

会場から④　先ほど関西大学の方が意識の高い学生が出席している授業だと発言されましたが、ちょっと私は違うと思うのですよ。本来的に学生発案型授業というのは、出席すれば意識が高くなる、もしくは意識が高くない学生でも出席したいと思う、そういう授業こそ学生の方から提案してほしい授業だというふうに私は思っているのですが、その辺のところ、皆さんどうお考えかご意見を聞かせていただきたいのですが。

藤田　そうですね、最初から意識が高い学生向けの授業というのでは、一般教養科目に限定してそこに開講する意味もなくなると思うので、やはりどの学生でも一五回の授業を受け終わったあと学生の意識が変わるという、そういう授業を提供できることが学生発案型授業の可能性ではないのかなと思いました。ご意見ありがとうございました。

金井塚　関西大学のメンバーとして少し補足させてい

ただきますと、僕らの今回の科目というのはすごくテーマが重かったので、実際に既に被災地支援をされている方とか意識の高い学生さんが多かったのです。でもやはり学生提案型科目というのは単位を取るのが楽なのではないかとか、何となく取ったという受講生の方もたくさんいました。これは六〇人中最高で一八名欠席されていたことがあったことでもわかります。

ただ、最終回の授業で欠席したのは一回目からずっと出てこなかった四人のみです。初めは一八人欠席していたのですが、そこから僕らで工夫して、そこまで意識に火が付いていない受講生が取り組めるようにということで実現したので、やはりそういうことがこれからの課題としてあるし、より重要なのではないかなと思いました。

今宮　今日このお誘いを受けて、自分たちの大学で学生発案型授業を開講できたことがものすごい成果のように思っていたのですが、他大学でも同じような取り組みをされていて、しかも内容もすごく充実していると知って刺激になりましたし、もっと伸び幅があるのかなという可能性に気づくことができました。また皆さんからの意見をお伺いすることができて、考えていかなければいけない課題も具体的にみえてきたので、私たちの今後に活かしていけそうかなという気がします。

金井塚　総括というかまとめなのですが、僕自身が授業の企画運営に携わって、受講生でもあり学びに対して責任をもつという立場になって、初めて授業というものの重みを知ったなと自分自身では思いました。僕は今まで法学部で、ほとんど授業に出ずに、やはり大学生といったらバイトとかサークルとか、旅行だとか何がしたいだとか、いろんな経験をするのが大学時代だというふうに思っていましたし、何か変にわかったような気になっていたと思うのです。でも、やはり僕らにとって一番身近なもの、大学教育の中でも一番根本で身近な授業というものに対して、もう一回改めて見直してみないかということのきっかけに、この学生発案型授業というものがなればいいかなと、僕自身今日の分科会を通して思いました。

分科会を聞いて

当然のことながら、授業は学生ＦＤで最も関心を呼ぶテーマであるから、学生ＦＤサミットでも第一回から常に分科会のテーマに上がってきた。「ヘンな授業の改善法」（二〇〇九夏）、「どんな授業を望んでる？」（二〇一〇夏）、「どんな授業がいい？」（二〇一一夏）、「講義型授業の抱える問題点を解決するためには？」（二〇一二夏）などはその代表である。

これらは学生が今受けている授業に学生の声を反映して良くしたいという発想であるから、学生だけでもさまざまなアプローチが考えられる。しかし、この分科会で取り上げられた学生発案型授業は、学生があってほしいと思う授業を創造することである。受けている授業を変えるのではなく、授業を創るとなると、単に興味関心のあるテーマをあげるだけではすまず、授業内容から授業の進め方まで具体化することが必要であり、さらに担当してくれる教員を探すことまで必要となり、必然的に大学や教員との緊密な連携が不可欠となる。

この種の取り組みの先駆者はよく知られているように岡山大学で、教育開発センター（二〇〇〇年創設）の中に設けられた学生・教職員教育改善委員会が始めたものである。最近まで同センターの教員であった天野憲樹氏によると、学生発案型授業の「発案」は学生から授業案を募集することから始まり、コンテストやアンケート調査を経て絞られた案に対する担当教員を全教員から募集した後、発案した学生側が教員を選ぶそうである。同大学では二〇〇三年以後、八科目が開講されているが、学生ＦＤ活動としての意義と課題について、同氏は次のように述べている（二〇〇四年三月、大学教育研究フォーラム・ラウンドテーブル「学生とともに進めるＦＤ」）。

「学生ＦＤとしての意義は、第一に学生のニーズにマッチした授業を提供することにより、学問への興味・関心を喚起し、学生の主体的な学びを促進している。さらに、教員と学生の双方に気づきを与えることで、授業の開講を通して教育改善に資している。一方、課題としては、学生の関与は開講までで、時間の経過とともに学生のニーズも変わってくる。また、大多数の既存の授業への影響は定かではないし、こういう授業の開講による知見が教育改善に活かせるかどうかも今後の課題である」。

しかし、この岡山大学のように学生が発案した授業案を開講にまでもっていける制度がある大学はほとんどない。札幌大学では故梶浦桂司氏の努力によって実現したものであり、日本大学では文理学部の中にあったプロジェクト教育科目制度という学生が授業を企画できる制度を利用して実現したものである。広島経済大学には興動館プロジェクトというプロジェクトを学生が申請できる制度があり、それに応募した「授業改善プロジェクト」の学生たちが「創ろう！　私たちの授業プロジェクト」に改称して実現したものである。関西大学では学生提案型科目という制度が最近作られ、それに応募した学生たちが教員パートナーの長谷川伸氏と開講したものである。

このように、学生が授業を発案できる制度が大学にあり、その授業案に協力する教員がいるということがこの種の授業を実現するための必要条件である。このハードルは極めて高いが、今回の三大学や先発大学の事例を見る限り、天野氏の言う通り、受講生の主体的な学びを促す授業となっており、教員にも受講生にも教育改善の気づきを与えていることは確かである。しかし、学生発案型であっても正規の授業となれば一般の学生にとっては他の科目との違いがみえにくくなり、また発案した学生たちの関与も少なくなる可能性が高い。このことを考慮してか、何年間かの期限付きにして新しい発案型授業と入れ替える大学もあるが、学生の主体性を重視するならその方が良い方策かと思われる。

さらに、学生が一から授業を発案することは容易ではない上、多くの大学では学生発案型授業を実現するような制度がないことを考えると、学生ＦＤ活動としては開講されている授業を変えることにもっと注力していくべきであろう。京都文教大学の FSDproject による「京都文教入門」への取り組みはそのモデルといえよう。

第五章　初めて学生FDを知った教職員の声

一　シンポジウム「学生とともにすすめるFD」

学生FDは学生FDサミットの開催を通じて学生に広がったが、同時に筆者は当初から学生FDを三位一体で進めるべく教職員への普及にも力を注いできた。その第一が大学コンソーシアム京都のFDフォーラムで、私が委員を務める関係もあり、何回か分科会やシンポジウムを企画した。他にも、京都大学の高等教育研究開発推進センターが主催する大学教育研究フォーラムや大学教育学会でも何回かのラウンドテーブルを企画した（木野、二〇一二、七六頁）。

これらの企画では、学生FDがいかなるものかを知ってもらうために、実際に学生FDを実践している大学の事例を当事者の学生と教職員から報告してもらうのが通例である。しかし、京都大学や大学教育学会のラウンドテーブルでは学生FDの関係者の方が多数で、初めて学生FDを知った教職員の声を聞く機会は稀であった。それに対し、FDフォーラムの方は圧倒的に初めての人が多く、教職員の率直な声を聞く貴重な機会である。ちなみに、現在、学生FDの同志である梅村修氏（追手門学院大学）は、二〇〇九年春のFDフォーラムで立命館大学の学生FDを知り、一気に夏までに学生FDスタッフを立ち上げた方であるが、後日、その時のフォーラムで出会った平野優貴君（当時三回生、現在法政大学職員）に魅了されたとの寄稿を寄せられている。

百聞は一見にしかずのことわざ通り、まずは学生FDの学生たちと出会いの中から関心をもってもらおうと企画したのが二〇一三年二月二四日の第一八回FDフォーラムのシンポジウム「学生とともにすすめるFD」である。開催校が立命館大学だったので、私が委員長を務めたため、シンポジウムのコーディネーターは京都産業大学の耳野健二氏にお願いした。シンポジウムの後半では参加者二五九人（ほとんどが教職員）が四大学（立命館大学・追手門学院大学・京都文教大学・京都産業大学）の学生FDスタッフ四二人と一〇のしゃべり場に分かれて交流を行った。シンポジウムの最後に、それぞれのグループの報告をファシリテーター（FDフォーラムの委員）からしてもらったので、これを中心に本章で紹介する。

大学コンソーシアム京都は大学間連携と地域連携の草分け的存在であるが、このFDフォーラムも一九九五年に始まり、毎年、統一テーマのもとにシンポジウムと分科会を開いている。参加者も京都を中心とした加盟校だけでなく、全国の大学関係者が集まるFD関係では最も大きなイベントとなっており、近年は一〇〇〇名規模となっている。

しかしこれだけ大規模のシンポジウムとなると参加者との双方向性が希薄となるため、第一八回では「学生が主体的に学ぶ力を身につけるには」という統一テーマのもとに二つのシンポジウムが開かれた。一つは「主体的な学びを支える仕組み」というシンポジウムで、もう一つがここで紹介する「学生とともにすすめるFD」というシンポジウムである。

学生FDをテーマに提案したのはいうまでもなく筆者であるが、このFDフォーラムで学生FDを取り上げたのは二〇〇九年二月の第一四回の分科会「学生とともに進めるFD」（参加者四八名）が最初である。その分科会も筆者が企画したものであるが、そのとき立命館大学の学生FDスタッフが提案したのが学生FDサミットの開催であり、それはその年の夏に立命館大学で実現することができた。それから、四年後、今度はその立命館大学で行われた第一八回FDフォーラムで全国からの大学関係者（参加者二五九名＋関係者五四名）に向けて学生FDの成果と現状を報告するまでになったことは筆者にとっても予想以上の展開であった。

まず、今回のシンポジウムのリーフレットに書いた概要を示す。


大学教育の質的転換が学生の主体的な学びの確立を目指すものであるなら、その実現に向けて取り組むべき大学の組織的な教育改善のためのＦＤ活動の中にも、学生の主体的な取り組みが推進されるべきであろう。ＦＤの義務化以後、このような学生によるＦＤ活動を始めた大学が急激に増えているが、ＦＤを進める上で学生を単なる受益者としてではなく、ＦＤにおいても一方の主体として捉え始めたという点で注目される。

そこでシンポジウム②では、この「学生とともにすすめるＦＤ」を取り上げ、学生ＦＤ活動が特に盛んな関西の四大学から活動紹介をいただくとともに、参加者の皆さんには、途中で小グループに分かれていただき、学生ＦＤスタッフと一緒に交流と議論をしていただく機会を設ける。学生ＦＤスタッフとの対話を通じて、各大学においてより豊かなＦＤ活動を模索する機会としていただけたら幸いである。


シンポジウムのコーディネーターは京都産業大学法学部教授の耳野健二氏にお願いし、快諾を得た。また参加者との交流のために、立命館大学、追手門学院大学、京都文教大学、京都産業大学から各一〇名程度の学生ＦＤスタッフの参加を要請し、あわせて追手門学院大学の梅村修氏、京都文教大学の村山孝道氏、京都産業大学の山内尚子氏には各大学の活動紹介を学生スタッフとともに行っていただくようお願いした。

以下では、このシンポジウムの記録（「第一八回ＦＤフォーラム報告集」二〇一三年六月、大学コンソーシアム京都）の中から、初めて学生ＦＤのことを知った教職員の声を中心に紹介する。

◉シンポジウム「学生とともにすすめるFD」の記録

【開会と基調報告】

コーディネーター：京都産業大学・耳野健二

［①開　会］

耳野　皆さんこんにちは。京都産業大学の耳野です。今回の第一八回FDフォーラム「学生が主体的に学ぶ力を身につけるには」におきまして、シンポジウム②「学生とともにすすめるFD」のコーディネータを勤めさせていただきます。どうぞよろしくお願いいたします。ここでは、当シンポジウムの趣旨の説明とプログラムについてご案内します。

まず、プログラムの趣旨について。昨年、文部科学省の答申も出まして、学生の主体的な学修を確保しつつ高等教育の質的転換をはかる、ということが盛んにいわれるようになっております。その一方で、FDの世界でも学生とともにFDを推進するという気運がずいぶん広まっており、FDの重要な一分野として確立してきております。そこで今回は、全国の大学教職員の皆さんに、こうした学生FDに携わっている学生たちと直接触れ合っていただき、学生FDがどういうものか、そして学生FDの魅力とはどのようなものか、これを是非ご自身の目で確かめていただきたいと考え、プログラムを作成しました。

次にプログラムの内容を申し上げます。まずこの後すぐ、立命館大学共通教育推進機構の教授でいらっしゃる木野先生に基調報告を頂戴します。これが終わりますと、学生FDの活動について、四つの大学それぞれに報告を行っていただきます。その際、学生FDを指導されている教職員の方と、実際に活動している学生FDスタッフの皆さんにご登壇いただきます。最初にご報告いただくのが、立命館大学の学生FDスタッフの皆さん。次いで、追手門学院大学教育研究所の所長の梅村修先生ならびに学生スタッフの皆さん。続いて、京都文教大学教務課係長で、FD委員会委員、FSDprojectメンバーでいらっしゃる村山孝道先生、ならびに京都文教大学のFSDprojectメンバーの皆さん。そして最後が、京都産業大学学長室の山内尚子先生と京都産業大学の学生FDスタッフの皆さんです。

これが終わりますと、休憩をはさんで「しゃべり場」の時間へ移ります。ご参加いただいている教職員の皆さんには一〇のグループに分かれていただき、グループ毎に学生FDスタッフとの交流を体験していただきます。各グループには、四大学の学生さんが少なくとも一名入ってくださいます。「しゃべり場」が終わりましたら、全員再び全体

会場へお戻りいただき、各グループの様子をご報告いただき、全体で共有したいと考えております。

それでは早速基調報告から参りましょう。立命館大学の木野先生にご報告をいただきたいと存じます。木野先生よろしくお願いいたします。

［②基調報告］

木野　茂（立命館大学）　今ご紹介いただきましたように、このシンポジウム②の「学生とともにすすめるＦＤ」での基調報告となっていますが、多分多くの方々は学生ＦＤについてそんなに詳しく知っておられないと思いますので、最初に少し学生ＦＤとは何かとか、学生ＦＤが、今どういう状況になっているのかをご説明申し上げたいと思います。

学生ＦＤというのは、二〇〇九年から始まった学生ＦＤサミットの開催を契機に広がったのですが、実はこの年はＦＤ義務化の翌年でして、学生ＦＤの広がりとそれなりに因果関係はあると思いますので、ちょっとだけ頭に置いていただければと思います。

ところで「学生とともにすすめるＦＤ」、これを一言で私は「学生ＦＤ」と総称しておりますが、これを考えた最初のきっかけは、「学生とともに作る授業」という授業の方のＦＤからです。今日のもう一つのシンポジウムのテーマに近い学生の「主体的な学び」を実現するような授業をどう作るかという取り組みです。この大学授業のパラダイム転換に向けて私も一九九四年から授業実践を含めて関わってきました。その中では、現在のアクティブ・ラーニングにもみられるように、「学生とともに」という所をどう具体的に実践していくかということがポイントなのですね。

しかし、一般にＦＤということになると、教員が、職員が、あるいは大学の組織が行う教育改革の取り組みというスタイルで、学生はそのＦＤの受益者としての立場でしか考えられていなかった。そこで、発想を変えて、学生が主体的に教育や授業について考え、学生の視点から改革する動きができないものか、もしそういう動きが始まれば、教員、職員と三位一体でやるＦＤができるのではないかと考えたのがその発端です。これを私は二つ目のパラダイム転換と名付けておりますが、ここでのシンポジウムではこの二つ目のパラダイム転換についてお考えいただきたいと思います。

「学生ＦＤとは？」というと大げさなタイトルですが、言っていることは何の変哲もなく、学生の視点を活かすということです。こう言いますと、ＦＤはもともと学生のためにやってきたのではと言われる方も多いかと思いますが、教職員の頭の中だけで学生のために良かれと思ってやっていることが本当に学生のためになっているのかを一度お考えください。本当のところはやはり学生に聞かないとわからないと思います。その意味で学生の視点をベースにしてというのが第一のキーワードで、そして教職員と一緒になってやろうというのが「三位一体」という次のキーワードです。

では学生FDでは何をすればいいのかということになりますが、それは各大学の置かれている状況や専門性あるいは規模や設置形態などはさまざまなわけですから、それらに合った最適な取り組みを模索するということで、すべての大学に通用するモデルがあるわけではありません。

学生FD活動の意義ということですが、一番大きいのは大学のFDに学生の視点を反映するということです。同時に、こういう学生自身のさまざまな活動というのは、そこに関わる学生自らの成長につながりますが、この学生FDでも全く同様です。

こういう学生がFDに関わるという動きは、実は二〇〇一年頃に岡山大学で学生参画型FDとして始められ、その他の国立大学の一部でも何年間か手がけられたことがあります。しかし、岡山大学以外のほとんどの大学では数年で途切れております。その後、二〇〇六年から準備を始め、二〇〇七年になって立命館大学の私どもの方で学生FDスタッフというのを先ほどの発想を元に立ち上げました。そして学生主体の活動であると同時に、教、職、学の三位一体で学生FDというものができないかと活動を開始しました。これが第二期の始まりで、いわば学生主体型のFDというべきかなと思っております。

この第二期の学生FDを一大学の中だけでの取り組みとしてではなく、FDのパラダイム転換として全国に広げようという次のステップに至ったのは、たまたまですが二〇〇八年に山形大学と立命館大学の学生交流の機会があったためです。この二大学は規模も違いますし、地域も違いますし、国立と私学といった全く違う性格の大学ですが、その大学間での学生交流が新しい契機になって新しい展開を生み出したのです。

年末にその成果を両学長の前で発表したのですが、立命の学生たちはそこで学生FDサミットの提案を致しました。他大学を知って自大学を知ることを二大学間交流の中で学んだと、そしてお互いの大学の中に自分たち学生だけではなく、大学を良くしたいと思っている教職員もいることを発見したと、これは学生にしてみれば極めて珍しい、奇妙な発見なのですね。そこで、二大学だけでなく全国の大学とつながることで更に学生FDを発展させたいと、これが発端となって学生FDサミットというのが立ち上がったのが二〇〇九年の夏です。

最初はいきなりですからはたして集まるのかなと思ったのですが、幸いにも二六大学一〇〇名の方が参加されました。このときの学生たちのスローガンは「大学を変える学生が変える」というキーワードで、これは今も引き継がれております。第一回で最も人気のあったテーマが「学生・教員・職員が協力して良い大学を作るには……」だったことからもわかりますように、当初から学生たちは教員、職員と一緒にやることに非常に興味を示したようでございます。この後、半年に一回集まるサミットが継続しておりますそしてうなぎ上りに参加大学も参加者数も伸びております。昨年夏（二〇一二年）の立命館大学で行ったのが六回目になりますが、このときは五九大学四二七名にも達し、この会場以上の規模になりました。

学生ＦＤに取り組む大学がこれだけ広がってきますと、同じ地域にいくつもの大学が取り組んでいることがわかります。そうすると半年に一回のサミットだけでなく、地域で横の繋がりができ、随時交流も行えるようになりました。岡山では以前中四国の交流が謳われていましたし、東北では山形大学が基幹校の「つばさ」で学生ＦＤ会議が行われていますし、関西では以前からいろいろな大学間の交流が続けられています。北海道では札幌大学を中心にＦＤ054timeという学生ＦＤ交流会、関東地区では関東圏ＦＤ学生連絡会による学生フォーラムができています。関東圏域では関門サミットというのも開催されました。こういう地域での交流だけでなく、最近では二大学間、三大学間の大学間交流も活発になってきております。

こういうふうに学生ＦＤは全国に広がってきましたが、最初に学生ＦＤとは何かという基本的な理解が一致していないと、それぞれ走る方向がどこへ行くのかわからなくなる可能性もなきにしもあらずと感じまして、二〇一二年の三月に『大学を変える　学生が変える――学生ＦＤガイドブック』という本を出しました。この中に学生ＦＤとは何かを、今日お話した内容をもう少し詳しく書いています。さらに具体的にどんなことができるのかを、当時活発だった七大学の実践例で紹介しております。さらに、立命館以外で初めてサミットを開催していただいた追手門学院大学での学生ＦＤサミット二〇一二冬の記録を梅村先生に第二巻としてまとめていただきました。これからご関心をもつ先生方や職員の方々、学生の方々、ぜひ目を通していただければありがたいなと思います。

ということで、ＦＤのパラダイム転換を目指して始めた学生ＦＤのごく一端だけですが紹介させていただきました。つたない話ですが、ご清聴、ありがとうございました。

耳野　木野先生ありがとうございました。それではここからは四つの大学の学生ＦＤの活動報告をお願いいたしたいと思います。

【学生ＦＤの活動紹介】

この後、立命館大学、追手門学院大学、京都文教大学、京都産業大学の四つの大学から、学生ＦＤスタッフと教職員による活動紹介が行われた。

四大学の活動は、学生FDガイドブックの第一巻および第二巻にそれぞれあるため、ここでは割愛するが、京都産業大学の学生FDスタッフ「燦」だけは風変わりな劇による紹介を行ったので、その部分だけ紹介しておく。

［京都産業大学「燦」のマスコットキャラクター「SUNちゃん」による劇］

森廣晋也：学生FDスタッフ「燦」はスローガンに掲げている「大学共創」を学内に広げるために、「学生FD＝堅苦しい」というイメージを払拭するため、オリジナルマスコットキャラクター「SUNちゃん」を制作し、さまざまなイベントの告知や、イベントの成果をフィードバックして大学改善のビジョン共有と、第三者が参画したいと思えるような仕掛けづくりに活用しています。今日は、その一端を紹介します。

悪役学生（元学生FDスタッフ）：岩倉一憲　おい。お前たちのプレゼンはこれでもう終わりか？　いいことばかり言いやがって。もっと学生FDの現実を話せよ。

ブルー：吉氷康矢　何だお前は！プレゼンの邪魔をするな！

――BGMとともに燦レンジャー登場

【ナレーション】燦の命を受け誕生した燦レンジャー！

レッド：林　隆二　昇る太陽は燦の煌き！　燦レッド！

ブルー　青い地球と京産を守るため！　燦ブルー！

ピンク：乙倉孝臣　燦に変わってお仕置きよ！　燦ピンク！

燦レンジャー　三人揃って、FD戦隊燦レンジャー！！

レッド　俺たち燦レンジャーが来たからには、もうお前の好き勝手には言わせないぞ！

悪役学生　好き勝手に言わせないだと？　こんなきれいごとばかり並べているけどなぁ、本当にお前たちそれをできるのかよ？！

ブルー　そんなこと答えるまでもない。俺たちは必ず成し遂げる！

悪役学生　本当かよ。俺は今まで学生FDの醜い部分を見せつけられてきた。教員・職員の手足に成り下がり、想像力を失っている学生や団体がある。一部の大学が大きな顔をして、馴れ合っている姿も見受けられる。サミットでも、変化に乏しい同じような企画の繰り返し。参加する教職員も同じ面子ばかり。

確かに学生ＦＤは広がっているかもしれないが、規模の拡大に比べて、質の向上が追いついていないのが現実ではないのか。

ピンク　確かにそういう見方もできるかもしれない。

悪役学生　それに、このような学生ＦＤそのものが抱えている問題を、サミットやこのような公の場で議論するようなことは一切見受けられない。もしくは、このような違和感に誰も気付いていない。

ブルー　そんなことはない。少なくとも俺たちはそう感じている。

悪役学生　そうか。だがな、お前たちだけがそう感じていても意味がない。このままでは、いずれ学生ＦＤは衰退するのが目にみえている。お前たちも、いずれその波に飲み込まれることになるだろう。本当にそんなことでいいのか？

レッド　そうか……。学生ＦＤには、華々しくきれいな部分だけではなく、いろいろな問題があることを、もっと沢山の人々に考えてもらう必要があるな。君のような、勇気をもって真実を話してくれる人が俺たち燦には必要なのだ。一緒に戦っていこう！

悪役学生　いや、俺はもう昔のあの頃には戻れないよ。

レッド　いや、そんなことはない。俺たちにはお前が必要なのだ。

悪役学生　今、お前たちを見て思い出したよ。結成当初、何もかもが楽しかったあの頃を。どんなにくだらないばかげたことにも、真剣に向き合っていたあの頃を。

――ＢＧＭとともに、レッドと悪役学生が抱き合う

レッド　燦も常にそういった問題に頭を悩ましてきたんだ。だからこそ、燦は「大学共創」の輪を更に広げていきたい！　だからこそ、燦は一歩先、二歩先を考える団体でありたい！

ピンク　皆さんのＦＤ活動でもこのように感じたことはありますか？　私たちと一緒に考えませんか？

レッド　燦レンジャーが力になりますよ。あなたの大学にも是非、燦レンジャーを！

森廣　誰もが憧れる自由。大学は自由に満ちた空間であると思います。その自由が与えられた四年間。自己判断に任せられた四年間。そんな大学生活で、したかったことは何ですか。各々のしたい学生生活を思い描き、皆がたどり着いたのが「学生ＦＤスタッフ燦」でした。

現在、学生による教育改善活動は、京都産業大学だけではなく、日本全国の大学に広がりを見せており、同時に多くの人々の関心を集めつつあります。問題意識をもったさまざまな方が集い、多様な視点から課題解決に取り組むことができれば、一見難しいと思われる授業改善さらには大学の改善も少しずつ進んでいくと信じています。

目的が漠然としているかもしれませんが、これから「京都産業大学の為に何かしたい」と想いを抱いている、より

多くの学生、教員、職員の方により燦の存在を知ってもらい、学生として私たちにできることについて模索していきたいと思います。

我々の目的は、京都産業大学を構成するものすべて、また全国の大学を構成するものすべてを「笑顔にすること」です。

【グループ討議の報告】

耳野健二　それでは、ここからは各グループの報告の時間へと入ります。一〇のグループそれぞれにつきまして、ファシリテーターの方々に「しゃべり場」で出た意見や皆さんの交流の様子についてご報告をいただきます。よろしくお願いいたします。

［Aグループ：京都文教大学：遠藤央］

時間が押していますので簡単に行いたいと思います。私たちのグループでは主にフロアの質問を受けて学生さんに答えていく形で進行しました。

フロアの所属する大学はやはりまだ学生を含んだＦＤというのはまだされていないようで、いろいろな質問が出ました。まず自己紹介をしてもらってどういうきっかけで入ったかということに関して質問がありまして、それから他のスタッフの勧誘の仕方とか留学生との関係とかですね、それから費用の問題も、どのように負担されているのか。大学が出している所と自腹を切っている所と、そういうところもあってなかなか大変なのだなという風に思いました。

まとめなのですが、本当にＦＤは実行されているのかということで、それに対して学生側から長期的視点で見て欲しいし、こちらもやっていると――。また活動はＦＤだけではない、授業改善だけではないのだというような応答がありました。それからやはり人が大事で、まとめ役となる人が職員なのか学生なのか教員なのか、というところが活動のポイントになっているようです。そして教・職・学の交流の実現ということ。これはなかなか色々問題点があるようなので今後の課題だということです。最後に大学は変わって行くのか。変わって行くとしたらどのように変わって行くのかというところで、やはり学生と教職員がどのような関係を保っていったらいいのか、ということが出ました。

そういったことでまだまだ課題が沢山あるのだなという

ことで交流を終えました。以上です。ありがとうございました。

［Ｂグループ：京都学園大学：尾崎タイヨ］

Ｂグループです。学生のスタッフの方が大変生き生きとやっていただきましてどうもありがとうございました。

結論から言いますと、学生さんの印象では教育に直接影響を与えているという実感はほとんどないということです。学生が実行実現して成長できている場、そういう場としての認識が非常に強くてそれが学生ＦＤの非常に大きな魅力になっているということです。私たちの立場から考えてみても、結局教授法の改善云々というのは学生をいかにアクティベート（活性化）するかということですので、結局のところそういう風にそこで学生が生き生きしてくれれば目的は達したというべきだと思えます。学生もそのような認識でいるということです。

それから学生の声をまとめる場では、声が大きくなれば一番変わりにくい教員も変わらざるを得ないだろうというような感想を漏らしていた学生さんもいます。また、学校のあるいは教職員の立場からしてみますと、やはり学生を活性化していく重要な方法の一つという感じもいたします。こういったところが簡単ではありますがまとめでございます。どうもありがとうございました。

［Ｃグループ：同志社大学：坂井岳夫］

では報告させていただきます。

フロアの複数の方がもっていた関心としまして、学生がＦＤに参加するに至った個人的な動機である、大学への不満あるいは学生ＦＤグループへの関心などが、それぞれ教学の改善というＦＤの本来の目的に結び付いているのかという質問がありました。これは、重要で本質的な問題提起ですが、学生にとってはおそらく難しい質問だったのではないかと思います。このような質問に対しまして、学生の皆さんは、現在の活動内容あるいは今後の抱負という形で、次のように答えてくれました。

第一に、確かに教育の在り方を変えるのは難しいが、だからこそ、まずは大学を知るところから始めようとか、あるいは、大学について考えようというスタンスで自分たちは活動に取り組んでいるのだといった回答がありました。また、今後の抱負として、自分たちの成長だけではなく、学生ＦＤの成果も求めていきたいという回答もありました。

第二に、学生としてＦＤ活動に関わることのできる四年間でどこまでやれるかと問われると、確かに自分にはわからないことがあるし、もしかしたら限界があるのかもしれないが、そのような意味では、新入生への引き継ぎといったことも学生ＦＤの大事な活動だろうといった指摘もありました。また、今後の抱負として、次の世代への期待を口にする学生さんもおられました。

第三に、教職員の活動に学生FDの活動が具体的にどのようにつながっているのかということについて、例えば、教育研究所あるいは教育支援研究開発センターという大学組織と学生FDとのつながりがあり、そういった部署に学生が頻繁に立ち寄れるような配慮を行っているという回答がありました。また、この点におそらく関連すると思うのですが、学生さんから、教職員も自分の大学をもっと好きになってほしいという抱負あるいは希望が挙げられていたのが印象的でした。

このような形で、非常に難しいかなと思ったフロアからの質問に対して、学生たちはしっかりと問題点を把握した上で、楽観しているのではなく、こつこつとやれることから、そしてしっかりと先への展望をもって考えているのだなという印象を受けました。以上になります。

［Dグループ：京都ノートルダム女子大学：廣瀬直哉］

はい、Dグループです。実は僕の能力不足でまとめるということができなかったのですが、本当に感想として言わせていただきたいと思います。本当に学生さんがすごく成長されているというかそういうことを実感しました。それで僕自身ですね、学生の側に座って皆さんのフロアからの質問であるとか意見であるとかを見ていたのですが、その時に学生を見る教職員の目という温かい目というのをすごく感じました。やはり私たち教職員が温かい目で学生に対して支援していける、そういう学生を育てていけるというところが非常に重要だという風に思いました。すみません、感想だけですけど短い発表で終わらせていただきます。

［Eグループ：京都教育大学：村田利裕］

グループE担当の村田です。

私も実に貴重な体験をさせていただきましたが学生スタッフさんのお話をまずお伺いいたしました。

四つにまとめてみました。

一つ目は、自分たちの大学で何ができるのか、何が学べるのか、というお話です。やはり根本的な視点に立ってご発言いただいたのかなと思います。

二つ目は、大学の授業をどう受けていいのかわからないという意見です。なるほど我々も「こう受けて下さいね」と説明もしているはずですし、受講の説明もしているはずなのですが、こう受ければよいといった方向性を示したことはなかったなと反省しました。どちらかといえば学生の受け方が悪いのだと、そういった立場で行っていたことがあったのではないかと思います。

三つ目は、学生は大学の授業に要望できない。こんな授業が欲しいとか、あんなことが学んでみたいというようなことが提案できないという、非常に直接的な問題意識を語っていただきました。それを一口にいうと、（私の言葉でいえば）大学創設の世界観に学生さんは接しておられるのではないかと思います。つまり学生は本格的に大学教育がどうあるべきかというところの問題に接近しているのではないかということです。ですから学生さんから大学の授業はこうあってほしいと、こんなことをやってほしいということを聞く機会があるとよいのかもしれない。特にＦＤ研修会で学生さんが講師になられるというような体験もなさったようです。ＦＤ研修会とは偉い先生方をお呼びするような企画が多いので、私個人の問題かもしれませんが非常に学ばせていただいたところが多かったと思います。

最後に四つ目ですが、ＦＤ活動というのは大学の教授法改善だけでいいのかどうか、こういうことをやはり言っていただいているように思います。つまり今回のこのテーマから言いますと、第一会場に第二会場から大きな石を投げるという感じでしょうか。大学教育の何かの効率化のような効果を我々狙ってきたのではないかと。決してこれは私の意見ではなく学生さんがおっしゃったので、第二会場の先生方も、またおもしろい話になったなと私は思っておりますが。それがスタートラインでございました。

それから、会場にご参加いただいた先生方から教・職・学、三者の立場がどうなっているのかご質問がありまして、キーパーソンになられる先生が必要な現状もありますし、それから職員の方が重要だというようなこともありました。しかし学生さんたちは自分たちの取り組みが重要ということで、自治会との連動性というようなことも含めて本当に学生の歩みの中から学生ＦＤを進めたいといった回答もありました。

活動の継続性ですが学生さんの回答としましては、実態としましてはアクターが、非常に活力のある方々が大学は次々に現れるのだと……。我々教職員はどうしてもある組織が必要ではないかと言いたいところですが、非常に活力がある方が次々に現れるというような視点を教えていただいたように思います。

それから自由度はどうかといえば、学生さんが教員や職員の方と結びつくとどうしてもある程度の足かせがあるというご質問だったと思います。実はそういう側面の感想もありましたが、もう一つ自分たちの活動が数千人のたくさんの学生さんへの貢献につながっていないというもどかしさといいますか、ＦＤ活動しているのに大きな大学の変革に繋がっていかない、実はこれは不自由な事なのだというような二つの立場で自由度は語られました。です

ので、アクターがいる、個が輝く、学生さんが輝くときに実力としての組織が現れるのだと、等々のことがありました。その背景としまして、最後のところで忽然とはっきり表れたのですが、ＦＤは教員がやるものという意識が学内に非常に根深いのだと。それが実は乗り越えられない大きな障害になっているのだということがご参加の教職員の先生方からご指摘がありました。しかし最後に学生ＦＤを是非やってみたい、担当してみたいというような感想をいただきました。以上です。

［Ｆグループ：京都外国語大学：畑田彩］

グループＦです。京都外大の畑田が報告いたします。

まず私どものグループでは質問が非常に多く出ました。例えば登録者の数は沢山いるようですが実働部隊の数はどうなのかという質問に対しては、例えばテスト期間ですとか、あるいはほかの活動、サークルなどの活動の兼ね合いによってまちまちであって、実は会合を開いても一部の学生しか集まらない現状があるとお話をいただきました。

それからスペースや予算に関して。特にスペースに関しては最初からあったわけではないという大学や、あるにはあるのだが、時間で借りるだけで常設化されているわけではないという大学など、スペースが不十分であるというのは学生ＦＤが展開されない理由にはならないのではないかという印象を受けました。

それから四つの大学の中では京都産業大学さんが非常に人数は多いのだが、それがなぜ集まったのかというのはもちろん大学の規模もありますがセンターによるサポートがあって非常に活動しやすかったという意見がありました。

続いて学生ＦＤによってどんな効果があったのかという質問がありました。他大学とのネットワークが広がり交流ができたであるとか、自分が変われたので、今後は自分が変わることで周りを変えていきたいという個人に的を絞った意見や、学生がＦＤの視点をもつようになった。例えば学生ＦＤのところにほかの学生が、あの先生の授業はつまらないと言っていたのが、それがどこがつまらなくて、なぜつまらないのかを言えるようになってきたという意見がありました。それから学内での学生ＦＤの認知度が上がっているという意見もありました。

そのような意見を踏まえた学生ＦＤの活かし方に関しましては三つの意見が出ました。一つは軋轢をさける方法での授業評価を学生にしてもらいたいという事です。追手門学院大学では悪い授業ではなく良い授業をしている先生を表彰する形でその点をうまくやっているという意見がありました。それからオープンキャンパスとのリンクです。学生ＦＤが大学の魅力を発掘する活動であるならば、それをオープンキャンパスとリンクさせて大学の魅力を効果的に伝えることができるのではないかという意見もありました。それから最後に教職員との意見交換の場を設けられるといいという意見もありました。

最後に学生ＦＤがまだ自分の大学では展開されていないという先生からの意見として、どの大学でもやられている授業評価アンケートに関してですが、学生の希望を取り入れて項目を多くすればするほど分析が非常に煩雑になる。結果学生の意見を一見聞いたように思えても分析結果というフィードバックができていない。それよりは学生が直接こういった点を授業で改善してほしいというやり取りがあった方がずっと生産的ではないかという意見がありました。以上です。

［Ｇグループ：京都産業大学：耳野健二］

グループＧを担当しました京都産業大学の耳野です。

いろいろな話題が出ましたが、まず印象的だったのは、学生ＦＤスタッフの活動を通じて、学生さんたちご自身が自らの成長を実感しており、ここに活動の魅力を感じている、ということです。「今まで人前で話すことが苦手だったが、イベントなどで司会をすることで経験を積んで自信ができた」「大学職員さんの気持ちがわかったり、先生に対して非常に興味が出てきて授業に対する姿勢が積極的になった、例えば前の方で授業を受けるようになった」といった意見がでました。

他方で、活動のためのモチベーションをどうやって維持するのか、という問題も提起されました。これに対して学生スタッフの側からは、「活動を続けるためには自分も楽しくやらなければいけないと考えている」「真面目なことを楽しくやるということが継続する秘訣になるのではないか」というお話がありました。

さらにまた、学生ＦＤの組織化あるいは制度的な位置づけの問題も出てまいりました。ここはなかなか悩ましいところだと思いますが、直接授業改善に繋がるような学生ＦＤの活動がどこまでできているのかというと、われわれのグループで話した限りでは、今のところははっきりとした成果はみえていないように感じました。ただし、学長・理事長をまじえた「しゃべり場」の開催のような興味深い取組も紹介されました。

また、活動内容それ自体を、大学からの依頼によって、例えば「オープンキャンパスでこれこれをやってください」というような形で、決めているのかどうか。さらにはそうした事情と、自分たちがやりたいこととの葛藤をどう解決するのか。こうした質問も出たのですが、これは大学によって個性があるようです。大学からの依頼でオープンキャンパスでこれをしますという決め方をしていて、代々先輩がそれをやってきたからそれをさらに良くしていきたいと考えておられる大学もあります。また、私たちは企画から全部自分たちでやっています、大学のサポートはあるにしても、やはりやりたいことを自分たちで作り上げるところに意味がある、と考えておられる大学もありました。

また「学生ＦＤに関わって大学に対するイメージが良く

なったか」という質問に対しては、肯定的な意見が多く出ました。例えば、「学生ＦＤをはじめてから、大学職員になりたいと思うようになった」「以前は職員を敵視していたが、職員の気持ちや大学のことが理解できるようになった」といった意見です。

最後に、今後の抱負については、「学生ＦＤの認知度をもっと高めたい」「大学改善のため、後輩を育て自分の経験を伝えたい」といった意見が出ました。

一時間弱、学生スタッフの皆さんのお話をいろいろ聞いていまして、皆さん大変しっかりしておられて非常に感心しました。どの学生さんも、初めてお会いする全国の教職員の皆さんを前にしっかりと自分の意見を理路整然と、時にはユーモアを交えて仰って下さいました。学生ＦＤというものは、本当に学生を成長させるものなのだと改めて実感したところです。ただ、そういった学生ＦＤの活動が大学の教学システムや教職員の意識改革にどうつながっていくかは、まだ未知数といわざるをえず、どの大学でも苦労して模索しておられる様子でした。以上です。

［Ｈグループ：京都文教大学：村山孝道］

京都文教大学の村山です。Ｈ班の発表をさせていただきたいと思います。我々の班では、四人の学生さん一人一人にキーワードをＡ４の用紙に書いていただきましたので、それを紡ぎながら再現をしていきたいと思います。

最初に、学生が自己紹介と活動の概要を紹介しましたが、これが長い。話がうまい、とかではなく、とにかく話す内容がいっぱいあるのだなあと感じました。皆さんの班でもそういう風に感じられたのではないでしょうか？

質問では予想していたとおり、お金の話が出てきました。大学がやるべきことを学生さんがやった場合は報酬を払うべきではないか、というようなお話です。これに対して学生さんからはお金よりむしろ「やりたいことを実現したい」、とお答えされていました。学校が提供できるものと学生が実現したいことが一致すれば対価は発生しない、お金ではない別の価値を大学は学生に提供できることがある、という事だと思います。それと学生さんが学生ＦＤの魅力について報告されました。いろいろありましたが、例えば「世界が広がる」というものです。学生ＦＤサミットなんかもそうだと思いますが、外とつながる、あるいは「他流試合」ができるということが魅力であるとのことです。あるいは、「もはやありすぎて書けません」とい

うような人もいらっしゃいました。

その次にこれも予想通りですが、「実際に学生ＦＤで授業は変わるのですか？」というような質問です。ごもっともな質問です。これについては、学生さんは授業改善の実感が全くないというような印象で、貢献していないというような雰囲気でした。ただ、私の感想としてはそんなことはありませんので補足として報告します。例えば、ファシリテーションの研修を丸二日やって、それが終わったら学生が事務所に来まして、「聞いてくださいよ。ゼミで先生が前提を揃えてくれなかったのでずっと空中戦でした」とか、「議論の拡散ばかりで終息してくれなかった。」とか学生が言います。このように学生一人ひとりが変われば授業は変わっていくのだな、と私は思っています。学生さんはあまり気づいていないようですが、私は確実に授業を変える力になっていると思います。

次に、「ＦＤイベントをやってもあんまり人が集まらない」とか、「先生向けの研修も結局あんまりこないじゃないですか」というご意見です。「集まる人はいつも同じ、少数の人による自己満足ではありませんか？」というような問いです。これは広げる努力をしないといけないと思います。勝手には人は集まりませんので「取りに行く」とか、「集めきる」というような執念が必要だと思います。ここは学生さんが自信をもっていろんな報告をしてくれました。

最後に、この会場にいらっしゃる八割ぐらいの大学に学生ＦＤがまだないという風にお聞きしております。グループの中でもご提案をしたのですが、どこの大学も教員向けのＦＤの講演は年に一回か二回はされていると思います。そのうちの一回ぐらいを学生と一緒にやってみる、というのはどうでしょう？　全く新しいものを作る、というのは大変です。既存のもののやり方を変えてみる、というのが最初は入り易いのではないかという風に思います。以上です。

［Ｉグループ：追手門学院大学：梅村　修］

Ｉ班の発表です。追手門学院大学の梅村です。三〇人の先生方が集まると思っていたら、なぜか一七名しか集まりませんでした。学生ＦＤ活動に恐れをなされたのかもしれませんが（笑）、「これはしめた」と思ってちょっと掟破りなやり方で行いました。木野先生と耳野先生に怒られるかもしれません。

私はこの一七名の先生を四つのグループに分けました。そして学生ＦＤスタッフを、その四グループに配置しました。そして疑似しゃべり場を体験してもらいました。その前にアイスブレイクも行いました。つまりサミットというものの高揚感や一体感を疑似体験していただこうと思ったのです。学生ＦＤスタッフを交えて、ご自身の大学のＦＤ活動に学生の視点を取り入れたらどうなるだろうか、また学生ＦＤ活動にはどんな期待ができるだろうか、そういった事柄について、喧々諤々と話し合っていただいたわけです。

　結論を申します。今回、我々このグループにおいても、またこのシンポジウム②においても、その目的としたことは、学生FD活動の魅力を皆様方お一人お一人に伝えるという事でした。この目的は十二分に達成されたと思います。と言いますのは、参加されたほとんどの先生方が非常に関心をもって下さった。興味深いと言って下さったからです。設置の形態はどうなのかとか、大学の支援のあり方はどうなのか、予算とかスペースの確保はどうか、学内の教職員や学生に対するPRはどうやっているのか、自主的な学生の意見をくみ取るような場づくりやイベントをどう行ったらいいのか、学生FD活動を牽引するコアの学生を見つけるのは大変難しいと思うがどうやっているのか……。こういった方法論的な質問が相次ぎました。

　先生方との議論の中で、一番感銘を受けた言葉はこれでございます。

「学生全員が学生FDをしたら幸せになれる」

グループの先生方は、学生FDスタッフの学生を見て、その成長ぶり、その弁舌も含めた堂々とした態度、そういったものに大変、感銘を受けておられました。もし学生一人ひとりがこの学生FD活動に参画して自分を磨き上げれば、学生はきっと幸せになる。教職員も幸せになる。大学もハッピーになる。とかく、FDというと、義務や制約や評価がまとわりついて重苦しい。FDなんかできればしたくない、避けて通りたいと思ってしまいますが、学生の視点を取り入れることによって、FDはもっと伸びやかに、もっと楽しく、もっとイキイキとしたものになるのではないか、以上でございます。ありがとうございます。

【Jグループ：京都産業大学：山内尚子】

グループJを担当させていただきました、京都産業大学学長室の山内と申します。どうぞよろしくお願い致します。グループＪ（参加者：約二〇名）では、九割の大学が学生ＦＤを行っていないとのことでした。そこで、グループ討議の時間では、二つの問いについて、ペアワークと全体共有の時間を取りました。

まず一つ目の問いとして、「シンポジウム②（学生とともに進めるＦＤ）を選んだ理由と期待すること」についてお伺いしました。「そもそも学生ＦＤがどういったものか聞きたかった」、「学生ＦＤを始めてみたいが、どういうきっかけで始められたのか知りたい」、「教職員の括りと学生との関係性をどうやってより良くしていったらいいのかを日頃から悩んでいるので、その解決策が見いだせないか」等といった動機で、シンポジウム②にお越しいただいたようです。

次に二つ目の問いとして、「大学のＦＤに学生を参画させること自体に効果があるとお考えなのか、効果があまり期待できないとお考えなのか」をお伺いしました。

大半は「効果があるのではないか」といったご意見でした。活動報告の中にもありました通り、教職員だけでやっていた「ＦＤの閉塞感」を打破するという意味では、学生の視点を取り入れることで、新たな科目の開講や、授業手法の改革につながり、非常に効果があったというご意見がありました。そして、学生からは、先生のことや職員の仕事ぶりを、学生ＦＤに関わることで知れるようになったことが、自分たちにとっても良かったという意見もありました。そういった教職員間、教職員―学生間のコミュニケーションの促進につながるという意味では、学生ＦＤを取り入れることの効果が期待できるという意見がありました。

一方で、「学生を取り入れる上での課題」として二点挙がりました。大学に、教・職の括りに学生を取り入れて「教・職・学が一体になろうという風土」がないと、なかなか大学改革や授業改革に繋がっていかないのではないかといった意見もありました。そして、大学の中での「学生ＦＤの位置づけ」を明示しておかないと、ＦＤは義務化されている一方で、学生には自主性を求めている。この辺りで矛盾が出てくるのではないかという意見もありました。

こういった意見を踏まえて、「今後の学生ＦＤに期待できること」として、最後に三点にまとめさせていただいております。

まず一点目は、学生は四年間で自動的に卒業してしまうため、入れ替わりが生じます。「しゃべり場」や、サミット、研修会等といったあらゆる学生ＦＤの活動を通して、さまざまなアイデアやデータが収集・蓄積されていきます。その収集・蓄積されたデータを、学生自身が活用していくというよりも、既存の教職員が効果的に大学改革に繋げていこうとしないと、学生FDを取り入れるメリットがないのではないかという意見がありました。

二点目は、各大学で、カリキュラム改革や学部改組を進めておられると思います。しかし、その検討段階で、学生の意見を取り入れている大学は少ないのではないでしょうか。そういう時に、教職員の中から「学生の意見を一度聞いてみよう」と言える風土がないと、なかなか大学改革に繋がらないのではないかという意見がありました。

最後に、FDは義務化されているので、我々教職員にとってはどうしても「やらなければならない「業務」」になってしまっています。しかし、学生たちの発表を見ていただいておわかりいただいたかと思いますが、学生たちは、非常にイキイキとして、楽しそうで、自分たちから進んでやりたいという思いで活動しています。そういった、学生たちの「FDを楽しもう！とする姿勢」を、教職員は見習わないといけないのではないかということです。教職員がFDを楽しむきっかけの一つとして、学生を取り入れながらうまく一緒に活動していくということが、今後学生FDを発展、維持、向上させていくためには必要ではないかという結論に至りました。以上です。ありがとうございました。

耳野　ファシリテーターの先生方ありがとうございました。それでは最後に、基調講演をしてくださった木野先生に総括コメントを頂戴したいと思います。木野先生よろしくお願い致します。

【総括コメント】

木野　各グループのご報告をお聞きしてすぐにまとめるというわけにはとてもいきませんけども、どのグループも結構学生の声を受け止めていただいたように思います。私は村田先生の部屋に伺いましたけども、参加者の先生方の非常に温かい目を感じましたし、先生方の中からは「今度ぜひサミットに学生が行くようにします」というようなお話もあって目を見張りました。

ところで、この学生FDというのはよく学生参画というのと一緒にされたり、あるいはピアサポーターともごっちゃにされるのですが、私は一貫して「学生主体型のFD」と言っています、というか強調しています。先ほどの報告の中でも村山さんが言われたように、学生がやらされるではなくやりたいということが第一、まさにこれだと思うのですね。参画型というのは大学が中心に立って学生を呼び込むイメージですけども、学生FDというのは学生が自由にのびのびと自分たちが何をしたいのか、どういう教育を受けたいのかというのが基本だと思うわけです。

それから学生FDが他の学生たちの活動、例えば自治会とかピアサポーターとかとごっちゃになってきているのではという声もあるかと思いますが、学生FD活動の基本は大学教育を自分たちのために良くしようということです。もちろん、学生にとっては授業だけでなく、四年間の大学生活にかかわる教育上の問題もすべて対象になりますから、自治会やピアサポーターの活動と重なるところはあります。しかし、学生ＦＤ活動の軸は大学教育を良くしたいという学生の主体的な取り組みですから、自治会やピアサポーターから始まったとしても、いずれ独立した学生ＦＤの活動に進むのではないかと私は思っています。

最後に、せっかく参加されてグループワークをやっていただきましたので、その結果どうなのかを少しお聞きしたいと思います。

まずはこのシンポジウム②の参加者名簿を拝見しますと、学生ＦＤがまだないという大学の方々は七割から八割ぐらいかと思いますが、今日の参加者の中で自大学に学生ＦＤがあることを知っているという方々はお手を挙げてください（挙手わずか）。

そうですか、拝見したところ、教職員の方々のうち、身近に知らないという方々は八割というよりかは九割ぐらいですかね。でも、今日のシンポジウムを通して学生ＦＤというのが一応おぼろげながらも何をしているのかはわかっていただけたと思います。実際の学生の生の声も目の前でお聞きになったと思います。それでは、そういう学生ＦＤなら良いなと思った方はお手を挙げてください（挙手多数）。

ありがとうございます。では学生ＦＤは何をしているのかわからないと思った方は手を挙げてください。こういう質問では挙げにくいですよね（笑）。

では今日のシンポジウムを通して、これから自分の大学でもこんな学生の人をまわりに集めたいな、あるいは今日の学生さんたちに一度来てほしいなとか、学生ＦＤについてちょっとでも自分の大学でも考えてみようかなと思われた方はお手を挙げてください（挙手ほとんど）。私の予想以上に多かったのでうれしいです。ありがとうございます。

先ほどのグループ討議の報告のなかで、村田先生のＥグループですかね、第二会場から第一会場に大きな石を投げる感じだと学生が言ったという話ですが、私は石というのはＦＤのパラダイムシフトの別の視点という意味だと思います。今まであまり語られなかった、そういう意味での石ということで、悪い意味での石を投げたのではないと思います。ぜひ、この石を共有しながら、今後の大学ＦＤ全体を進めていきたいと思っております。以上です。どうもありがとうございました。

耳野　皆さん長時間にわたりお付き合いいただき、ありがとうございました。シンポジウム②「学生とともにすめるＦＤ」、これですべてのプログラムが終了いたしました。ぜひ今後とも学生ＦＤに付きましてご支援とご理解を賜りましてますますこの輪が広がっていくことを願っております。

二　シンポジウムを終えて

シンポジウムの最後の総括コメントで話したように、ＦＤとは大学教育のパラダイムシフトを前提とした取り組みであるが、これまではそれを実行する主体は大学であるから、当然教職員がやるものと理解されていた。しかし、授業改善にしても教育改革にしてもその対象となる学生を単なる受益者としておいてよいのかという問いかけが学生ＦＤの原点である。

奇しくも今回のＦＤフォーラムでは「学生が主体的に学ぶ力をつけるには」という統一テーマのもと、「主体的な学びを支える仕組み」と「学生とともにすすめるＦＤ」という二つのシンポジウムが開かれた。前者はまさにこれまで取り組まれてきた教職員によるＦＤで、教授法、カリキュラム編成、アセスメント、教員組織、学修支援環境などから主体的な学びを支える「仕組み」をテーマとしている。これに対し、後者はＦＤを進める上で学生を単なる受益者としてではなく、ＦＤにおいても一方の主体として捉える考え方で、そういう視点で始まった最近の「学生ＦＤ」をテーマとした。

大学コンソーシアム京都のＦＤフォーラムは全国各地の大学から教職員が参加する規模の大きいフォーラムで、加盟校からの参加者は二割くらいにすぎない。今回の学生ＦＤのシンポジウムの実際の参加者は二五九人であったが、参加者の所属大学は一五〇大学に及び、そのうち約八割が学生ＦＤサミットに学生が参加したことのない大学であった。当日の最後に自分の大学に学生ＦＤがあることを知っているかを尋ねたが、知っている人は一割くらいであったから、ほとんどの参加者は初めて学生ＦＤ活動を知ったということになる。

したがって今回のシンポジウムは学生ＦＤを初めて知った教職員が学生ＦＤのことをどう思うかを知る上でもよい機会であった。各グループ討議の報告に共通しているのは、学生ＦＤの意義についての肯定的な受け止めと実際に活動している学生ＦＤスタッフへの温かい眼差しであった。

学生ＦＤが肯定的に受け止められた背景には、ＦＤの義務化によって教職員だけのＦＤが教職員にとって負担感を増すだけで成果がみえないことが大きいと思われる。「学生の視点を取り入れることによってＦＤはもっと伸びやかに楽しくイキイキとしたものになるのではないか」（Ｉグループ）「教職員だけでやっていたＦＤの閉塞感を打破する」（Ｊグループ）などはその期待感をよく表していよう。

さらに初めて会った学生ＦＤスタッフから参加者が受けた共通の印象は、学生ＦＤの活動を通して学生たちがいかに成長しているかということであった。「教授法の改善というのは学生をいかにアクティベートするかということだから、学生が（このように）生き生きしてくれれば目的は達したというべきだ」（Ｂグループ）「学生たちはしっかりと問題点を把握した上で、楽観しているのではなく、こつこつとやれることから、そしてしっかりと先への展望をもって考えている」（Ｃグループ）など、学生ＦＤスタッフと初めて交流した教職員が受けた印象は非常に良かったようである。

学生ＦＤが本来のＦＤにどう結び付くかという議論も多くのグループで交わされたようであるが、これは二〇一三年夏の学生ＦＤサミットの分科会「学生ＦＤ再考」にもあるように、学生たち自身が自らの課題として認識しており、学生ＦＤをサポートする教職員とも連携しながらさまざまな取り組みを進めているところであり、それを聞いた参加者たちは学生たちも考えていることを知り、学生ＦＤの可能性に期待を膨らませたように思う。その結果は、こういう学生ＦＤの学生がいれば良いなあと思う人はと問うたときにほとんどの人が手を挙げたことでもうなづけよう。

【引用・参考文献】

木野　茂　二〇一二　大学を変える、学生が変える―学生ＦＤガイドブック　ナカニシヤ出版
木野　茂他　二〇一三　シンポジウム「学生とともにすすめるＦＤ」二〇一二年度第一八回ＦＤフォーラム報告集　大

学コンソーシアム京都　六三―一二一頁

【謝　辞】

大学コンソーシアム京都のご好意により、本章の記録部分は木野他（二〇一三）から編集して転載させていただきました。

終章　学生ＦＤの新たな展開に向けて

一　学生ＦＤの広がりの背景

第一回の学生ＦＤサミットに参加した大学の内、すでに学生ＦＤと言える活動を行っていたのは八大学に過ぎなかった（八頁参照）。このうち、岡山大学、立命館大学、大阪大学の三大学は規模の大きい総合大学である。法政大学と名古屋大学も大学自体は大規模な総合大学であるが、学生ＦＤは学部・学科の範囲であった。追手門学院大学と北九州市立大学も総合大学であるが規模は中規模である。唯一、京都文教大学のみが二学部だけの小規模大学であった。

その後、現在までに学生ＦＤ活動が行われた大学は八〇大学にまで及んでいる。もちろん、七八〇もある全国の大学数からいえばまだ一割に過ぎないが、見方を変えれば全国の一割に近い大学に学生ＦＤが草の根的に誕生しているともいえる。

一九九一年の大学設置基準の大綱化以来、遅々として進まなかったＦＤは二〇〇八年の義務化で何とか全大学に広がったが、シラバス、授業アンケート、授業公開、教員研修、アクティブ・ラーニング、学修ポートフォリオ、ルーブリック、ＩＲ（Institutional Research）、オープン・エデュケーションなど、大学の組織的ＦＤ活動の中で実施を迫られる様々なツールやシステムの数々に教職員の多くは圧倒されているといっても過言ではなかろう。

そんな中で、学生というキーワードをＦＤとつなげることにより、教職員にとってやらされ感の強かったＦＤが学生のためになるのであればという期待感へと変わり始めたともいえよう。教職員の中で学生ＦＤを呼び掛け、学生ＦＤをサポートしている教職員は、大学のＦＤを担当している教職員がほとんどであるから、閉塞感を自ら打開したいという強い思いの表れでもある。

ＦＤという学生にとってはなじみの薄い用語にもかかわらず、学生ＦＤスタッフが次々に誕生した背景には、学生たちにとって日常の授業に対する欲求不満が鬱積していたからに他ならない。それまでは授業に不満があってもどうにもならないと諦めるしかなかったが、それを公然と議論し、どうすれば良くなるかを学生の視点から考える場が登場したのである。「大学を変える、学生が変える」というサミットのスローガンはそんな学生たちの心に深く突き刺さったのであろう。

この学生ＦＤの広がりをさらに加速したのは、他大学の学生ＦＤとの交流であった。自分たちの大学との違いを知り、自分たちの大学にないものと自分たちの大学にしかないものを発見することで、学生ＦＤとして何をすればよいのかが自覚できたのであろう。学生ＦＤサミットはまさにその絶好の機会であった。

では、この学生ＦＤはまだ伸びるのであろうか。私はまだまだ広がる余地があると思っている。

二　小規模大学ならではの学生ＦＤ

その第一の根拠は、規模の大きくない大学ほど、学生ＦＤの活躍する場は多いからである。まず、一般学生への働きかけが大規模大学ほど難しくないことがあげられる。例えば一三学部三万三千人を擁する立命館大学では二〇人くらいの学生ＦＤスタッフがいても全学生の中の〇・一％にも満たず、キャンパスも広いうえに、二ヶ所（二〇一五年度からは三か所）に分かれているので、一般学生との距離は遠く、認知度は極めて低い。

これに対して小規模大学で最も学生ＦＤが活発な京都文教大学（二学部約一八〇〇人）では一八人で一％に達し、全学生が一緒に過ごすキャンパス内では一般学生との距離は格段に近い。さらに、ＦＳＤ（Faculty, Staff, Student, Development を合わせた造語、二〇〇九年結成）と称する同大学の学生スタッフは他のさまざまなプロジェクトメンバーも兼務し、学生自治会の役員まで務めているので、さらにその認知度は高い。最初の取り組みとして、同大学の「京都文教入門」という当初聞くだけだった新入生必修授業を、ＦＳＤが学生のために創るコマまで企画して学生参加型の授業に抜本的に変えた結果、受講生の満足度は五〇％前後だったものが七〇～九〇％超まで向上し、一挙にＦＳＤの認知度は上昇した。さらにその後も、学生リーダーシップ・プログラムや「地（知）の拠点整備事業」に採択された大学の「ともいき（共生）キャンパス」事業の学生スタッフとしても活躍しているだけでなく、追手門学院大学の学生ＦＤスタッフと共同で学生ＦＤスタッフのための研修の場として「学生ＦＤのＷＡ」を立ち上げ、全国の学生ＦＤ関係者にも参加を呼びかけて開催を続けている（平岡・村山、二〇一五）。

この京都文教大学のもう一つの特徴は学生スタッフと大学及び教職員の繋がりの強さである。他大学のどこよりも強いと自負する通り、教務課長の村山孝道氏を筆頭に教務課の職員が一体となって学生と程よい距離感で支援を続けているし、現学長の平岡聡氏はＦＳＤの草創期から支援してきた教員メンバーであることを考えれば、ＦＳＤに寄せる同大学の期待の大きさがうかがえる。

立命館大学と京都文教大学という大学規模の異なる両極端の大学ほどではなくても、学生ＦＤが大規模大学よりも規模の小さい大学ほど活動が活発である傾向は否めない。例えば、札幌大学（約二八〇〇人）、札幌学院大学（約三〇〇〇人）、北翔大学（約一七〇〇人）、嘉悦大学（一二〇〇人）、金沢星稜大学（約二三〇〇人）、京都光華女子大学（約一五〇〇人）、下関市立大学（約二二〇〇人）などはその好例である。

三　専門性を活かした学生ＦＤ

もう一つの根拠は、学部・学科等の専門性を活かした学生ＦＤは活動の継続性と高度化に適しているからである。学生ＦＤの初期を牽引してきた岡山大学や立命館大学では、大規模総合大学の中で学生ＦＤ活動を行ってきたので、学部・学科を超えたテーマが活動の中心であった。例えば両大学とも、授業アンケートにしても全学で一斉に行われるアンケートが対象であり、授業改善にしても一般的な授業のやり方や成績評価方法についての学生の声を拾い上げることが中心で、岡山大学の学生発案型授業にしても全学共通科目（教養科目）にとどまっている。

これに対し、学生ＦＤサミット以前から学科レベルでの活動を行っている名古屋大学理学部物理学科（学生数約三六〇人）の学生教育委員会の活動は対照的である。同委員会は二〇〇三年に学生・院生の自発的な意思によって創設され、物理学教室の学生・院生を対象にした教育改善の活動を行うとともに、物理学教室教育委員会への参加や独自の授業アンケートの実施まで行っている（安田・近田、二〇〇九）。文字通り「物理学科に特化した学科密着型のＦＤ活動」で、分属説明会では研究室訪問とも組み合わせ、一年生には上級生との交流機会も設けている。また授業アンケートでは自分たちの分析結果を教育委員会で報告し、次期の授業への反映を求めている。さらに学部の学生を対象に院生が論文・レポートの作成を指導するピアサポートも行っている。

本書の第一章で紹介されている北海道医療大学（約三三〇〇人）や北海道情報大学（約一六〇〇人）は大学全体が専門色の強い大学なので、学生ＦＤも専門性を意識した活動が展開されている。北海道医療大学のＳＣＰの制度自体はヨーロッパを参考に大学が導入したものであるが、その後は学生の発案による活動が展開されていることはキャンパスカンファレンスなどを見ても明らかである。北海道情報大学でもゼミ説明会を契機に専門性を基盤とした学生ＦＤ活動が期待されている。

他にも、学部レベルで専門性をベースにした事例としては、獨協大学外国語学部（約二九〇〇人）や鹿児島大学教育学部（約一二〇〇人）などがあり、大学自体が専門色の濃い事例としては、小樽商科大学（約二三〇〇人）、明治国際医療大学（約五八〇名）、愛知教育大学（約三八〇〇人）、広島経済大学（約三三〇〇人）などがあげられるが、なかでも学部の設置早々に学生ＦＤを立ち上げた島根県立大学の看護学部（約三五〇人）は特筆される。

同大学の看護学部は短期大学が母体であるが、二〇一二年に看護学部として設置され、二〇一五年度が完成年度となる草創期の学部である。同学部では学部設置早々から学部におけるＦＤ活動の検討を続け、二〇一三年度には、学生一人ひとりが「目指す看護者像が描ける」ように支援するという方針がまとめられ、「次年度から、学生が主体的に教育や授業について考え、学生の視点から大学改革する動きを教職学の三位一体で推進する必要」が語られるようになった（山下・吾郷、二〇一五）。

筆者が学生ＦＤで特別講義を行った
島根県立大学看護学部（2014.5.7）

二〇一四年度にはこの方針を具体化するため、五月に筆者を客員教授として呼び、全学生を対象に九〇分の特別講義「大学を変える、学生が変える」を実施した。学生ＦＤで正規の一コマを講義するというのは異例であったが、同学部の目的は講義を受けた学生の意識調査にあった。受講後のアンケート調査によれば、講義の満足度および講義内容が今後に活かせるかという質問に対し、「満足」「どちらかといえば満足」と答えた学生がいずれも九〇％以上に達した。さらに学生ＦＤ活動に興味・関心があるかという質問に対しても約八〇％の学生が「ある」「やや関心がある」と答えた（藤田他、二〇一四）。この結果から、同学部では「学生ＦＤ始動に向けて、学生の気持ちは前向きである」と結論し、学生ＦＤ委員の募集を開始し、応募してきた一一名にＦ

D委員会委員長名で委嘱状を出し、六月から活動を開始している。組織の名称は「縁―えにし―」だそうで、大学の縁の下の力持ちのような存在を目指す組織とのことで、まだ発足間もない団体であるが、すでに学生主体で他大学との学生交流を始めており、今後の活動が期待される。

四　規模の大きい総合大学の学生ＦＤ

二では学生数が三〇〇〇人くらいまでを小規模大学としてきたが、三の専門性を活かした大学も規模は同じくらいである。これらに対して比較的規模の大きい大学となると、学部数の多い総合大学である。

国立大学では、二〇〇一年に取り組みを始めた岡山大学（約一〇二〇〇人）が代表的であるが、その後、大阪大学（約一五〇〇〇人）、山形大学（約七六〇〇人）、横浜国立大学（約七五〇〇人）、長崎大学（約七五〇〇人）、富山大学（約八二〇〇人）、山口大学（約八七〇〇人）などでも大学が支援する学生ＦＤ活動が行われている。

一方、私立大学では二〇〇六年から活動を開始した立命館大学（約三三〇〇〇人）が学生ＦＤの先導役を果たしたが、その後、追手門学院大学（約六三〇〇人）、法政大学（二七〇〇〇人）、関西大学（約二九〇〇〇人）、青山学院大学（約一七六〇〇人）、東洋大学（約二六〇〇〇人）、神奈川大学（約一八五〇〇人）、京都産業大学（約一三〇〇〇人）、中京大学（約一三〇〇〇人）、岡山理科大学（約六〇〇〇人）など、比較的規模の大きい私立の総合大学でも活発な学生ＦＤ活動が行われるようになった。

これらの規模の大きい総合大学では、全学のＦＤセンター的な部門が学生参加型ＦＤを目指して学生を募集したケースがほとんどである。したがって、取り組みの内容は当初から授業改善・教育改善に対する学生の意見を集めることで、それを活かしたさまざまな改善活動につなげることが中心となるが、取り上げるテーマは全学共通ないしは一般的な課題に絞られるため、規模の小さい大学の学生ＦＤや専門性を活かした学生ＦＤに比べて一般学生の認知度や関心を高めることが課題となる。

一方、前述の大学のように純粋な学生ＦＤ団体ではなく、学生自治会が取り組んでいる大学もある。なかでも学生ＦＤよりはるか以前の一九七二年から活動しているという熊本学園大学（約五四〇〇人）の学生自治組織「学翔学会」の学会委員会の存在は異色である。私がその存在を知ったのは二〇一一年の末のことで、京都文教大学の村山氏のつてで彼らがＦＳＤとの交流に訪れたときであった。学生ＦＤどころかＦＤさえ始まっていないときから、授業のやり方やカリキュラムについて毎年、自分たちで集めた学生アンケートをもとに教職員との「ディスカッション」の場を開催していると聞いて驚いたものである。

他にも、サミットに早くから参加している北九州市立大学（約六一〇〇人）の学友会の「カリキュラムを考える会」や筑波大学（約九八〇〇人）の全学学類・専門学群代表者会議の「教育環境委員会」も二〇〇七年から学生の視点でカリキュラムや大学の教育を良くすることを目標に掲げて活動を続けている。また、龍谷大学（約一八〇〇〇人）の学友会も二〇一〇年に正課環境の向上を目的にした「九学部合同学生会」を立ち上げ、履修相談や学生ＦＤサロンを行っている。

これらの学生自治会が学生ＦＤに取り組んでいる例では自治会自身が大学との協力を求めているので、規模の大きい大学での学生ＦＤの好例とも言えるが、そのような自治会のある大学は多くはない。

五　大学マネジメントと学生ＦＤ

前述したように、規模の大きい総合大学で今後どのように学生ＦＤを発展させていけばよいかは大きな課題であるが、その一つのモデル的な大学は追手門学院大学である。追手門学院大学は比較的中規模の総合大学であるが、一つのキャンパスにまとまっているという利点を生かして、活発な学生ＦＤ活動が続いているだけでなく、教職学の連携も緊密で、さらに大学側の積極的な支援を得ている。

同大学では二〇〇九年三月に学長室調査役に就任した梅村修氏が副学長に提言した「学生ＦＤの導入」が契機となり、その春から学生ＦＤスタッフが発足した。当初は立命館大学をモデルに活動を開始したが、またたく間に、しゃべり場、研究室訪問、教員図鑑、Best Teacher Award、学生ＦＤ新聞、学生ＦＤのＷＡ、学生発案型授業、他大学交流と、次々と活動の幅を広げていった。そして二〇一二年冬には初めて立命館大学以外でのサミット（第五回目）を開催し、追手門学院大学の学生ＦＤは全国に周知されることになった（木野・梅村、二〇一三）。

この背景には梅村氏の学生ＦＤにかける強い熱意だけでなく、理事長の川原俊明氏の熱い声援があった。追手門学院大学の徹底的な大学改革を目指す川原氏が「大学を変える、学生が変える」という学生ＦＤのスローガンに共鳴されたことは追手門サミットでの理事長挨拶で話されていたが、その後、そのためには大学も自ら変わらねばならないとさまざまな取り組みを進めている。例えば、学生ＦＤのしゃべり場を参考にして教授会をグループワーク化したり、理事長だけでなく学長や職員も一緒に学生とのランチミーティングを重ねたり、アクティブラーニングの積極的な導入など、具体的な教育改革に学生ＦＤを活かす試みを続けている（川原他、二〇一五）。

このように大学側が大学マネジメントの中で積極的に学生ＦＤを活かす試みを始めている大学は追手門学院大学だけでなく、先に紹介した京都文教大学や島根県立大学でもそうであるが、さらに規模の大きい中京大学でもＦＤ活動の成熟を目指して二〇一二年に学生ＦＤを立ち上げた。同大学のＦＤ講演会には私も呼ばれて学生ＦＤの話をしたが、その直後にSearCH（Studnt ear CHUKYO）が結成され、「学生が主体的に学びについて考え、全学

第20回FDフォーラムの「学生FDと大学マネジメント」（2015.3.1）

的なＦＤ活動に貢献する」という目的で活動を始めている。

各大学の学生ＦＤは必ずその大学の授業や教育の改善に熱意のある教職員と学生から始まっているが、それが大学マネジメントの中にも位置づけられるかどうかは大学次第である。上記の四大学はそれを実現した先進例なので、各大学における学生ＦＤへの期待を聞くため、筆者は大学コンソーシアム京都の第二〇回ＦＤフォーラム（二〇一五年三月一日）で「学生ＦＤと大学マネジメント」というテーマで分科会を企画した。追手門学院の川原理事長と京都文教大学の平岡学長だけでなく、島根県立大学の山下一也副学長、中京大学の安村仁志副学長（四月から学長）、さらにそれぞれの大学で学生ＦＤを支援している教職員にも参加していただき、各大学で学生ＦＤに期待することを話していただいた。

各大学とも学生の声に応えるのが大学の役目であることを強調されただけでなく、学生スタッフが学生ＦＤの過程でいかに成長しているかを紹介されたのが印象的であった（木野、二〇一五）。その中からお二人の最後の一言を紹介しておく。

川原氏　学生ＦＤの過程で学生がどれだけ成長しているかは私の目から見てもわかる。それだけ学生というのは素晴らしいものだなと思っている。そういう学生たちが自分たちの大学を良くしようと考えてくれているわけだから、大学としては当然、それに応える立場にある。そういう意味で本学（追手門学院大学）は今後も学生ＦＤを全面的に応援していきたい。

安村氏　一一学部を持つ大学としては、まず大学からどういう教育をしていきたいのかということを学生に発信せねばならない。その上で、学生からの意見も聞いて応答する場面をいかに作っていくかというのが一番重要ではないか。その一環として学生ＦＤスタッフがあるのだと思う。学生ＦＤスタッフを育てていきたいという思いを改めて強くした。

この四大学と同じように大学マネジメントの観点から学生ＦＤに期待する大学も徐々に増えてきている。

六　日本大学での新たな挑戦

学生ＦＤは学生の自主的な活動をベースとするので、その企画や活動内容に大きな制限はなく、臨機応変とも言える小回りの利く活動であるが、活動の認知度や企画への参加者数やその影響力となると一様ではない。とくに小規模大学や専門性を活かした活動の場合は比較的認知度も上がり、学生ＦＤの効果や影響も目に見えることが多いが、比較的規模の大きい大学となると学生自治会が取り組む場合を除いては、大学からの相当なてこ入れがないと学生の認知度を上げること自体容易ではない。また総合大学となると取り組みの内容が全学に通じることが求められるので、学生の関心を呼ぶテーマにすることも難しくなる。さらに学舎やキャンパスが物理的に離れている場合には、一緒に活動や企画を行うことさえ困難を伴う。

実際、前述したように、立命館大学では学生ＦＤスタッフの認知度が低いだけでなく、授業改善が当初の取り組みの発端であるが、カリキュラムが学部によって大きく異なるばかりか、教養科目も含めてほとんどのクラスが学部編成であるため、授業のやり方から成績評価などの一般的なテーマでも意見交換の域を超えることができなかった。それでも他大学の学生との交流に関心を持つスタッフが続いたのでなんとか活動を続けることができたが、授業インタビュー、しゃべり場、職員との交流など、学生ＦＤのモデル的な実績を残しながらも、残念ながら次のステップにまで持って行くことはできなかった。マンモス総合大学では大学全体のＦＤの中に学生ＦＤが入っていく余地がいかに少ないかを実感した筆者は、後に学部ごとの学生ＦＤの展開と学内の教育に関わる他の学生スタッフと一緒に教育改善活動を行うことを提案したが、私の退職までに日の目を見るには至らなかった。

ところがそんな中、マンモス大学における学部ごとの学生ＦＤの展開という新たな取り組みを実際に始めた大学が登場した。七万三千人という日本最大の学生数を有する日本大学である。一四学部と通信教育部を持つ同大学はもともと学部ごとにキャンパスを持つ分散型キャンパスの形態をとり、東京都内だけでなく、千葉県、静岡県、埼玉県、神奈川県、福島県にも立地しているため、各学部間の学生同士の交流はほとんどない。

その日本大学では二〇〇八年にＦＤ推進センターを設置したが、その際、同大学におけるＦＤの定義の中に「教員が職員と協働し、学生の参画を得ながら組織的に取り組む諸活動」と学生ＦＤを示唆する文言が掲げられている。しかし、日本大学で実際に学生ＦＤが誕生したのはこの定義からではなく、二〇一一年一〇月の文理学部ＦＤ講演会に呼ばれた筆者の講演「学生とともに作る授業、学生とともに進めるＦＤ」がきっかけであった。講演会に参加した今宮加奈未さんと安田結城君が文理学部で学生ＦＤを立ち上げたいと言い出し、それを文理学部のＦＤ委員長だった古田智久教授がバックアップした結果、二〇一二年六月に「文理学部学生ＦＤワーキンググループ」が正式に結成された（古田・今宮・安田、二〇一五）。同グループの特徴的な取り組みは文理学部の総合教育科目の中に学生が企画・立案できるプロジェクト教育科目があることを知り、二〇一三年・二〇一四年に実際に学生発案型授業を申請して開講したことである（第四章、一七六-一八〇頁）。

一方、日本大学ＦＤ推進センターの方では、二〇一三年度から二〇一五年度の三年間の基本計画（中期計画）の中で「学生参画型ＦＤ活動の整備・強化」を掲げ、二〇一三年度から全学的に学生参画型ＦＤについての調査研究や具体的な展開に関する検討を始めた（浅野他、二〇一五）。具体的には、学生ＦＤサミットなどへの参加と「日本大学学生ＦＤ CHAmmiT」（chat と summit を掛け合わせた造語）の開催であった。その開催趣旨には次のように書かれている。

大学の授業をより良くするための代表的な活動にＦＤ（Faculty Development）があります。ＦＤ活動は本来、教員、職員、学生が三位一体となって大学を改善していく取り組みです。「日本大学 学生ＦＤ CHAmmiT」は、学生が主体となり、教職員と連携して教育をより良いものにしたいという思いから始まりました。これを機に、各学部等において、今後〝学生ＦＤ〟活動が発展することを期待しています。

そして、CHAmmiTのテーマには「学生が変える日本大学」が掲げられ、「学部の垣根を越えた活発な意見交換で日本大学をより良くしていきましょう。」との文言が添えられた。

第一回は二〇一四年二月に行われ、全学部から学生九〇人と教職員四一人が集まり、共同企画と学生参画型企画を中心に進められた。共同企画は当時岡山大学准教授で文理学部卒業生の天野憲樹氏と文理学部学生ＦＤワーキンググループによるコラボ企画「日大学生ＦＤ入門」で、学生参画型企画は「自分が受けている・教えている授業はどんなものか」についてのグループミーティングであった。グループは最初学部ごとに話し合い、次いで学部混合で協議し、再び学部ごとで具体策を検討するというワールド・カフェ方式であった。

「日本大学 学生FD CHAmmiT 2014」
（2014.12.21）

第二回は二〇一四年一二月に行われ、学生一二六人、教員二四人、職員二四人の計一七四人と参加者も増えた。プログラムは同じく共同企画と学生参画型企画であったが、今回の共同企画には筆者が呼ばれ、「学生ＦＤって、一体なんだ？」というテーマで文理学部学生ＦＤワーキンググループの学生と動画、対話、寸劇を行った。学生参画型企画の方は「良い授業」をテーマに、まず学部混合のグループでそれぞれ所属学部の良い授業を紹介し合い、次に同じ学部の学生と教職員が集まって「イチオシの授業」をその理由とともに模造紙にまとめて発表し合い、最後は参加者全員が印象に残った学部を投票し、最多得票の学部を称えた。

日本大学ではこの二回のCHAmmiTを経て、各学部での学生ＦＤの取り組みを進めながら、二〇一六年三月に「学生ＦＤサミット二〇一六春・日本大学学生ＦＤ CHAmmiT 二〇一五」の同時開催を決め、すでに各学部でしゃべり場等の企画を始めている。

この日本大学の学生ＦＤこそ、小規模大学や専門性を活かした大学の学生ＦＤを取り込んだマンモス大学での新たな挑戦で、立命館大学でもなし得なかったことであり、新たな試みとして評価したい。

七　学生ＦＤサミットこそ学生ＦＤの原点

学生ＦＤは学生ＦＤサミットを通して広がったといってもよいであろう。サミットに参加することで学生ＦＤを始めたいと思うようになった最も大きな契機は、実際に行われている学生ＦＤの実例をサミットで知ったことである。授業や教育に関心のある学生でも、教育改善に学生がどう関われるのかは半信半疑であろうが、サミットで実際に取り組まれている諸大学の活動を知ることにより、自分たちでもやれるという自信を持つ事ができる。他次に大きな契機となったのは、学生ＦＤに取り組む他大学の学生との交流から受ける予想以上の刺激である。他大学との交流は、自分たちの大学にないものを知るだけでなく、自分たちの大学の特長をも知る得難い機会であるが、さらに学生ＦＤに取り組む学生が全国各地にいるということを知り、自信とともに勇気を持つことができたものと思われる。

毎回の学生FDサミットで行われる企画は大きく分けて、①各大学の学生FDの活動紹介、②参加者間の交流と話し合い、③学生FDの課題ごとの探求、の三つである。

①は全体会での紹介スピーチであったり、ブース形式での団体ごとの紹介であったり、ポスターセッションであったり、サミットの度に形式は変わるが、プレゼンテーションによる活動紹介である。また、これに合わせて参加団体の活動紹介が一頁ずつにまとめられた「学生FD取り組み紹介」冊子も恒例となっている。

②は「しゃべり場」という形式がサミットでは標準的で、六〜八人の小グループに分かれてアイスブレイクから所定のテーマをめぐっての話し合いを行うものである。グループは異なる大学の参加者で構成し、活動経験の比較的長い学生がファシリテーターを務める。テーマは誰でも話せるように学生FDにかかわる一般的なものとし、「どうして大学に来ているの?」とか、「あなたはどんな大学に通いたいですか?」や、「学生にとっての主体的な学びとは?」、「大学を良くするためには何ができるか?」といったものである。

③は授業や教育の改善にかかわる課題ごとに中規模の教室に分かれて行うグループワークや分科会である。課題は学生FDに取り組む中で生まれてくる共通の課題で、学生FDの組織やスタッフの継続に関する問題から、学生FD活動の範囲や目標に関する問題、教職員や大学との連携に関する問題、さらに学生発案型授業や授業アンケートなど具体的な取り組みをめぐる問題などで、それぞれ報告や発表をもとに参加者との双方向で意見交換や議論を行っている。

この学生FDサミットは、学生FDに関心をもった初めての人には格好の研修の場であり、他大学の人との出会いの場であり、以後の交流を築く場でもある。さらにすでに学生FDに取り組んでいる人たちには、さらなる研修の場であるとともに、活動の中で生まれた課題について他大学の人たちと一緒に考えることにより解決の道を探る場としても貴重である。

さらに、学生FDスタッフだけのサミットではなく、学生FDを理解する教職員も参加し、さらに自治会系やピアサポート系の団体まで参加するようになった現在、授業や教育の改善をテーマに様々な立場から複合的に考える場ができたという意味でもその意義は大きい。

二〇〇九年夏に始めた学生ＦＤサミット以後、学生ＦＤが一気に全国に広がったことは序章で述べたとおりである。その背景にＦＤの義務化があることも事実であるが、さらにその義務化が教職員だけのＦＤに閉塞感をもたらしていることも学生ＦＤへの期待を加速している要因であろう。その学生ＦＤのさらなる発展のためには学生ＦＤサミットは今や欠かせない存在となっている。

しかし、学生ＦＤの草創期とは違って、現在のように学生ＦＤが全国に普及した段階となると、サミットは全国規模の学生ＦＤの交流・研修・発表・ディスカッションの場となったので、開催も特定の大学に任せるのではなく、活動の活発な大学間での持ち回りとなることが望ましい。さいわい、それを意識した結果、二〇一二年より追手門学院大学、岡山大学、東洋大学、京都産業大学で開催することが出来たし、二〇一五年度も追手門学院大学と日本大学での開催が決定している。

今後もさらに新しい大学でサミットが開催されることを願っている。学生ＦＤサミットの開催がその大学の学生ＦＤ活動をさらに活性化する契機となることが最も望ましいサミットのあり方だからである。

【引用・参考文献】

浅野和香奈他、二〇一五「学生が変える日本大学」第一章―「日本大学学生ＦＤ CHAmmiT 二〇一三」における取り組み　日本大学ＦＤ研究　三　二九-五〇頁
川原俊明他　二〇一五　学生のために、大学を変える　二〇一四年度第二〇回ＦＤフォーラム報告集　大学コンソーシアム京都　一三四-一三六頁

木野　茂　二〇一五（第三分科会）学生ＦＤと大学マネジメント　二〇一四年度第二〇回ＦＤフォーラム報告集　大学コンソーシアム京都　一〇三-一〇八頁

木野　茂・梅村　修　二〇一三　学生ＦＤサミット奮闘記　ナカニシヤ出版

平岡　聡・村山孝道　二〇一五　京都文教大学における学生ＦＤと大学マネジメント　二〇一四年度第二〇回ＦＤフォーラム報告集　大学コンソーシアム京都　一二六-一三三頁

藤田小矢香他、二〇一四　学生ＦＤに対する看護学生の興味・関心―特別講義「大学を変える、学生が変える」受講後の調査より　看護と教育　五（一）　六-一〇頁

古田智久・今宮加奈未・安田結城　二〇一五　日本大学文理学部学生ＦＤワーキンググループ活動の軌跡と今度　日本大学ＦＤ研究　三　一三-二七頁

安田淳一郎・近田政博　二〇〇九　教育改善活動に参加する学生の意識変化―名大物理学教室における学生教育委員会の事例　名古屋高等教育研究　九　一二三-一三二頁

安村仁志・安田俊哉　二〇一五　学生ＦＤと大学マネジメント―中京大学からの報告　二〇一四年度第二〇回ＦＤフォーラム報告集　大学コンソーシアム京都　一一八-一二五頁

山下一也・吾郷美奈恵　二〇一五　看護学教育における大学マネジメントと学生ＦＤ　二〇一四年度第二〇回ＦＤフォーラム報告集　大学コンソーシアム京都　一一一-一一七頁

【参考ＷＥＢ】

日本大学　学生CHAmmiT　http://www.nihon-u.ac.jp/about_nu/effort/fd-center/fd-chammit/

あとがき

本書が刊行される頃には第一一回目の学生ＦＤサミットが追手門学院大学で開かれているはずである。第一〇回目は昨年夏に京都産業大学で行われ、参加者は四八〇名に達した。第一回目の参加者は九九名であったから参加者だけでもずいぶん増えたことになるが、第一回当時に学生ＦＤ活動があった大学は八大学に過ぎなかったのが今や八〇大学にも広がっている。日本の全大学のたかが一割とはいえ、されど一割でもある。第一回目のサミットが二〇〇九年八月であるから、それからわずか六年でここまで来たかと正直感無量である。

大学のＦＤは当初、西高東低と言われてきたが、学生ＦＤも当初はそうであったものの、サミットで一気に全国に広がり、今や北海道から、関東、中部、関西、中国、九州など、各地で活発な取り組みが繰り広げられている。サミットには毎年、新しい大学が登場するが、一年もするとユニークで新鮮な取り組み発表が行われ、まさに最近のサミットは各大学の学生ＦＤの百花繚乱の場となっている。

当初は私がいた立命館大学の学生ＦＤスタッフが学生ＦＤ活動を全国に広げたいとの思いで始めたサミットであるが、またたく間に他大学に広がると同時に、国公立大学と私立大学や、都市部の大学と地方の大学、大規模大学と小規模大学、総合大学と専門性の強い大学など、大学間の違いで学生ＦＤ活動の中身もスタッフの組織も多様化した。サミットは今や相互の交流を通じて自大学の活動の向上を目指す研修の場ともなっている。

序章で書いたように、この学生ＦＤは教育改革に学生が関わる日本独自のやり方である。大学の教育改革やＦＤが欧米に比べて常に二〇年遅れの日本で、学生の関わりまで二〇年遅れにしないためには、学生ＦＤこそ日本に適したやり方だと私は思っている。ＦＤの義務化が追い風になったとはいえ、私の予想以上に学生ＦＤが急速に広がったので、あらためて学生ＦＤとは何かや、既存の学生活動（自治会やピアサポーターなど）との違いなども問われるようになった。そこで、学生ＦＤの定義とその意義および可能性についても序章にまとめておいたが、このまとめにあたっては梅村修氏、村山孝道氏、天野憲樹氏から適切なコメントを寄せていただいたことにお礼を申し上げたい。この序章が、今後の学生ＦＤの展開を支える規範ともなれば幸いである。もちろん、本書の各章もそれらに答えることも意識して編集した。

第一章は学生ＦＤの広がりを北海道に絞って紹介したものであるが、いかに各大学で多様な取り組みが行われているかが浮かび上がってくる。本章は札幌大学の故梶浦桂司氏が企画したものであるが、氏の急逝により編集と出版が遅れたことをお許しいただきたい。

第Ⅰ部（第二章・第三章）は学生ＦＤのさきがけともいえる活動を二〇〇五年から続けている岡山大学で行われた二〇一三年春のサミットの記録で、開催時に中心的な役割を果たされた天野憲樹氏（現在、武庫川女子大学）にまとめていただいた。教育改善の学生交流フォーラムを毎年続けてこられただけあって、開催にあたってサミットのコンセプトを明確にされた点はさすがである。

第Ⅱ部（第四章・第五章）は二〇一二年夏サミット（立命館大学）および大学コンソーシアム京都の第一八回ＦＤフォーラム（二〇一三年二月）での記録であり、今後の学生ＦＤがどう進むかを考える際のヒントが散りばめられている。この間、学生ＦＤがさらに全国化し、サミットも活動の活発な各地の大学で開催できるようになったことは何よりもうれしいことである。とくに終章でも紹介したが、二〇一六年春に日本最大の学生数を持つ日本大学で開催されることは学生ＦＤにとっても画期的なことである。

そもそも学生ＦＤスタッフにとっては、良い授業や良い教育を求めることで、最終的には学生としての自らの成長を獲得することが目的であろう。学生ＦＤという名称には小難しいＦＤという用語がついているが、学生にとってはFaculty Developmentというよりも、むしろ自ら素晴らしい能力を開発するという意味でFantastic Developmentとでも言った方がふさわしいかもしれない。これまで歴代の学生たちから「学生ＦＤの父」と呼ばれてきたことを私の誇りとし、学生ＦＤスタッフの人たちにはこのしゃれ言葉を返礼として贈りたい。

今回も本書の出版にあたって大変お世話になったナカニシヤ出版の米谷龍幸氏には心からお礼を申し上げる。

二〇一五年八月　木野　茂

索　引

編者紹介
木野　茂（きの・しげる）
元立命館大学教授，理学博士。

著書　『新・水俣まんだら―チッソ水俣病関西訴訟の患者たち』〔共著〕（緑風出版，2001年），『環境と人間―公害に学ぶ』〔編著〕（東京教学社，1995年。新版，2001年），『大学授業改善への手引き―双方向型授業への誘い』〔単著〕（ナカニシヤ出版，2005年），『公害・環境問題史を学ぶ人のために』〔共著〕（世界思想社，2008年），『水俣学講義（第4集）』〔共著〕（日本評論社，2008年），『学生と変える大学教育―FDを楽しむという発想』〔共著〕（ナカニシヤ出版，2009年），『学生主体型授業の冒険―自ら学び考える大学生を育む』〔共著〕（ナカニシヤ出版，2010年），『大学を変える、学生が変える―学生FDガイドブック』〔編著〕（ナカニシヤ出版，2012年），『学生FDサミット奮闘記―大学を変える、学生が変える2：追手門FDサミット篇』〔監修〕（ナカニシヤ出版，2013年），など。

第Ⅰ部（第2章・第3章）編集担当
天野憲樹（あまの・のりき）
岡山大学教育開発センター准教授（2009～2014年）を経て現在，武庫川女子大学生活環境学部情報メディア学科教授，博士（情報科学）。

学生、大学教育を問う
大学を変える、学生が変える3

2015年9月20日　初版第1刷発行　（定価はカヴァーに表示してあります）

編　者　木野　茂
発行者　中西健夫
発行所　株式会社ナカニシヤ出版
〒606-8161　京都市左京区一乗寺木ノ本町15番地
Telephone　075-723-0111
Facsimile　075-723-0095
Website　http://www.nakanishiya.co.jp/
E-mail　iihon-ippai@nakanishiya.co.jp
郵便振替　01030-0-13128

装幀＝白沢　正／印刷・製本＝ファインワークス

ISBN978-4-7795-0884-4

ナカニシヤ出版◆書籍のご案内

表示の価格は本体価格です。

大学を変える、学生が変える　学生 FD ガイドブック
木野　茂［編］
各大学での教員・職員と学生が一体となった実践を詳しく解説。FD に関心のあるすべての人に必携のガイドブック。　2300 円＋税

学生 FD サミット奮闘記　大学を変える、学生が変える 2：追手門 FD サミット篇
梅村　修［編］
大学授業の改善について思い悩む 300 名以上の学生・教員・職員が、大学を越え、対話 を行い、作り上げたサミットの軌跡と記録！　2500 円＋税

学生主体型授業の冒険２　予測困難な時代に挑む大学教育
小田隆治・杉原真晃［編著］
学生の可能性を信じ,「主体性」を引き出す ために編み出された個性的な実践を紹介し, 明日の社会を創造する学びへと読者を誘う！　3400 円＋税

学生主体型授業の冒険　自ら学び、考える大学生を育む
小田隆治・杉原真晃［編著］
授業が変われば学生が変わる！　学生自らが授業に積極的に参加し、学びの主人公になる果敢な取り組みを集約した待望の実践集。　3200 円＋税

学生と楽しむ大学教育　大学の学びを本物にする FD を求めて
清水　亮・橋本　勝［編著］
学生たちは、大学で何を学び、何ができるようになったのか。学生とともに進み、活路を切り開く実践例や理論を一挙集約！　3700 円＋税

学生・職員と創る大学教育　大学を変える FD と SD の新発想
清水　亮・橋本　勝［編著］
学生が活き、大学が活きる。教員・職員・学生が一体となって推進する今、大学に不可欠な取組を理論と実践からトータルに捉える！　3500 円＋税

学生と変える大学教育　FD を楽しむという発想
清水　亮・橋本　勝・松本美奈［編著］
「学生」の顔が見える教育現場の最前線から届いたさまざまな取組み, 実践, そして大胆な発想転換のアイデアを一挙公開　3200 円＋税

ゆとり京大生の大学論　教員のホンネ、学生のギモン
安達千李・大久保杏奈・萩原広道［他編］益川敏英・山極壽一他寄稿
突然の京都大学の教養教育改革を受けて、大学教員は何を語り, ゆとり世代と呼ばれた学生たちは何を考え、そして、議論したのか？　1500 円＋税